大宋状元

王离京 ⊙ 著

齊魯書社

梦回大宋(代序)

拙作《大明状元》《大清状元》出版后，一些读者以写信、发邮件等形式，建议我继续撰写宋代乃至唐代状元们的事迹。比如有的读者在信中说，他的孩子正在读中学，看了我的书后很感兴趣，希望能再读到其他朝代状元们的故事。看了这些信和邮件，我感到很欣慰，毕竟自己的努力得到了读者们一定程度的认可。

齐鲁书社的领导和编辑们也一再鼓励我，在《大明状元》《大清状元》的基础上，再写一写宋代、唐代状元们的故事，使之形成一个系列，把中国科举制度这个人类文明史上的奇葩，比较完整地介绍给读者们。

说实话，对于这样的要求，起初我是很有些踌躇的。毕竟唐宋距如今年代更为久远，相关史料搜集更加困难一些。以我的水平、能力和条件，所查找到的东西，能不能支撑我的这种写作方式，是一个未知数。更何况，在唐史、宋史的研究方面，我是一个不折不扣的门外汉，弄不好就会错讹百出，贻笑大方。

当我怀着试探的心情翻阅《宋史》之类典籍，看看能否为本书写作做些早期功课的时候，我竟有了一种喜出望外的感觉——没想到大宋状元们的经历事迹，竟然如此之丰富、如此之生动、如此之精彩！于是，我被深深吸引住了，以至于进入了一种不写不快、欲罢不能的状态。在这种情况下，《大宋状元》得以比较顺利地完稿付梓。

我不是专业作家，写作只能在工余时间进行。每当我觅得一些写作时间，走向书桌准备动笔的时候，都有一种与久别老友重逢的期待感与兴奋感。而每当写完一位状元的事迹，关上电脑、合上相关书籍资料之后，我又会生发出一种同好友离别的不舍与惆怅。之所以这样，全赖大宋那些状元进士们生动的故事、精彩的人生和不凡的业绩。看看这些耳熟能详的名字吧：吕蒙正、范仲淹、寇准、王安石、包拯、苏轼、欧阳修、司马光、黄庭坚、张孝祥、王十朋、文天祥、陈文龙，等等。这些把自己的名字深深镌刻在了历史纪念碑上的人物，都是大宋科举选拔出的精英。这些人物在与许多著名历史事件密切相关的同时，在他们身上自然也发生过一些与科举有关的、耐人回味的有趣故事。

与明、清两代相比，大宋选拔出的那些状元们，成材率要更高一些。为一些人所诟病的高分低能现象，也更少一些。从总体上看，在这个群体中，有思想、有修养、有成就的好人占多数。其中虽然也有坏人，但为数不太多。所以，在撰写宋代状元们事迹的过程中，我常常情不自禁地为他们的言行气节振奋、为他们的人格情操感动、为他们的磨难不幸唏嘘，心情久久不能平复。人们常说要弘扬正能量，这就是典型的正能量啊！人性总是相通的，我希望读者们通过阅读他们的事迹，也能够有所思考、有所感悟、有所借鉴，进而有所裨益。

历史名人也是人，也是有血有肉、有情有义、活生生的人。他们既有轰轰烈烈、纵横捭阖，也有儿女情长、柴米油盐。在阅读史料过程中，关于大宋状元进士们的一些记载，常常让我为之动容。有时即使是寥寥数语，也会使他们的气质性格、音容笑貌活灵活现在我的眼前。于是，以往那些让我望而生畏的古籍，也就变得不再枯燥呆板，不再晦涩乏味了。在写作本书的那些日子里，我于梦境之中，仿佛时常能看到温暖的阳光，静静地洒落在大宋的街巷院落之中；感到和煦的微风，轻轻地吹过大宋的山峦田野；听到士子们的吟哦诵咏、将士们的呐喊呼号，飞扬在大宋的天地之间。

在中国历代封建王朝中，宋代是一个比较有特点的朝代。当然了，这个朝代也问题多多，比如有人就认为宋代是最腐败的一个朝代。但是，宋代重视文化教育，科技经济比较繁荣发达，基本没有杀人如麻的文字狱和大清洗，也是一个不争的事实。衡量一个朝代好坏的主要标准，应该是政府对民众的宽容度，以及民众生活的舒适度。话又说回来，又有哪个封建朝代不腐败？至于“最”还是“不最”，也是大家见仁见智的问题。我以为，在封建社会，民众能够生活在大宋这样一个朝代，相对来说还是比较幸运的。请注意，我所说的这个“幸运”，仅仅是相对意义层面上的。

在科举制度的发展完善方面，宋代也是建树多多。科举史上的一些重要规章制度，比如殿试制度、“锁院”制度、“糊名”制度、“誊录”制度、“别试”制度等，都是发端于宋代。作为科举制度的亲历者与成功者，本书所介绍的这些状元进士们，都同这些制度的动议、创立乃至发展完善，有着或多或少的关联。因此，在撰写他们的生平事迹的同时，我也会对这些很有意思的制度规定进行一些必要的介绍，以使读者们对宋代的科举有一个大致的了解。

关于科举制度，人们历来褒贬不一。时至今日，依然有人把它说得一无是处。除了封闭、僵化、官本位等老说辞之外，还将其称为“统治者欺骗愚弄民众的麻醉剂”“束缚禁锢知识分子的思想枷锁”“维护封建统治的工具”，等等。在对待历史的问题上，有些人习惯于站在今天的角度，假设当初如果怎样怎样，结果又会如何如何，而不愿意对已经无法更改的历史进行客观冷静的分析评价。假设和惋惜，都没有意义。客观公正地评价历史事实，才是对历史的真正尊重。

虽然在《大明状元》《大清状元》中，我已经为科举制度说了不少好话，但还有些意犹未尽之感。我以为，在封建社会条件下，对于草根阶层而言，科举制度是一项最好的制度，没有“之一”。维护政权的稳定,永远是统治者的第一诉求。我们不能指望,作为封建社会的统治阶层,能够搞出什么符合现代价值标准的制度来。在那样一种历史环境下,科举制度在促进文化教育事业发展、倡导竞争进取精神、激发社会活力等方面发挥的巨大作用,当属难能可贵。可以这么说,如果没有科举制度,中国封建社会就不可能形成真正意义上的知识分子群体。做不到这一点,又何谈社会的文明进步、优秀文化的传承发展?

倘若读者们通过阅读此书,能够对科举制度多一些了解、多几分喜爱,诚我所愿也。

目　录

南宋卷

北宋卷

开门状元杨砺

大宋开国皇帝赵匡胤，是个很有个性、很有想法也很有作为的皇帝。虽为一介武夫，他却高度重视教育文化事业。因而，重文抑武，便成了大宋王朝的基本国策。对于赵匡胤的这种政策取向，历史上多有人颇有微词，认为这导致了大宋王朝军事实力的日渐衰落，从而使国家积贫积弱，中后期饱受外敌欺凌侵掠之苦。但笔者以为，从社会文明进步和民生的角度看，一个重视文治的王朝，总要强过一个武夫干政的朝代。

登上大位不久，赵匡胤便迫不及待地举办科举考试，选拔治国理政之急需人才。建隆元年(960)庚申科，诞生了大宋王朝第一位状元。而就在这一年，赵匡胤才刚刚通过"陈桥兵变"，得以黄袍加身。开国之初，急需办的事情千头万绪。在这种情况下，赵匡胤却不忘搞科举选士，人才意识够强。

大宋开门状元姓杨名砺，乃京兆鄠(今陕西户县)人氏。虽为大宋开门状元，杨砺这个状元头衔的含金量却要打上一些折扣。赵匡胤此时虽然已经当上了大宋的开国皇帝，但管理幅度比较有限。在大宋的周围，各色各类名号的政权林林总总，不一而足。对于当时面临的形势，赵匡胤有句很精彩的名言："卧榻之侧，岂容他人鼾睡！"赵匡胤的口才也是蛮不错的。在开国之初，大宋的统治疆域、管理幅度有限，人才选拔的范围、质量等，自然也比较有限。当时的赵大皇帝，即使有打破国籍限制，大规模选拔人才的认识水平、胸怀气度，也不具备那么做的客观条件。当然了，在大宋人才政策的感召下，个别考生跨国参加大宋科举考试的事情，也还是有的。

杨砺获得状元名头之时，恰好年方而立。说明一下，本书所涉及的人物年龄，均按周岁记数，而不是古时惯用的虚岁记数。至于杨砺的出身如何、家境又怎样，笔者没有查到相关记载，这个不好乱编，但是这位杨状元是位很有故事的人物。

百善孝为先。对于这一中华传统美德，杨砺是位身体力行的坚定践行者。他这边刚收到状元录取通知书，那边老爹去世的讣告便接踵而至。异常悲痛的杨状元，竟然接连几天水米不进。为老爹服丧期满之后，杨砺仍然不肯去报到上班。他这么做的理由，很多人可能想象不到——政府发的薪水太少，不足以赡养自己的老母亲。

作为一个堂堂的开门状元，老这么拖着不为政府服务，那成何体统。不仅政府有关部门不时催促，就连他的亲朋好友也看不下去，纷纷劝他赶紧去上班。无奈之下，杨砺只好前去赴任。可是干了没多久，他就以母亲生病需要照顾为由，向上级递交了长期假条。

杨砺真正开始为政府服务的时候，距他获得状元头衔已过去了十六个年头。而就在这一年，大宋王朝的皇帝职位，都已经完成了首次换届。赵匡胤的弟弟赵光义，有些说不清、道不明地接班做了皇帝。重新上班之后，杨砺被授予的职位，叫做陇州（今陕西陇县）防御推官。这个职位，级别不高，也没有多少实权，其主要职责，是受上司委托审审案子什么的。

在陇州干了几年之后，大约是由于比较有才，又有开门状元的名头，杨砺就被上级选调进京任职了。进京后，他先后担任过光禄寺丞、秘书丞、屯田员外郎等职务，这些官职都是些六七品的小官，自然也就没有什么值得特别一说的作为和业绩。

真正让杨砺在朝野声誉鹊起的，是他在鄂州（今湖北武昌）知州任上所为。由于勤奋敬业，善于处理政务，比较关心民间疾苦，杨砺把鄂州治理得井井有条，经济发展、社会安定。对于杨砺的表现，中央十分满意，于是他被再度调任入京，做了水部郎中。在宋代，水部归工部管辖，相当于一个司。

杨砺是个很谦逊低调的人。他二度进京后，有一次皇太子赵恒问他哪年考中的进士。这个赵恒也是，竟连本朝开门状元的大名都不知道。对赵恒的问话，杨砺报以沉默。人家可不是觉得受了轻慢，而是不好意思报出自己的开门状元名号，怕人家认为他是在自吹自擂。后来，赵恒在知道了杨砺的经历之后，很是为自己的无知而后悔不迭，并深为杨砺的谦虚低调而敬重不已。

后来，赵恒接了老爹赵光义的班，做了大宋第三任皇帝，是为宋真宗。给他留下了极好印象的杨状元，开始进一步受到重用，先后做过工部侍郎、枢密副使这样的政府高官。枢密院是宋代总理全国军务的最高机构，地位十分重要。枢密副使，便是枢密院的副职。杨砺的经历说明，官员在官场上混，保持适当的谦虚低调，还是很有好处的。过于张扬高调，指不定什么时候就把人给得罪了，从而对自己的仕途造成负面影响。

任职枢密院的第二年，杨砺因病去世，享年六十九岁。对于他的离世，宋真宗很是悲痛，对手下感叹道："杨砺是个很正直的人，作风也很勤俭朴素。我还想进一步委他以重任呢，没想到他这么快就走了。"

为了表达自己的哀思，宋真宗亲自前往杨砺的官邸吊唁。到了杨砺住所的胡同口，由于胡同太窄，皇帝大人的车驾无法进入。作为堂堂一国之君，宋真宗放下身段，步行来到杨砺灵位前，追思悼念良久。对于一个古代官员来说，能得到这样的哀荣，真是太有面子了。

回到皇宫以后，意犹未尽的宋真宗，又下令朝廷停止办公，要求所有官员集体哀悼杨砺。随后，他又专门作出批示，追授杨砺为正部级干部（兵部尚书）。作为一个官员，在皇帝手下混事混到这个份上，杨砺可以瞑目了。

少年成名张去华

在选拔人才的问题上，赵匡胤颇有种时不我待的紧迫感。称帝改元的第二年，他便又组织实施了大宋的第二届科举考试。

建隆二年（961）辛酉科状元，乃开封襄邑（今河南睢县）人氏张去华。

这位张状元，是个年少成名的主儿。天资聪颖的他，小小年纪便好学上进，诗词文章写得那叫一个漂亮。说起来，他还跟赵匡胤同在一个老板手下混过事。十八岁那年，周世宗柴荣平定淮南之后，张去华有感于时事动荡不已，民众饱受战乱之苦，便对人感叹道："如今天下大乱，各路豪强整天你打我杀，有谁肯去发展经济、关注民生？长此以往，社会又怎么能够长治久安？"于是，便撰写了两篇管理社会、致力民生方面的文章，跑到周世宗那里毛遂自荐。

看了张去华的文章之后，比较爱才的周世宗很是欣赏，便决定将其收为己用。根据张去华的特长，周世宗让他担任了一个主要从事文字工作的官职（御史台主簿）。没承想，自我感觉甚好的张去华却不领情。他认为这样的安排对于自己来说，实属大材小用，无法施展自己经世济民的才干。于是，很有性格的他干了不几天便不辞而别，跑到郑州玩起了隐居，一待就是三年。

赵匡胤建立大宋王朝之后，不甘寂寞的张去华，携带自己撰写的一些诗词文章，来到大宋京城寻找发展机会。他写的这些东西，被当时的名人李昉看到之后，大加赞赏。有了名家的包装推介，再加上自己确实有两把刷子，张去华一时间名声大噪，便是顺理成章的事情了。

出名之后的张去华，参加了建隆二年的科举考试，并一举荣登榜首。此时的他，年仅二十三岁。张去华之所以能获得状元称号，文章名声在其中起了一些作用，是可以想见的事情。可见，善于把握机会，懂得如何充分地展示自己的才华，对于一个人能否成名，起着至关重要的作用。

中了状元以后，张去华被安排在一个类似如今史志办（史馆）之类的机构，做了个层次很低的小官（秘书郎，正八品）。干了一年，张去华没有得到提拔重用，心中很是不服。于是，张大状元又一次展现出了自己与众不同的个性。他向上级反映，自己的上司张澹才疏学浅，却能待在高位尸位素餐，这很不公平。他要求干部管理部门组织一场专门的测试，现场考察自己与张澹孰优孰劣。

张去华的要求，惊动了皇帝赵匡胤。重才爱才的赵大皇帝，对这种看似冒犯领导、为自己争地位、闹待遇的行为，不仅没有生气，反而饶有兴致地下令，把这二位招至殿前，自己要亲自主持测试。一测之下，高下立判。张去华的才学，比张澹那可是高了去了。既然真有才干，那自然就得提拔重用。于是，赵匡胤就下令给张去华提了一级。至于那个倒霉的庸官张澹，则受到了降级的处理。

虽然赵匡胤没有怪罪张去华，但张去华为自己争地位、闹待遇，并导致上司吃瘪的行为，得罪了不少官员。因而，他被一些人刻意打压了好多年。这件事情说明，一个人即使确有真才实学，在自己的地位待遇问题上,也得悠着点儿,不能太着急。这么干,很容易犯众怒,进而影响自己的成长进步。赵光义上台以后,张去华慢慢开始受到重用,先后几次随他出征打仗。在赵光义手下,张去华先后做过河东、江南、河北等路的转运使。所谓“路”,是宋代的一种行政区划,高于府、州、县,大体相当于如今的省。而转运使,是主管一路财税的官员,同时兼管监督弹劾所在地方官员。转运使虽说权力不小,但品级并不很高,比知府、知州要低。

由于工作很是称职,赵光义决定委任张去华为陕州知州。临上任前,张去华撰写了《大政要录》三十篇,呈献给赵光义作为施政参考。赵光义看了以后,认为很有价值,觉得像这样的人才,还是留在身边做京官比较合适。于是,张去华便做了京城开封府判官。在开封任职期间,因为处理的一个案子让赵光义很不满意,张去华受到了降级处分,被贬为安州司马。

有才干的人跌倒了,东山再起者不乏其例,比如张去华。后来他又担任过晋州、杭州、苏州知州等重要职务。宋真宗赵恒上台后,仍然比较器重张去华。比方说,张去华曾撰写《元元论》供宋真宗参阅,主要内容为休养民生、重视发展农业生产。《元元论》受到了宋真宗的高度重视,他命人将其用白绢书写成十八幅条幅,悬挂在龙图阁四壁,以便随时阅读思考。六十七岁那年,张去华走上副部级高干岗位(工部侍郎),但不久便因病致仕,也就是退休了。两年后,不治而逝。

张去华身材高大,相貌堂堂,嘴上功夫也煞是了得。他为官刚正,关注民间疾苦,而且重情重义,曾收养了父亲好友的两个儿子。不仅照料他们的生活,还出资供他们读书求学,将他们抚养成人,成为有用之才。值得一提的是,张去华的儿子张师德,后来子承父业,也考上了状元,成就了科举史上的一段佳话。

马适状元看点多

接连搞了两年科举考试之后，第三年赵匡胤也没闲着，继续开考选拔人才没商量。

建隆三年（962）壬戌科状元，乃江西湖口人氏马适。这位马状元，身上的看点颇多。

首先，马适是位跨国考生。他报名参加大宋科举考试的时候，湖口还是南唐的领土，在李氏王朝的管辖之下。当时的大宋，国力、经济等方面，都强出周边小国不少，因而民间悄悄涌动着一股投靠大宋的移民潮。在这种情况下，赶潮流的马适，跑到大宋参加了科举考试。

赵匡胤是个比较开明的皇帝，对于那些跨国考生们，他没有搞地域、国籍歧视，而是一视同仁地凭实力予以择优录取。得益于赵大皇帝的好政策，马适以外国人的身份脱颖而出，成为了大宋的第三位状元郎。

其次，在民间传说中，马适能中状元，颇有一些神秘的色彩。当然了，也可以把这种传说中的神秘色彩看做是封建迷信。

在马适的家乡，有个称为沙洲的地方。当地有句大家口口相传的谚语："沙洲圆，出状元。"而就在马适中状元的这一年，那沙洲果然就圆了。民间传说，权作花絮。

再次，马适中状元的经历，验证了那个古老的说法——祸福相依。这边披红戴花、庆贺荣登状元的喜庆劲儿还没过去，那边就传来了老母亲驾鹤西去的噩耗。

马适是个孝子,老母亲的意外归西,让他痛不欲生。在这种情况下,这位新科状元还没等被委任个一官半职,便赶回家去为老母亲发丧。好在那时没有申请护照、办理签证等严格的出入境管理制度,来来去去的比较方便一些。

办完老母亲的丧事之后,马适陷于哀痛不能自拔。他茶饭不思、夜不成寐。时间长了,自然会使他的免疫系统出现问题,身体状况垮掉也就是可以想见的事情了。于是,在老母亲过世不久,马适便一同跟着去了天国。因而,人们在失去至爱亲朋之后,劝他们适当节哀还是很有必要的。

如果上述说法成立,那么马适就是大宋最短命、最悲惨的状元之一了。但是且慢,这只是关于马适经历的一种说法。既然如此,那就是还有别的说法了。这就引出了马适状元身上的第四个看点——根据相关史料记载,他是个死过三回的人。

据马适家乡的地方志记载,他是在辞官回乡隐居之后,"以寿卒于家"的。按照这种说法,马适属于寿终正寝,人生结局不算悲惨。老来善终,当然也是一种死法。

有人认为这种说法也不可信,因为《宋史》中有"开宝六年(973)五月辛巳,杀右拾遗马适"的记载。以此推算,马适是在中状元十一年之后,被当时还在皇位上的赵匡胤,也就是当初发现选拔他的伯乐下令杀掉的。正应了那句话:"成也萧何,败也萧何。"

据有人研究,马适的老丈人李守信,时任供备库使。这是个品级不高的武官职位(从七品),其职责大约是负责军需物资置办采购之类。受上级指派,李守信曾前往秦州、甘州一带采购木材。当时,马适的官职是右拾遗兼秦州通判。通判这个职位,在一州中仅次于知州,但它负有牵制、监督知州的职责。

在采购过程中,李守信十分腐败,贪污了不少公款,"盗官钱巨万"。他的不法行为,被部下发现后检举揭发。在返回京城的路上，自感不会有好果子吃的李守信，就畏罪自杀了。消息传到赵匡胤耳朵里，他大为震怒，指派一个名叫苏晓的官员彻查此事。

这位苏晓，在当时有“酷吏”之称。也就是说，他的手腕很黑，治人不留活路。据史料记载，苏晓没有儿子，俗称绝户。仅有的一个心爱的女儿，又早早夭折。在众人的眼里，苏晓的性格因此而有些变态。

接到皇帝的指示以后，好大喜功、又急于表现一番的苏晓，大动干戈，搞了个鸡飞狗跳。捕风捉影之下，他在秦、甘二州所属的二十多个县中，抓了大小七十多个官员。一时之间，京师亦为之震动。在调查中，苏晓发现李守信在采购军用木材时，顺便为自己的女婿打造了一只木筏。这样的行为，应属非法侵占公物。于是，苏晓便上书赵匡胤，要求严办马适。

比较爱才的赵匡胤，原本不想为难马适。不就是一只木筏子嘛，况且所用材料又不是金丝楠木、海南黄花梨之类，值不了几个大钱的。但是苏晓不依不饶，摆出了马适不死决不罢休的架势。此时，又正值赵匡胤大力整顿吏治的紧要当口。于是，马适便撞在了枪口上。无奈之下，赵匡胤打破了自己不杀文人的誓言，马适受到了“坐弃市，仍籍其家”的严厉惩罚。也就是说，他被在闹市执行死刑，尸体还要被暴尸街头示众，家产也被抄没一空。这样的下场，够悲惨。

这个李守信也真是，为了自己的贪欲，把自己的状元女婿也搭进去了。搞腐败，真是害死人啊。

山东出了个苏状元

在选拔人才的问题上，赵匡胤真有股子持之以恒的劲头。在他做大宋皇帝的那些年里，除去个别情况，基本每年都不厌其烦地组织科举考试，以选拔治国理政的适用之才。

建隆四年(963)癸亥科状元，乃山东青州人氏苏德祥。还有一说，其原籍为山东高密。在这一年，赵匡胤改过一次元，所以也有人称本次科举为乾德元年癸亥科。赵匡胤在任期间，比较喜欢改元，不知是听了风水先生的忽悠，还是他自己心血来潮。苏德祥是大宋王朝的第一位山东籍状元，作为山东人，笔者在撰写他的生平事迹的时候，心里不免也有种自豪感。

苏德祥是个官二代，他的爷爷苏仲荣，是个名气很大的知识分子。他的老爹苏禹珪，做过后汉宰相这样的高官。虽说后汉没有多大，但小国也是国。小国的宰相，自然也是高干。后周王朝建立以后，后汉的高干苏禹珪，不仅没受什么影响，反而继续居于权臣高位，并被册封为莒国公。四十二岁时，苏禹珪与一帮朋友开怀畅饮。一时高兴，喝起来大约就没有了节制。酒后猝死，是苏禹珪的人生结局。嗜酒伤身，此为例证。

生长在这样的家庭之中，苏德祥自然会受到比较良好的家风熏陶，接受比较优质系统的教育。因而，他自幼便对钻研学问有着浓厚的兴趣，刻苦研习“四书五经”。因为自己的刻苦勤奋，苏德祥在年轻时打下了良好的基础。书山有路勤为径，学海无崖苦作舟。成就源自积累，苏德祥后来能够成名，也很好地印证了这一规律。

赵匡胤组织科举考试，基本奉行精英教育原则，每科录取的进士人数都很少，一般为十几个、二十来人。比如苏德祥参加的这一科考试，只录取了八名进士。也就是说，他是八个人里头的第一名。虽然宋初科举录取进士人数比较少，但在录取程序、方法等方面比唐代大有改进简化。比方说，唐代科举录取的人员只是取得了做官的资格，要想实际任职，还要经过吏部再行考核，以选拔其中优秀者。而宋代一经进士及第，便可直接授予官职。这一做法，一直为后代所延续。主持本科考试的，是时任枢密直学士的大臣薛居正。在宋代，枢密直学士这个官位，大体相当于副部级，其职权是主管全国的科举考试。后来，薛居正官至大宋参知政事高位。所谓参知政事，是赵匡胤为了制约宰相，而设置的一个相当于宰相副职的职位。

薛居正是个比较有意思的历史人物。史书称他相貌魁伟，气度不凡，并且特别能喝酒，“饮酒至数斗不乱”。当然了，那时的酒，比如武松在景阳冈喝的那十五大碗，肯定不是如今的高度烈性白酒。薛居正的死法也有些与众不同：误服丹砂中毒而亡。大约是听了一些术士的忽悠，薛老先生想寻求长生不老之道。薛居正是个德才兼备的官员。他特别爱读书写作，一动笔就停不下来，“为文笔落不能自休”。他一生撰写了大量文章著作，有三十卷本《文惠集》传世，还监修过《五代史》。薛居正为官清正，办事不徇私情，深得赵匡胤器重。经他之手选拔出来的状元，在质量和公正性方面，应该是没有什么问题的。

苏德祥中了状元以后，自然要衣锦还乡，荣归故里。当时的青州知州名叫郭崇。在后周时期，这位知州大人曾跟苏德祥的老爸苏禹珪一起混过事。有了父辈同事和状元这双重身份，郭大人自然要出面为苏状元庆贺一下。

郭大人操办的庆贺仪式很隆重、很热闹，不仅有好酒好菜，还有一些文艺工作者(伶人)载歌载舞、吟诗作赋。在有人献唱的歌词中,有这样的句子:“昔年随侍,尝为宰相郎君;今日登科,又是状元先辈。”这马屁拍得够水平,想必苏状元听了心里很受用。

踏入仕途之后,苏德祥在事业上没有什么发展,官也做得不大。他的最高官职是右补阙,这是个级别比较低的官职,也就相当于个处级干部,并且没有多少实权。因而,他也就没有什么值得特别一提的政绩。

相传苏德祥精通儒学,精于诗文,但流传下来的作品很少。在清代学者厉鹗辑撰的《宋诗纪事》中,收有苏德祥的《赠南岳宣义大师英公》一诗。

李肃贪杯亡身

乾德二年(964)甲子科状元,姓李名景阳。乾德三年(965)乙丑科状元,姓刘名察。关于这二位状元的籍贯生平、身世经历等,笔者查了一些史籍,均以“余事不详”四字了之。因而,也就无话可说。在乾德三年,赵匡胤颁布了一道指示,规定官宦子弟凡参加科举考试被录取者,都要另派大臣在中书省对其进行复试,以测试其考试成绩的真伪。只有复试合格者,才能被正式授予相关资格身份。之所以这么做,是为了防止达官显贵利用职权为子弟谋取不正当利益。这道指示的颁布,标志着宋代科举复试制度的确立。

乾德四年(966)丙寅科状元,乃开封府阳武县(今河南原阳县)人氏李肃。李肃是个官二代,他的父亲做过后周陕西大都督府司马。他的哥哥李穆，系宋代名臣，做过开封府知府（亦称开封府尹）、左谏议大夫这样的高官。说到开封府知府这个职位，很多人可能会联想起大名鼎鼎的包青天包黑子。在宋代，开封府知府是个显赫的职位，品级很高，权力也很大。在这个位子上任职的人，不仅是首都的最高行政长官，还有权参与中央政府的政务管理。宋代的两位皇帝赵光义、赵恒，在未登基前都曾担任过开封府知府。在开封府任职期间，李穆反应敏捷，处事果断，判案精细。在他的治下，“奸佞狡猾之徒无从遁形，豪门望族大为收敛，高官权贵不敢以私干政”。这样的政绩，跟戏文中的包青天何其相似。李穆因此而深受皇帝器重以及朝野的好评。在《宋史》中，有关于李穆的专门传记。

跟自己的哥哥一样，李肃在少年时期就十分勤奋好学，表现出了异于常人的聪颖。用如今的话说，他就是个小神童。比方说，七岁时，他就能诵读“四书五经”之类的典籍，并能明白其中蕴含的深刻道理。十岁的时候，李肃就会很熟练地写诗作词。其中的不少警句，每每令成年读书人也为之惊叹不已。能做到这一点，除了李肃自身天资的因素之外，也说明他的家庭对其进行了卓有成效的早教开发。“子不教，父之过。”对于小孩子，通常情况下还真是不能过于放任自流。放任自流，不是素质教育。

中状元之时，李肃只有二十六周岁。以这样的年龄，获取这样的荣光，李肃也算是年少成名了。中了状元以后，李肃先后做过濮州、博州从事这样的小官。之后，被提拔为保静军节度推官。但还没等到他在更重要的岗位上施展才干，悲剧便发生了。

李肃有才归有才，但他也有自己的毛病，那就是过于贪杯。通俗点讲，他就是一个酒鬼。对于一个封建官员来讲，官职被提升，当属人生之一大喜事。因而，邀约亲朋好友相聚，畅饮庆贺一下，也属人之常情。不独在古代，即使在今天，这样的事情也是司空见惯。而不能免俗的李肃,也是这么做的。

接到政府的正式任命书之后,心情大好的李肃,设下酒宴,邀请了一干亲朋好友前来相聚。对于常人来说,在两种情况下喝酒很容易过量——心情很好或者很不好的时候。

刚刚被升了官,李肃的心情自然很好,再加上他又好这口,喝起来便没了节制。酒席之上,你敬我、我回敬,大家推杯换盏、吆五喝六,喝得好不尽兴。来者不拒的李肃,便喝得酩酊大醉,酣睡不起。

正所谓乐极生悲。李肃这一通酒后酣睡之后,便再也没有醒来。至于是酒精中毒导致死亡,还是饮酒过量诱发了心肌梗死,这个不得而知。总之,李肃之死跟酒精有关,这应该是没有什么疑问的。此时,距他获得状元称号只有区区六年的时间。而这位李状元,去世时还不满33周岁,英年早逝啊。

以李肃的才学而论,如果不是早亡,他日后能攀上何等的高位,做出多少过人的业绩,我们无法再做过多的假设了。“一夕与亲友会饮,酣寝而卒。”李肃以这样的方式被载入史册,也算是创造了一个比较另类的看点。

“何以解忧,唯有杜康。”酒是个好东西,它可以使人忘却忧愁、丢掉烦恼,也可以拉近人与人之间的距离、增进人与人之间的感情,还可以使人的精神高度愉悦亢奋、忘我陶醉。但同时,它又是个坏东西。过度贪杯,不仅会对身体健康造成严重破坏,还会影响人们的工作生活,造成许多的负面影响。贪杯误事、嗜酒伤身,李肃为我们提供了一个很好的例证。而大宋状元因为贪杯而伤身的,不止李肃一个,后边我们还会看到类似的事例。

从人性的角度看,以旁观者的角度劝人如何如何做,是一件很容易的事情。而以当局者的身份,听人劝不能干啥干啥,则是一件比较困难的事情。比方说,在日常生活当中,这样的事例比比皆是:不少人在劝别人不要贪杯的时候,说起来头头是道。但只要他自己一端起酒杯,那些道理就通通被抛诸脑后了。得,啥也别说了,让我们将李肃的不幸遭遇引以为戒吧。

敢提意见的刘蒙叟

乾德五年(967)丁卯科状元,乃河南宁陵人氏刘蒙叟。

这位刘状元,更是个家世显赫的官二代。他的老爸刘熙古,是赵匡胤的老哥们儿。赵匡胤从起家、造反到建立大宋王朝,刘熙古都是他手下的主要幕僚。大宋立国之初,刘熙古被封为左谏议大夫,位次还排在以"半部论语治天下"而青史留名的赵普之前。

不知为何,赵匡胤做了大宋皇帝之后,文武全才的刘熙古却没有受到重用,承担起管理国家政务的职责,而是长期以左谏议大夫的身份出任府、州长官。在担任秦州知州期间,针对当地少数民族时常闹事的实际情况,他恩威并施,把一些部族头子的子弟收拢到州政府驻地,好吃好喝地养了起来。当然了,这种办法也可以称之为软禁。总之,就是把他们当了人质。这样一来,他的治下自然也就消停了许多。

直到晚年,刘熙古才回京做了副宰相级官员(参知政事、户部尚书)。但只干了一年多,他就以脚有毛病为由,提出退休申请了。看来,这位刘副总理比较看得开,不是个特别恋栈权位的人。

有个大学问家的父亲,刘蒙叟耳濡目染地受到一些熏陶,也是显而易见的事情。青少年时期,他特别喜欢读书学习,撰写诗词文章。个人勤奋好学,又有良好的家学底子,再加上天资聪颖,刘蒙叟科举成名自然水到渠成。由于史料对刘蒙叟的生卒年语焉不详,他多大岁数中了状元,笔者也不好妄加推断。

中了状元之后,刘蒙叟也跟自己的老爸一样,长期在地方任职,先后做过庐州、濠州、滁州、汝州四地的最高行政长官(知州)。在任期间,刘蒙叟都有哪些从政举措,又创造了一些什么样的政绩,史料也是缺乏必要记载,这个同样不好乱编。

宋真宗赵恒接班上台后,出于对领导的良好期待,也出于对国计民生的关心负责,刘蒙叟经过一番认真思考,给新任皇帝写了一封言辞恳切的建议书。主要内容是,希望皇帝大人继承发扬勤俭节约的优良作风,切实戒除浮华奢靡的不良习气,工作中要注意谦虚谨慎,大力减轻人民群众的经济负担,恪尽职守,勤奋敬业。

应该说,刘蒙叟递交这样一份意见书,确实是出于公心,没有考虑自己的利害得失。他所提出的那些建议,如果从反面理解,那岂不是说,皇帝在这些方面做得还不够到位,因而也就达不到一个好皇帝的标准要求吗?倘若赵恒是个小心眼儿的皇帝,刘蒙叟此举无疑等于给自己结结实实地穿上了一双小鞋。

在现实生活当中,有不少官员貌似征求听取批评意见之举,其真实动机是想征求肯定和表扬。在这种情况下,如果遇上会揣摩领导意图的下属,甜言蜜语地顺杆爬,那自然皆大欢喜。倘若有个不解风情的冒失鬼,拿着棒槌当针(真)认,一二三四五地提了一大堆意见,领导即使不当面给他脸色看,心里也会把他记下的,哪怕他所提的意见都是客观事实。

好在赵恒是个明白人,没那么小心眼。他看了刘蒙叟的意见书之后,不仅没有生气,反而对其大加赞赏,认为这是一个敢讲真话有担当的好干部。此后不久,便下令将刘蒙叟调到京城任职(以本官入值史馆)。有一次,赵恒让刘蒙叟所在单位的大小官员,把自己以前撰写的文章进献,以供自己赏读评价。结果,刘蒙叟的作品又被皇帝评为最佳。

善于听取不同意见，做到有则改之，无则加勉，是一种胸怀，更是一种境界。作为一个封建皇帝，赵恒能有如此胸怀认识，当属不易。即使在当今，又有几多官员能达到这样的境界？谦虚使人进步，骄傲使人落后。这句话，放在什么时候说都不过时。

跟自己的老爸一样，刘蒙叟也不是个迷恋权位之人。在中央政府机关干了几年司局级干部（郎中，五品）之后，刘蒙叟以身体有病为由，向上级提出了提前退休的申请。而他所患病症，又跟他的老爸一样——“足疾”。看来，他们家有这类病症的家族遗传史。

鉴于刘蒙叟是个老实人，又勤勤恳恳地为政府服务了多年，为了表示慰勉，赵恒下令让他享受了更高一级的退休待遇（太常少卿，四品）。

七十三岁时，刘蒙叟终老于家。

柴成务愤而辞官

乾德六年（968）戊辰科状元，乃曹州济阴（今山东定陶县）人氏柴成务。

关于柴成务的籍贯问题，还有另外一种说法。据明代天启年间《衢州府志》记载，柴成务乃衢州江山（今浙江江山）人氏。这样，柴成务便是大宋的第一位浙江籍状元，也是衢州历史上的首位状元了。

上述关于柴成务籍贯的两种说法，哪种更为可信呢？笔者以为,还是以第一种说法更为可信一些。这倒不是作为山东人的笔者在为家乡争面子,而是因为第一种说法源自于《宋史》。关于历史人物的史料记载,越接近其生活的时代,越真实可信,这是一个基本的常识。那么,这位柴状元后来怎么又跟浙江衢州扯上干系了呢?各位只要想一想,北宋后期金兵大举攻宋,大宋许多官员士族纷纷南迁避难的历史事实,便不难理解了。

柴成务生于官宦家庭,他的父亲柴自牧,也是进士出身,做过兵部员外郎。年轻时的柴成务,博学多才,通晓古今,诗词文章写得很漂亮。中状元的前一年,柴成务报名参加了开封府试。时任开封府尹的赵光义,早就知道柴成务的才学名声,就把他选定为府试第一。转过年来,柴成务又获得了状元头衔,时年三十五岁。

中状元之后,柴成务先后做过陕州、曹州、单州等地方的低级官员(军事、观察推官,从八品)。后来,又做过全国最高审判机关大理寺的低层干部(大理寺丞,正八品)。赵光义上台之后,柴成务作为他当年的得意门生,开始官运亨通。他先后做过果州、苏州知州,两浙路转运使,户部判官,光禄少卿(掌管皇家祭品的光禄寺副长官,正六品)。其间,还作为皇帝的特命全权大使,出使过高丽国。

出使高丽之后,柴成务出任京东路转运使。不久,黄河在宋州决口,大批民众受灾。柴成务在给皇帝的奏章中,建议免除灾区民众的税赋,鼓励他们在肥沃的黄河淤积地种植粮食和经济作物,以达到生产救灾之目的。赵光义对他的建议大为赞许,并奖励了他一大笔经费(赐钱三十万)。

由于在京东路的优异表现,柴成务再受重用,官拜门下省给事中(负责该部门日常事务的官员,正四品)。所谓门下省,又称左省,是宋代中央机构三省之一,主管皇帝宝玺、赞拜、外官和流外官考课等事务。

四川民众暴动被镇压之后，柴成务受命前去安抚，随后担任河中府（今山西永济）知府。在任期间，他发现当地街道狭窄破旧，提出："当今国家天下太平，如果皇帝前来视察，车队如何通过？"因而便决定拆迁扩建。后来，皇帝还真就来到了河中府。他看到道路宽阔平坦，行车极为方便，不禁龙颜大悦。这正是：官员搞拆迁，历史很悠久。领导一高兴，政绩自然有。

赵恒上台之后，柴成务又做过梓州、青州、扬州等地的最高行政长官。在扬州任上，他破获了一起影响极为恶劣的盗取国家资金（库银）大案。这是一起陈年积案，发案十年未破。先后几任扬州主官，都因办案不力而受到撤职、降级等处理。柴成务上任不久，便通过缜密观察分析，认定这是一起内外勾结性质的案子。经过巧妙设计，柴成务将内鬼、外贼一举抓捕归案，起获所有被盗银两。此案的破获，使柴成务赢得了"神判"之美誉。

从扬州回京后，柴成务担任了全国最高治安机构的一把手（刑部尚书）。刑部有一个小干部，对他表现出了傲慢无礼的态度。自我感觉很好的柴部长，哪能吃他这一套，就下令揍了他一顿板子。那个小干部也不是省油的灯，挨打之后不仅没有反思自己不尊重领导的错误，反而跑到皇宫去击鼓告了御状，闹得沸沸扬扬。宋真宗赵恒闻知，便要求有关部门调查处理此事。

柴成务觉得皇帝此举没有为自己主持公道，心中很是不满。他慨然长叹曰："我一个堂堂的刑部尚书，处罚自己的一个手下，竟然受到如此对待，以后还有什么脸面坐在大堂上审判断案！"一气之下，竟然就撂挑子不干了。一个三朝元老，因为这点事便愤而辞官，归隐田园，这位柴状元真的有些任性。

在为官初期，柴成务对自己要求比较严格，也能恪守规矩、秉公办事，官声还不错。比方说，吕蒙正刚被任命为宰相的时候，柴成务因为与他有姻亲关系，便主动提出辞职以回避，但没有被批准。随着地位越来越高、名气越来越大,事情便慢慢起了变化。到了从政的后期,柴成务在廉洁自律方面就越来越不注意了,朝野对此颇多非议。在当今很多贪官的身上,都可以看到跟柴成务相似的为官周期律,这很值得人们引以为戒。

柴成务的口才很好,不仅出口成章、喜欢高谈阔论,而且很是诙谐幽默、机智风趣,听来让人愉悦不已。这一点,是上了史书的。值得一提的是,柴成务在六十六岁高龄之时,方才喜得贵子。

七十一岁时,柴成务病逝于家。

安德裕教子有方

开宝二年(969)己巳科状元,乃河南(今河南洛阳)人氏安德裕。

安德裕也是个官二代。他的老爸安重荣,曾经是个带兵的大将,官至后晋成德军节度使。安重荣是个很有野心的人,他觉得自己羽翼丰满以后,便起兵造反了。结果事与愿违,不幸兵败身亡。安重荣被杀之时,奶妈抱着年幼的安德裕跳了水。卫兵发现之后,将安德裕救起,交给了一个叫秦习的军校看管。秦习是个很重感情的人,安重荣昔日曾有恩于他。于是,安德裕便被秦习藏匿并收养了下来。

在被秦习收养的那段时间,安德裕改姓为秦。安德裕自小就喜欢纸墨笔砚这些东西,见到书籍便如饥似渴地读个没完。见他有这爱好,秦习很高兴,便尽可能地为他创造一些读书学习的方便条件。因为善于读书思考，少年时代的安德裕便胸怀大志、蔑视权贵，决心将来成就一番事业。

秦习死了以后，安德裕出于报恩之心，像对待亲生父亲一样为他守孝三年。守孝期满之后，方才改回本姓。秦习的家人也很仗义，打算把其全部家产赠予安德裕。很有志气的安德裕不为所动，他说："这些财产，跟我又有什么关系！大丈夫应该靠自己的努力闯出一片天下，博取功名富贵，怎么能贪图别人的财产呢?"这样的志向，这样的境界，值得赞赏。

安德裕中状元之时，年方而立。步入仕途以后，他先后担任过归州军事推官、大理寺丞、秘书丞、秦州通判等职务。后来，又被任命为广州通判。在赴任之前，时任宰相李昉认为他才学过人，通晓历史，便推荐他留京从事史志编纂工作(以本官入值史馆)。他的工作表现和文采，受到了皇帝赵光义的高度评价，还委任他担任过一届科举考试的主考官(淳化三年壬辰科)。

此后，安德裕又担任过金部郎中、睦州知州等职务。所谓金部，是宋代户部的三个司之一，掌管全国的货币收支。郎中这个职位，大体相当于司长。

安德裕性格耿直，而且比较自负。有这样性格的人，说话直来直去，一般不会顾及别人的感受。这样的人一般不太讨人喜欢，很容易得罪人，尤其是在官场上。安德裕的性格，想必使他有意无意之中得罪了不少人。这些人中间，自然不乏喜欢搬弄是非、落井下石的小人。因而，在安德裕的仕途经历之中，经常被使绊子、下黑腿，也是可以想见的事情。安德裕终其一生，也没有步入朝廷大员行列，大约与这一点有一定的关系。

安德裕还有个毛病，那就是太爱喝酒。史料称他"嗜酒太过"，就是说他是个大酒鬼。酒鬼喝起酒来，一般没有节制，酒后误事、狂言伤人的事情，也是不可避免的。这也给他的一些对立面提供了对他进行攻击指责的极好口实。这个弱点,也是影响安德裕仕途进步的一个重要原因。

安德裕的经历告诉我们,一个人要想在仕途上取得成功,只有远大志向和满腹才学还不够,还必须时时处处约束自己的言行,克制自己的不良喜好,绝对不能任性。笔者有一位熟人,能力学识都不错,但屡屡提拔受阻。原因无它,就是他跟安德裕一样,太爱喝酒,并且一喝起来嘴上就没了把门的。趁着酒兴,他的所有上司几乎都被他骂过。而一醒酒,他又会为自己的失态后悔得捶胸顿足。像这样的人,有谁肯去为他说话争取机会啊?

虽然性格有着较大缺陷,但安德裕教子有方。在他的培养教育之下,他的儿子安守亮也学有所成,成为了大宋的状元之一。安守亮中状元的时间,只比他的老爸安德裕晚了三年。父子同为一朝状元,并且时间相隔这么短,在整个中国科举史上是屈指可数的。说安氏父子创造了一个科举的奇迹,当不为过。安德裕在教育培养儿子方面很成功,但具体采用了什么样的方式、方法,史料没有记载,笔者也无法凭空臆造。

安德裕不仅教子有方,还特别善于奖掖提携青少年学子,为社会培养了不少有用之才。比方说,有"王黄州"之称的北宋著名诗人、散文家王禹偁,就曾得到过安德裕的关心帮助。大宋的另外一位状元获得者孙何,也受到过安德裕的点拨教化。一个有学问的人,对社会最大的贡献,莫过于发现和培养人才。身为状元的安德裕,又培养教育出了两位状元,殊为难得。

六十三岁那年,安德裕病逝于家中。

昙花一现安守亮

开宝三年(970)庚午科状元,姓张名拱。开宝四年(971)辛未科状元,姓刘名寅。关于这二位的籍贯身世、生卒年月等,史料均以“余事不详”四字了之,所以笔者只能一笔带过。

开宝五年(972)壬申科状元,乃河南(今河南洛阳)人氏安守亮,开宝二年己巳科状元安德裕的公子是也。

老爸安德裕中状元仅仅过了三年,作为儿子的安守亮再次大魁天下。这样的科举奇迹,世间罕有,令人叹为观止。安德裕而立之年中状元,此时也只有三十三岁。按照人类生育年龄的一般规律推算,安守亮中状元之时,充其量也就是十七八岁。之所以说是推算,是因为史料没有安守亮的生卒年记载。

这样小小年纪便一举获得状元称号,安守亮也算是创造了一个科举奇迹。但是很遗憾,至于他中了状元以后干了些什么、做过多大的官,史料又是以一个“余事不详”了之。也就是说,倘若不是少年早亡,安守亮在中状元之后便寂寂无闻、无所作为了。否则,《宋史》之类史料中不会没有关于他的记载。因而,安守亮除了创造出一个科举神话、给世人留下了一段“父子状元”的美谈之外,就再也没有什么值得一说的事情了。所以,笔者才用“昙花一现”这个成语来形容这位状元郎。

如果安守亮后来是归于沉寂,淹没于芸芸众生之中了,那就反映出一个人才的发展后劲问题。一个年少成名的人,假如后天不再努力,而只是吃过去和天分的老本,掉队落伍是迟早的事情。

“伤仲永”“江郎才尽”之类的典故，所蕴含着的就是这样的道理和教训。因而，一个人要想走向成功，天分很重要，后天的努力更重要。

由安守亮的经历，笔者还联想到另外一个问题。那就是，戏文里经常唱的“中了状元选驸马”，其实不过是一个逗你玩的传说而已。安守亮这么年轻的状元，也没有被选驸马。不然的话，史料不会没有记载。那些年龄比他大的状元，就更没有可能了。古时人们的婚育年龄都早，除了死了老婆的，在考上状元的人当中，基本没有单身青年。常言道，皇帝的女儿不愁嫁。有哪个皇帝肯让自己的公主去给人家当二奶、三奶或者填房？因此，陈世美的故事纯属虚构，宋代压根就没有这么一个忘恩负义兼心狠手辣、被包黑子用大铡刀给铡了脑袋的状元郎。

既然安守亮没有更多的故事可说，笔者正好可以腾出笔来，简要介绍一下宋代的科举制度。首先，需要澄清一下状元这个称号的由来。在北宋，国家级科举考试（省试、殿试）选拔出来的第一名，其实不叫状元，而叫榜首。第二、第三名才俗称为状元，也叫榜眼，那时还没有探花的说法。到了南宋时期，第一名状元、第二名榜眼、第三名探花的称号，才正式固定下来，并一直延续到清末。本书之所以将宋代科举第一名称为状元，是出于人们习惯性称呼的考虑。

宋代的科举，用《宋史》的说法是：“宋承唐制，抑又甚焉。”意思是宋代的科举，基本沿袭了唐代的规制，又进行了一定的改革、发展和完善。与唐代相比，宋代的科举制度大致在以下几方面有所改进。一是应试范围扩大，录取人数大为增加。唐代科举受门阀制度影响很深，考生多系名门望族之后，“工商杂类”子弟没有报考资格。宋代取消了这种限制，报考者“家不尚谱牒、身不重乡贯”。到了北宋末年，甚至连和尚、道士也可以报考。这种不唯身份背景、打破地域限制的做法，对于崇尚学习、尊重知识风气的形成，促进文化教育事业的发展，起到了很好的导向作用。二是对考试科目的设置进行了较大幅度的删减调整，使之更加便于操作。同时，改变了以往以诗赋为主的华而不实的传统做法，进士科必先考策论，考试内容更加实用，注重考查报考者的政治素质和从政潜能。三是确立了由皇帝亲自主持考试的殿试制度。此前，科举考试全由考官主持，考生一经录取，便将考官视为“宗师”。“自唐以来，恩出私门，不复知有人主。”这样，考生与考官极易形成人身依附关系，结为形形色色的利益集团。而殿试制度形成之后，录取的进士统统称为“天子之门生”，不许“称门生于私门”，从而有利于加强中央集权专制统治。

翻阅宋代开宝五年的相关史料，发现有这样的记载：“权知贡举扈蒙奏合格进士京兆安守亮等十一人，诸科十七人。帝诏对于讲武殿，始下诏放榜，新制也。”这段话的大体意思是，负责科举考试的大臣上报了本科录取的进士和诸科名单，宋太祖赵匡胤亲自在讲武殿对他们进行了面试，之后才正式张榜公布，这也成为了科举的一项新制度。所谓“诸科”，是北宋早期科举考试除进士科以外其他科目，如九经、五经、开元礼、三史、三礼、三传、学究、明经、明法等的总称。王安石主导变法时，提出“罢诸科，独存进士”，此后宋代科举逐步取消了诸科考试。

按照这一记载，科举殿试制度应当自本科为起点。但是还有一种说法称，殿试制度始于次年的癸酉科。之所以出现这种分歧，笔者认为，可能是赵匡胤在殿试过程中，对本科主考官们提出的录取人员及位次意见没有产生异议，而次年的癸酉科则不同。这个笔者后面有所交代，此刻暂且按下不表。

仗义执言宋状元

开宝六年(973)癸酉科状元,乃开封雍丘(今河南杞县)人氏宋准。

宋准出生于一个官员家庭,他的爷爷和父亲都是朝廷命官。虽说其长辈的官职都不高,但宋准官三代的身份是没有什么问题的。在青少年时代,宋准便以有才而闻名乡里,写得一手好文章。中状元那一年,宋准三十有六。

主持癸酉科考试的主考官,是大臣李昉。十名进士和二十八名诸科录取名单确定之后,赵匡胤将这些人全部召集到讲武殿面试谈话,也就是进行通常所说的"殿试"。在面试过程中,赵匡胤感到其中两个考生很没文化,回答问题时张口结舌、惊慌失措,于是便很不高兴。皇帝不高兴,后果很严重。这两位仁兄,被当场取消了录取资格。

在这两个人当中,有一个姓武的考生,恰好又是主考官李昉的老乡。赵匡胤知道这个情况之后,就更生气了。而在这个节骨眼上,有个名叫徐士廉的落榜考生,又跑到中央政府机关大堂击鼓鸣冤兼维权,状告主考官李昉办事不公,利用职权徇私舞弊,打压优秀考生,照顾录取自己的各方面关系。一时之间,动静闹得很大。

事情报到赵匡胤那里之后,他把大臣卢多逊找来了解情况。卢多逊反映说,关于本科考试,他也听到了不少负面议论,社会影响很不好。赵匡胤一听,觉得这事非同小可。于是便指示有关部门从落榜考生中选出成绩较好的一百九十六人,再加上原定录取的三十六人，统一召集到讲武殿，由他亲自主持进行复试。

复试的结果是，有一百二十七人被确定重新录取（含诸科）。原定录取的三十六人中，又有十人被淘汰。新录取的进士中，包括那个为自己大胆维权的徐士廉。这样一来，本科考试有弊的说法便基本坐实了。新录取名单一公布，舆论为之大哗。对此负有主要责任的主考官李昉，自然要被予以问责，受到了降级的处理。其他相关官员也都受到了不同程度的处分。本次科举舞弊案，进一步促成了殿试制度的确立。如果说，殿试制度始于上届壬申科，那么就是正式确立于本届癸酉科。赵匡胤一介武夫出身，能干出这么有文化的事情来，真是不简单。

对于宋准的考试排位，众人倒是跟李昉的看法比较一致。复试时，仪表堂堂、风度翩翩的宋准，谈吐得体、出口成章，表现出了不凡的学识才华，让赵匡胤龙心大悦。他觉得，状元就该让宋准这样的人来当。不仅如此，他还特批一大笔经费（制钱二十万），让宋准筹办庆祝仪式和宴会，让这位新科状元好不风光。

中了状元之后，宋准先是在中央政机关做了一段文字史志工作，并作为外交使节出访过契丹。后来，又做过梓州通判、太平州知州、河北转运使等。在地方上历练了一些年之后，因为身体有病，宋准奉调回京，做过几回科举考官，最后担任了金部郎中。

据史料记载，宋准是个比较有作为的官员，所到之处颇有政绩建树，官声不错。具体的施政事例，笔者却难以列举，因为史料的记载就是这样笼而统之。

宋准是个很有正义感的官员，遇事敢于仗义执言。为官期间，宰相赵普指责大臣卢多逊勾结藩王，图谋不轨，卢多逊因此而被流放。大臣李穆因为跟卢多逊是同榜进士同学，也受到了牵连，受到了降级的不公正处理。当时，朝中无人敢替李穆说话。图谋不轨，是皇帝最为忌讳的罪名，大家避之唯恐不及。

在这种情况下，只有宋准站了出来。他极力称赞李穆的人品操守，认为他是一个勤奋敬业的好官，也是一个道德高尚的忠厚长者，绝对干不出图谋不轨这样的事情来。至于同榜进士，也不能跟死党画等号。在他的坚持之下，宋太宗赵光义改变了初衷，下令将李穆官复原职。无赖皇帝赵光义，也并不总是不讲理。宋准以自己的言行，受到了同僚的尊重和朝野的好评。在官场上，以宋准这种方式积累的人脉资源，日后很可能会产生意想不到的作用。

宋准有个本家侄子，名叫宋庠（亦名宋郊）。宋庠是科举史上著名的“大小宋”中的“大宋”，后来也高中状元。他的弟弟“小宋”宋祁，是北宋年间的著名才子，跟哥哥同科进士及第。宋庠后来成为大宋的一代名臣，宋家也因此而发达，成了宋代名门望族。关于宋氏兄弟的事迹，笔者后面还会有专门交代。

五十一岁那年，宋准因病逝世。因为身体的原因，他只为政府工作了十五六年。他的去世，令时人颇为惋惜不已。大家认为，如果不是英年早逝，宋准也许能创造出一番更为不凡的业绩来。

王嗣宗摔跤得状元

开宝八年（975）乙亥科状元，乃汾州（今山西汾阳）人士王嗣宗。

王嗣宗中状元的过程，很有些戏剧性。作为一个文科考生，他竟然是通过摔跤这样一种“武斗”的方式，为自己挣来了一顶状元的桂冠。

在本科殿试过程中，王嗣宗与一个名叫陈识的考生，答卷水平不相上下，又是同时交卷。因而，在决定状元归属的问题上，让皇帝赵匡胤和相关大臣犯了难。顺便解释一下，在宋初的科举考试中，交卷时间的先后，曾经是决定考生位次的重要甚至是主要因素。

在这种情况下，赵大皇帝一时童心大发，竟然下令让王嗣宗和陈识通过摔跤决定状元归属。他这个独出心裁的测试方法，让众大臣目瞪口呆，半天没回过神来。无奈之下，两个白面书生只好赤膊上阵，在金殿之上笨手笨脚地操练开了自己并不擅长的武打功夫。一番脸红脖子粗的折腾之后，力气大些的王嗣宗占了上风，成为了竞争的胜出者。那个倒霉蛋陈识，只能是打落牙齿往肚里咽。规则再不合理，也是皇帝制定的，还能去哪里维权说理儿？而赵匡胤大约也不会想到，王嗣宗这个另类的竞争胜出者，是经他之手选出的最后一位状元郎。此事过了一年多之后，赵匡胤便不明不白地死在了一场疑似阴谋的“烛光斧影”事件之中。皇帝的位子也就归了自己那个流氓无赖习气严重的弟弟赵光义。

虽说王嗣宗获得状元的方式比较另类，他却并不是个吃干饭的主儿。他在青少年时期便勤奋好学，饱读诗书，以有才而名闻家乡。中状元之前，王嗣宗曾经携带自己的诗词文章独身闯荡京城。他的文章才学，受到了一些名家的赞赏推介。戴上状元桂冠之时，王嗣宗只有三十一岁，刚过而立之年。

王嗣宗是个不畏权贵、敢说敢为之人。中了状元之后，他被任命为秦州司寇参军。这是一个级别很低的地方司法官员，负责办理一些诉讼审判方面的具体事务。当时秦州的最高长官名叫路冲，这是个狠角色，管理方式一点也不人性化（为政苛急），导致社会治安混乱，百姓苦不堪言。对自己顶头上司的所作所为，王嗣宗毫不客气地提出了严厉批评。结果被心胸狭窄的路冲以莫须有的罪名抓进监狱，折腾得死去活来。但很有骨气的王嗣宗，始终没有低头屈服。

被平反释放后，王嗣宗还担任过睦州、河州通判等职务。赵光义为了监督官员民众，经常派出一些亲信，以微服私访的方式，前往各地打探消息。这些人到了王嗣宗的地盘上，却倒了大霉。王嗣宗将他们全部抓捕到衙门里，狠揍一顿板子之后，再派人押送回京城，并给赵光义写了一封意见书，其中说道："作为一国之主，陛下不重视选拔任用那些正直有才干的官员，却委派这些鸡鸣狗盗之徒充当自己的耳目，我以为是非常不可取的。"赵光义可没有赵匡胤那样的胸怀，他一怒之下，又把王嗣宗抓进了监狱。后来遇到大赦，"二进宫"的王嗣宗才被官复原职。

有个退休高官名叫种放，此人的官职，全凭走门子、找靠山得来。种放退休后，还跟时任皇帝赵恒关系很铁。王嗣宗在担任永兴军（辖区为今陕西西安一带）知州时，跟这位种放大人发生了冲突。王嗣宗发现这位种大人在跟政府官员相处时，表现得十分傲慢无礼。于是，便以其人之道还治其人之身，跟他相见时故意做出一副非常轻蔑的表情。种放就很生气，问王嗣宗怎么这么不拿自己当回事情。王嗣宗反唇相讥："你跟其他官员们打交道的时候，不也是这个样子嘛，你又尊重过谁啊？"种放就更恼了，讥笑王嗣宗道："你不就是那个靠摔跤得状元的家伙吗？有什么了不起的，粗鲁蠢汉一个，一点文化都没有。"此时的王嗣宗，没有坚持君子动口不动手的原则，而是毫不客气地赏了种放一个大嘴巴子。随后，又调查整理了种放鱼肉乡里、欺压百姓的种种劣迹，要求皇帝予以严惩。赵恒虽然没有治种放的罪，但要求他赶紧搬家走人，远远躲开王嗣宗了事。

在镇州（今河北正定）知州任上，王嗣宗听闻自己的前任、现为地位显赫京官（枢密直学士）的边肃，在镇州任职期间，有挪用公款做生意谋取私利、强买强卖、违规买卖妇女等不法行为，民愤很大。疾恶如仇的王嗣宗，便不留情面地坚持向上级检举揭发自己的前任。后来，皇帝不得不摘了边肃的官帽。

王嗣宗是个很有见地也很有作为的官员，所到之处，官声政绩颇为不俗。比方说，他在担任澶州（今河南濮阳）通判时，针对当地黄河水患频发、堤防不牢的实际情况，发动百姓在黄河堤岸种植了上万棵树木，既美化了环境，又巩固了堤坝，可谓善政一桩。再比方说，他在担任邠州知州（今陕西彬县）时，邠州城东有座公庙香火很盛。人们供奉的丰盛祭品，隔天便一干二净。民众以为是神灵所致，越发传得神乎其神。历任官员也纷纷前来祭拜，搞得当地民众不信政府信鬼神，政府有令不行、有禁不止的情况一再发生。不信邪的王嗣宗，命手下一把火烧了这座庙，大火中近百只狐狸四处乱窜。哪是什么神明显灵享用祭品啊，原来是这帮畜生在作祟。王嗣宗让衙役们将这群狐狸一一捕杀，从此当地政风为之一新。

"徙种放、掘邠狐、按边肃"三件事，被王嗣宗视为自己从政生涯中值得自豪的"去三害"。有人因此写了一首诗送给他："终南处士声名歇，邠土妖狐窠穴空。二事俱输王太守，圣朝方信有英雄。"王嗣宗对自己的孩子们说："我死了以后，不需要什么墓志铭了，你们把这首诗刻在我的墓碑上就行。"

值得一提的是，王嗣宗在担任枢密副使的时候，跟自己的上司（枢密使）结下了比较深的梁子。而这位上司，后来又做了大宋的宰相。也正是因为二人之间的矛盾，王嗣宗没能在官场更上一层楼，被迫在静难节度使任上退休。赵匡胤、赵光义之后的节度使，只是荣誉性的一种虚衔。虽然品级很高、礼遇优厚，但没有什么实权。跟王嗣宗不和的这位上司，就是经常出现在戏文、评书等文艺作品中的历史名人——寇准寇老西儿。

金无足赤，人无完人。有个性、有作为的王嗣宗，也有自己的弱点。为政早期，王嗣宗曾指责宋白等大臣贪恋权位，一个个都老眼昏花了，还不肯退休让贤。而到了他自己的晚年，也犯了这样的毛病，说啥也不愿主动退下来颐养天年。这一点，也使王嗣宗的名声大受影响。一个人在指责别人缺点的时候，首先要掂量一下自己在这方面做得怎样。对于一个官员来说，就更是如此。

王嗣宗享年七十七岁，这在古时已属高寿。

一代名相吕蒙正

太平兴国二年(977)丁丑科状元，乃河南(今河南洛阳)人氏吕蒙正。此时的大宋皇帝，已经变成了宋太宗赵光义。比起自己的哥哥来，赵光义在人品、能力、见识诸方面可不是差了一星半点。说他志大才疏兼流氓无赖，一点也不冤枉他。他把自己的初始年号定为太平兴国，可以说只是表达了一种良好的愿望。在外战外行的赵光义手中，大宋不仅没有振兴下去，反而奠定了积贫积弱的坚实基础。

吕蒙正原本是个官三代，他的爷爷吕梦奇，曾为副部级高官(户部侍郎)。他的老爸吕龟图官职虽然不高，但好赖也是个政府官员。虽为官宦子弟，吕蒙正在少年时代却吃了不少苦。吕龟图娶了小老婆之后，开始对成了黄脸婆的发妻横竖看不上眼。在小老婆的挑唆之下,后来干脆把年幼的吕蒙正和老妈一起赶出了家门。

由一个锦衣玉食的官宦子弟一下子变成一个一无所有的穷光蛋,这种巨大的落差,一般人都会承受不住。然而,贫贱不坠青云之志,这话用在吕蒙正身上再恰当不过了。衣食无着的生活,没有磨损吕蒙正进取的意志,他刻苦学习,博览群书,少年时代就以出众的才学让大家折服不已。

吕蒙正中状元的时候,大约三十二三岁的样子。之所以这样说,是因为史料关于他出生年月的说法不是太确切。中了状元以后,吕蒙正做过升州(今江苏南京)通判、知制诰等官职。所谓知制诰,主要职责是替皇帝起草法令文书。这个职位虽然级别不高,但因为在皇帝身边工作,被发现并获得提拔的机会也就更多一些,比如吕蒙正。

因为为人稳重坦诚,遇事从不隐瞒自己的观点,并且所提意见切实可行,吕蒙正受到了赵光义和开国元老赵普的赏识。这样一来,他的上升空间便被最大限度地打开。成为政府公务员只有十一年的时间,吕蒙正就登上了大宋宰相的高位。这样的进步速度,足以让无数政府官员惊掉下巴。

干了三年宰相,吕蒙正妻子的一个族亲因为给皇帝提意见有违圣意,使吕蒙正也受到了牵连,从而被撤销了宰相职务,只保留了吏部尚书头衔。两年之后,吕蒙正官复原职,再度担任宰相职务。又过了两年,吕蒙正再度被摘掉宰相乌纱。这一次,他被贬得更惨,离开权力中心成了个受制于人的地方官(出判河南府)。六年之后,吕蒙正东山再起,重新拜相。此时的皇帝,已经变成了宋真宗赵恒。三起三落,历任两朝宰相的吕蒙正,绝对称得上是一个官场之奇迹。吕蒙正的经历,也说明他是个胸怀宽广、从容淡定,遇事拿得起放得下之人。这种经历放在其他人身上,没准儿早就自甘沉沦、破罐子破摔了。不争一日之短长、不计一时之得失，是一种定力，更是一种境界。为官从政，缺乏坚定意志和远大眼光，很难走向真正的成功。

吕蒙正为官生涯最大的亮点，在于他能公正无私地识人用人。比方说，吕蒙正有个同学名叫温仲舒，此人比较有才干。在温仲舒遭受排挤打压之时，吕蒙正屡次向赵光义推荐，建议予以重用。但温仲舒是个白眼狼，得势之后时常在皇帝面前打吕蒙正的小报告。当吕蒙正受到打击的时候，温仲舒更是有落井下石之举。赵光义曾问吕蒙正："这个人常常说你的坏话，而你不但不生气，反而不断替他说好话，你这是图个啥嘛。"吕蒙正说："你把我安排到宰相这个位置上，就是因为了解我是个懂得发现别人长处并且能发挥别人长处之人。用人所长，是我职责所在。至于别人怎么说我，就不是我职权范围内的事情了。"赵光义一听这话，不由大笑道："你这人肚量真大，我算服了你了。"

有一次，大宋准备选派一位官员承担出使辽国的外交任务，赵光义让吕蒙正提出人选意见。吕蒙正提出的建议人选，却是个不被赵光义喜欢的官员。赵光义有点不高兴，就驳回让吕蒙正再选。如此反复了三次，吕蒙正提交的还是同一个人。赵光义就恼了，斥责吕蒙正道："你这个人怎么这么固执！"吕蒙正气定神闲地说："不是我固执，实在是因为这个人最合适干这事儿啊。"赵光义没招儿了，只好说："算了算了，我承认我不如你气量大还不行吗，就按你说的办吧。"那个官员果然不辱使命，出色地完成了出使任务。

都说宰相肚里能撑船，吕蒙正就是这样的宰相。他不仅对别人很有肚量，对曾经把自己赶出家门、虐待过自己的老爸和后妈也没有记恨。做了官、经济条件好了以后，吕蒙正把已经落魄的老爸和后妈接到了自己的家中，让他们颐养天年。如此气量和孝行，深受时人称颂。一个没有肚量、不能容人的官员，很难成长为一个优秀的政治家。

吕蒙正在培养提携青年人才方面也颇有建树。经他之手，为大宋培养出了好几位宰相，比如吕夷简、富弼、吕公著等。吕夷简是吕蒙正的侄子，他虽然因为在罢免范仲淹、苏舜钦等人官职问题上受到了一些人的指责，但总体而论，其作为堪称一代能相。而富弼的老爸富言，曾是吕蒙正的门客。富弼十岁时展露出的聪明才智，让吕蒙正大为惊叹，断言这孩子将来会比自己更有出息。于是，便提供了优厚的条件，让他跟自己的孩子们一起读书学习。而当了宰相的富弼，更是有一代贤相之美称。

吕蒙正很有文采，写了不少为人传诵的诗赋文章。比如他所作的《破窑赋》（亦称《命运赋》《劝世文》），其中蕴含深刻人生哲理的警句比比皆是。据说宋真宗赵恒在当太子的时候，看了此文之后大受启发感动，从此一改狂傲自大的习性，变得谦虚低调起来。

有意思的是，吕蒙正还是个美食家。他特别爱喝鸡舌汤，当了高官之后，几乎每天必喝。他家的厨师们，不几天就要杀上百只鸡，才够为他烧汤所用。这样的生活习惯，在常人看来有些奢靡铺张。但吕蒙正为官清正，对家人管束要求也比较严格。他喝鸡舌汤花费的钱，是自己的薪水收入，不是贪污受贿所得。对于一个封建官员来说，能做到这一点，已经很不容易了。

六十五岁那年，一代名相吕蒙正病逝于家中。

又见山东状元郎

太平兴国三年(978)戊寅科状元,乃渤海(今山东惠民)人氏胡旦。

胡旦的父亲是个县官,家庭条件自然不错。青少年时代的胡旦,聪明好学,善于舞文弄墨,有些小名气。关于胡旦的科举经历,有个很有趣的段子。有一次,河南有个书生来到胡旦老爸任职的地方观光旅游。胡县长听说这个书生很有才,就专门设宴款待他。自视甚高的胡旦,有些瞧不起那书生,席间就问他有啥特长。那书生说自己会写诗,胡旦就说:“那你作一首来我听听。”那书生便当场赋诗一首,最后一句是“挑尽寒灯梦不成”。胡旦一听,拍手大笑道:“原来你是个瞌睡虫啊!”弄得那书生好不尴尬。

那个书生,就是大名鼎鼎的吕蒙正。此次见面之后的第二年,吕蒙正一举夺得状元称号。皇榜一经发布,吕蒙正便给胡旦写了一封信,其中说:“那个瞌睡虫如今中状元啦!”胡旦看信之后,一阵冷笑,回信道:“明年我也去考一回,如果考了第二,就算我输给了你。”转过年来,胡旦果然也弄了顶状元的帽子戴。自信好强不服输,也是取得成功的重要因素,比如胡旦。

有才好胜的胡旦,踏入官场之后却命运多舛。几起几落之后,最终一蹶不振,以一种非常悲凉的方式结束了自己的人生之旅。究其原因,是他太喜欢投机。在官场上,喜欢投机的人往往其兴也勃、其败也速。爬得越高,摔得越惨。然而这个道理,很多局中人却怎么也看不清、参不透。正所谓,乱花渐欲迷人眼,谁知高处不胜寒。

胡旦中了状元之后，先是出任升州通判。后来奉调入京，被任命为左拾遗，入值史馆。不久，因为写了一篇题为《河平颂》的文章，其中有些议论朝政的文字，引起了赵光义的不满，被贬了一次官。随后，他又向上级递交了一封题为《平燕议》的意见书，建议出兵收复燕云十六州。这个建议，正中好大喜功兼急功近利的赵光义下怀。于是，胡旦转而受到赵光义赏识，被提拔为左补阙，接着又以户部员外郎（六品）的官职兼任知制诰。

宋初的知制诰，分为“内制”“外制”两种。专门替皇帝起草法令文书的，称为“内制”。像胡旦这样以其他官职兼任的，则称为“外制”。直接为皇帝服务，被发现提拔的机会多不假，但伴君如伴虎的道理也人尽皆知。因而，必须时时如履薄冰、小心谨慎。但胡旦在这方面不太注意，没多久就受到一个名叫马周的朋友的牵连，再次受到降级处理，被发落到坊州（今陕西黄陵县），做了个团练副使。所谓团练副使，是宋代散官官阶之一，品级为从八品。而散官，是指闲散不管事的官职，大体相当于如今的虚职。历史名人苏轼，就曾做过黄州团练副使。

就是这样，胡旦也没有接受教训。因为私自攀附巴结权臣宋白，他又被发配到绛州反思改造（徙绛州）。绛州辖区，大致在今山西临汾、运城两地交界处。后来，胡旦再度被起用，出任过工部员外郎、明州（今浙江宁波）知州等职务。当时有个太监名叫王继恩，此人为了捞取政治资本，胡乱干预皇家事务（谋废太子）。事发之后，同他走得很近、并为他写过歌功颂德文章的胡旦，自然受到牵连，再次被贬为通州团练副使这样的散官。

胡旦为政不廉，贪恋钱财。为官期间，利用职权捞了不少好处。但他又是个花天酒地、挥霍无度之人，聚敛的那些财物，被他吃喝玩乐买小老婆，花了个一干二净。他的晚年很凄凉，双目失明不说，死了以后家里人连口像样的棺材都买不起。死时胡旦闲居襄州(今湖北襄阳)，时任知州王田见此状况于心不忍，就建议上级予以适当资助。靠朝廷特批的一笔款子(赐钱二十万)，胡旦的后代才为他办了个比较像样的丧事。

胡旦是个心气很高的人。他曾对人如是说："参加科举考试不中状元，为官从政不当宰相，那就等于虚度一生。"然而，徒有志向，行为不端，却使命运跟他开了一个不小的玩笑。胡旦不服吕蒙正，才华学识也不输吕蒙正，但在人品官德等方面，两人判若云泥。因而，胡旦只能留给历史一个不佳的名声。

关于胡旦的聪明机智，有个段子很能说明问题。他晚年散居之时，史志编纂人员要为某位达官显贵写传记。但是这位达官显贵的早年生涯有些拿不出手——靠杀猪卖肉为生，这可把那些写手们难为坏了。如果回避不写，有违修史准则，会被天下人所不齿；而照实去写，又怕那位达官显贵脸上挂不住，为自己惹些不必要的麻烦。无奈之下，老几位便去请教胡旦。胡旦听完众人来意，不假思索地说："这太容易了，你们这样写不就结了：'某某年轻的时候操刀割肉，是为了表明自己有主宰天下的远大志向'。"大家一听，无不拍手叫绝。

虽然晚景凄凉，胡旦却是个高寿状元，活了八十岁。

苏状元酷爱杯中物

太平兴国五年(980)庚辰科状元，乃梓州铜山(今四川中江县)人氏苏易简。

苏易简的老爸苏协，乃后蜀进士出身。由于家风良好，少年时代的苏易简便聪颖好学，刻苦上进。中状元那一年，苏易简只有二十二岁，绝对称得上是少年成名。

本科殿试，宋太宗赵光义亲临现场出题测试众考生。他一共出了三道题，苏易简连草稿都不打，三千多字洋洋洒洒、一挥而就。答卷内容见解独到，文采斐然。赵光义看得龙心大悦，钦点其为状元得主。不仅如此，赵光义还发出了“君臣千载遇”这样的感叹。一时之间，年少状元苏易简名扬天下。

苏易简年少有才，又深得皇帝赏识，仕途自然要比一般人更为畅达。中了状元以后，他先是做了三年升州通判，随后奉调入京，出任右拾遗、知制诰，开始直接为皇帝服务。此后，连续七年主持科举考试，选人用人公正无私，深受朝野好评和皇帝赏识。在主持科举考试期间，苏易简在制度建设方面多有建树。比如说，为了解决请托串通等问题，对考官实行封闭隔离的“锁院”制度，就是苏易简建议实行的。

中状元六年之后，苏易简便被委任为翰林学士。宋代的翰林学士，虽说品级不一定很高，但地位显要，相当于皇帝的秘书或参谋官员。又过了四年，苏易简再获升迁，出任中书舍人一职。在宋初，中书舍人负责“三省”之一中书省的日常工作。而中书省除了承担一些皇家文字工作之外，还承担州县官员的考核评价、任用建议的职责。因而，中书舍人的位置十分重要。

中书舍人干了没多久，苏易简又攀上了副宰相级高位（参知政事）。苏易简有才，想干事也能干事，但他有个毛病，那就是太爱喝酒。对他来说，喝酒误事、过量失态的事情，是经常发生的。对此，朝臣同僚颇有微词。赏识并大力提拔他的皇帝赵光义，对他这个毛病也是又气又急，曾多次提醒劝导他，却收效不大。

赵光义很看重苏易简的才学能力，也比较关心他的成长进步。为了让苏易简彻底改掉自己的贪杯毛病，他亲自题写了《诫酒》《劝酒》两首诗，让苏易简每天跪在母亲面前背诵。一个封建官员，能得到皇帝如此关心，也是一件比较少见的事情。在这种情况下，苏易简不得不有所收敛。起码在上朝办公时，不敢再喝酒了。但这只是在表面上做给皇帝看的，私下里依然照喝不误。

对于一个人来说，个人嗜好与事业发展往往是一对矛盾体。要想在事业上有所发展，必须以极大的意志力克制约束自己的不良嗜好。而从人的本性角度讲，这又是比较难做到的事情，比如苏易简。屡教不改的他，后来终于因为酗酒遭到了纪检监察干部的弹劾。对他失去耐心的赵光义，也懒得再保他了。于是，苏易简从副国级干部降为副部级（礼部侍郎），并以此身份离京做了地方官。

苏易简离开京城后，先是做了邓州（今河南邓州）知州，随后又改任陈州（今河南淮阳）知州。仕途遭此挫折，苏易简心理上的巨大落差以及抑郁不快，可想而知。他又缺乏吕蒙正那样的定力，因而借酒消愁的事情便是不可避免的事情了。再加上天高皇帝远，没人管没人问了，更可以放开量喝个痛快。这样一来二去的，没多长时间，苏易简便因酗酒而亡，死时只有三十八岁。让人爱恨交加的美酒啊，又喝死大宋一位状元郎。

听闻苏易简的死讯之后，赵光义深为痛惜。他对手下大臣们说："这个苏状元啊，到底还是死在了酒上，真是可惜了！"毕竟君臣相知一场，为了表示哀悼之情，赵光义下令追赠苏易简礼部尚书头衔，还专门为他题写了挽词，其中有这样的句子："时向玉堂寻旧迹，八花砖上日空长。"赵光义当初将苏易简贬官外放，也许是想让他冷静下来，好好反思改正自己的毛病，以便日后重新委以重任的。没承想，不争气的苏易简就此自甘沉沦，辜负了赏识自己的领导的一番苦心。《宋史》有这样的记载:“易简外虽坦率,中有城府。”苏易简既然是这样的性格,那为什么改不掉贪杯的毛病呢?难不成是患上了严重的酒精依赖症?

苏易简是个多才多艺之人,书法水平尤为了得。他与苏舜钦、苏舜元,并称为“铜山三苏”。苏易简勤于笔耕,早年编撰了《文房四谱》一书。这是历史上最早的专门记载笔墨纸砚“文房四宝”的专著,该书在收录借鉴王羲之的《笔经》、韦仲将的《笔墨方》和《冀公墨法》等名家论述的基础上,又有自己的独到见解。《文房四谱》共分叙事、制作、杂说、辞赋四个部分。叙事重在说明定义、沿革及产地,制作重在介绍相关制造技术,杂说讲述典故和逸闻,辞赋则汇集了有关赞咏“文房四宝”的诗词。全书文采斐然,首尾相映,浑然一体。

当过大宋宰相的一代名臣寇准,与苏易简是同榜进士。

残疾人状元王世则

太平兴国八年(983)癸未科状元,乃桂林永福(今广西永福)人氏王世则。关于这位王状元的籍贯,还有湖南长沙一说。

王世则出身贫寒,家中常常衣食无着。因而,王世则小小年纪,便不得不靠自己的双手养活自己。少年时代,王世则有次上山去砍柴,不小心从山坡上失足跌下,摔折了一条腿,从而留下了终身残疾。因为生活所迫,他不得不拖着一条残腿继续辛劳奔波,挣钱糊口。

身残志不残的王世则,胸怀远大志向,酷爱读书学习。没有钱读书求学，他就在辛勤讨生活之余，悄悄溜进学堂，偷听别人读书。有一回，教书先生给学生们出了个上联“独角兽”，大家正在冥思苦想之际，忽听窗外有人朗声对曰：“比目鱼。”大为吃惊的教书先生出门一看，原来是一个破衣烂衫的瘸腿孩子在那里旁听。这个孩子，就是王世则。教书先生见他聪明过人，此后便免费教他读书识字。王世则不负老师厚望，学习刻苦努力，日后果然一举成名。这位老师，师德高尚，教书育人，善莫大焉。

据宋代学者王辟之所著《渑水燕谈录》记载，王世则曾跟几个学友前去拜访道学家陈抟，也就是著名的陈抟老祖。到了那儿之后，有些自惭形秽的王世则，就假装学友们的仆人待在堂下。陈抟就笑了，说道：“对一个人最大的侮辱，就是自己侮辱自己。”王世则很不好意思，赶紧作揖致礼，走到最前边的座位落座。陈抟接着说：“将来各位参加科举考试，这位王同学肯定得第一。其余各位的名次，就跟今天大家的座次一样。”陈老先生的语言，日后果然应验。

王世则中状元的时候，只有二十一二岁的样子，堪称少年成名，他因此也成为了中国科举史上的首位残疾人状元。在一千三百多年的中国科举史上，只出现过三位残疾人状元。王世则的求学科举经历，当为一个极好的励志故事。

据传，在殿试过程中，赵光义和众考官本不想让王世则当状元，因为他毕竟是个拐着一条腿的残疾人。那时又没有残疾人保障法之类，这么干了王世则也没处去维权。但王世则的殿试表现实在是太好了，以至于赵光义和众考官都不忍心不让他做状元。赵光义和众考官在这次殿试中的表现，足够人性化，应当予以点赞。

有一种说法，称王世则是中过两回状元的人。在王世则的同榜进士中，有个人刚被任命为县官，就因为公务处置不当而造成了一起责任事故。于是，就有人向上反映，说是本科录取的进士水货不少，似有弄虚作假之嫌。在这种情况下，赵光义便将本科进士全部招进京城，重新进行殿试。结果，王世则还是第一名。这种说法，似为野史轶闻，权为花絮。

对于本科殿试结果，赵光义十分满意，下令在琼林苑内摆下酒席，款待新科状元王世则以及其他新录取的进士。同时，颁发每位进士白银三十两，让他们回家建造牌坊，以资纪念。以皇帝名义招待新科进士的酒宴，称之为"琼林宴"。这一做法，从此成为科举之中的规定动作，一直延续到清末。

王世则是个一身正气、敢于坚持原则之人。中状元之后，他曾被委派主持对落第秀才、举人进行重新考试。在工作中，他秉公办事、唯才是举，对递条子、托关系的行为一概不予理睬，录取了二百多名有真才实学的考生，其中颇有一些名家达人，比如马国祥、叶齐等。随后，王世则进入门下省成为一名谏官（司谏）。宋代的谏官，职能主要是向皇帝提出建议、参劾百官、参议朝政国事、参与举荐官员等，地位很重要。谏官的名称，先是左右补阙、左右拾遗，后来改为左右司谏、左右正言。担任谏官期间，王世则铁面无私，敢说敢为，有"铁面王"之美称。

受皇帝委派，王世则还担任过出访越南（交趾）的特命全权大使。当时交趾头领有些蠢蠢欲动，王世则对其晓之以理，示以利害，使其打消了搞动乱、闹摩擦的念头，出色完成了出访任务，维护了大宋南部边疆的和平稳定。

出访归来不久，王世则因为建议赵光义尽快确定太子人选，无意中戳到了这位皇帝大人的疼处。结果，赵光义一气之下，就把提出这一建议的包括王世则在内的五位官员一起打发到外地做了地方官。王世则先是担任蒙州（今广西蒙山县）知州，后调任永州（今湖南永州）知州。

赵光义去世以后，王世则才得以重新奉调回京。至于他回京之后做了些什么，笔者没有查到相关记载。回京不几年，王世则便因病逝世，时年大约四十三四岁。史料关于他的生卒年记载，也不尽了然。

王世则一身正气，两袖清风，是个廉洁奉公的好官。古人曾这样评价他："清声雅望，与吕文穆诸公同时并美。"意思是，王世则的官德政声，可以与大宋另一位状元、一代名相吕蒙正等人相媲美。

梁灏上了"三字经"

雍熙二年(985)乙酉科状元，乃郓州须城(今山东东平县)人氏梁灏。因为工作的关系，笔者去过几次东平县，感觉真是个人杰地灵的好地方。浩瀚清澈的东平湖，就在东平县境内。那里不仅出过梁灏、梁固这样的文人才子，还流传着很多水浒英雄的故事传说。正所谓，文武之道，一张一弛。

又见山东出状元，真好。人说江浙多才子，那应当是南宋以后的事情了。在北宋，山东考生的科举成绩要比江浙好很多。笔者以为，大宋朝廷南迁，许多士人学子跟随前往，为江南教育文化事业的发展，并在后来超越北方，起到了至关重要的作用。比方说，赵明诚、李清照、辛弃疾等历史文化名人，都是由山东迁往江南的。

梁灏状元的一大看点，是被写进了历史名书《三字经》。其中"若梁灏、八十二、对大庭、魁多士"几句，说的就是梁灏以八十二岁高龄还能高中状元。但是很不幸，《三字经》树立的这个活到老、学到老的励志典型，却摆了个大乌龙。据《宋史》《续资治通鉴》等正规史料记载，人家梁灏中状元之时，还不满二十二岁，是个地地道道的小青年。并且梁灏这一辈子也没能活到八十二岁，他去世的时候只有四十一岁。况且按照宋代的官员管理制度，政府中低级官员到了七十岁左右，基本就得退休回家养老，八十多岁中状元，是根本不可能的事情。但不管怎么说，《三字经》倡导的这种终身学习的理念，还是很有意义的。

梁灏出生于一个官宦家庭，但是少年丧父。少年丧父乃人生之一大不幸，很多人的人生轨迹，会因此而发生很大的改变。虽然没有了父亲的关爱指教，但有志气的梁灏小小年纪便好学上进，四处延师求教。比方说，他曾拜名家王禹偁为师。在名家的指点下，梁灏提高很快，为日后成名奠定了良好基础。

在中状元之前，梁灏曾参加过一次科举考试，但没被录取为进士。落榜之后，他留在京城做了个“京漂”。宋代的京城不是北京，所以不能称他为“北漂”。梁灏做“京漂”，不是为了打零工混碗饭吃，而是为了继续求学游历，为再战科场做好准备。在做“京漂”期间，初生牛犊不怕虎的梁灏，曾给皇帝赵光义写了一封意见书，提出作为国家选拔人才的科举考试，不能只注重考察诗词歌赋水平，要重视对考生真才实学的测试，考试内容应当更加贴近现实。

梁灏的意见并未得到采纳。这也难怪，一个无名之辈的意见书能不能送到皇帝面前，还得打上一个大大的问号。尽管意见没被采纳，但宋朝后来在科举制度方面的改革完善同梁灏当初提出的建议不谋而合。这也说明，梁灏虽然年轻，但善于观察思考，并且具有异于常人的超前眼光。

当了一段时间“京漂”之后，梁灏在实现自己远大抱负的征途上，迈出了非常重要的第一步——成为了万众瞩目的状元郎。展现在这位二十二岁青年人面前的未来，应该说是一片光明。

中了状元以后,梁灏被任命为大名府观察推官。在任期间,梁灏曾与大宋首位状元杨砺以及朱台符等官员,一道组织过科举考试事务。在工作中,梁灏尽职尽责,坚持原则,不徇私情,得到了各方面的肯定和好评。后来他被调入中央政府机关任职,但具体在哪个部门工作、担任什么职务,史料记载不详,笔者也不好乱编。

在中央政府机关任职期间,梁灏的工作岗位肯定是比较接近皇帝的。因为史料称他很有工作能力,每次上朝接受皇帝的工作质询时,他都才思敏捷,出口成章,并且对相关事宜条分缕析,逻辑严密,见解独到,思虑深远。因而,梁灏很受宋真宗赵恒的赏识。朝中百官提交给皇帝的各种奏章文书,赵恒一般都先交给梁灏审核把关,提出修改意见。从这一点上看,也足以证明梁灏的才学以及皇帝对他的器重。

四十一岁那年,梁灏被任命为开封府尹(知府)。开封府尹,是北宋最为重要的地方官员,地位显赫。在这个岗位上历练过的官员,日后大多受到重用,不少成为辅国之材。寇准、欧阳修、包拯、范仲淹、苏轼、司马光、宗泽等北宋著名政治家,都曾出任过这一职务。假以时日,梁灏必堪大用。出师未捷身先死,长使英雄泪满襟。不幸的是,在走上这个重要岗位的当年,梁灏便暴病而亡。

梁灏在教子育子方面,也颇为成功。他有三个儿子,分别叫梁固、梁述、梁适。老大梁固后来也跟自己的老爸一样,成为了万众瞩目的状元郎。梁氏父子皆中状元,成就了一段科举佳话。据笔者掌握的资料,这是山东的第一对也是唯一一对父子状元。老三梁适也是宋代名臣之一,后来位极人臣,官职相当于宰相级别。

比较巧合的是,梁灏中状元的当天,他的大儿子梁固呱呱坠地。何谓无巧不成书?请看梁家父子。但跟自己的老爹一样,梁固也是短寿之人,三十二岁便英年早逝。这可能与他们的家族遗传有关,因为梁灏以及梁灏的父亲同样是壮年早亡。

少年状元看程宿

端拱元年(988)戊子科状元,乃衢州(今浙江开化县)人氏程宿。确切地说,这才是宋代的第一位浙江籍状元郎。

程宿自幼聪慧过人,而且特别爱读书学习,常常为了学习而废寝忘食。他的记忆力超强,过目不忘,出口成诵。有这样天赋之人,再加上刻苦努力,在应对考试方面自然就有优势。

关于程宿的勤奋好学,有两个段子很能说明问题。其一是说他有次潜心读书,边读书边用糯米糕充饥。由于太过投入,他把砚台里的墨汁当做芝麻糖蘸着吃完,竟始终不知不觉。其二是说在一个冬夜,程宿读书到深夜之后,感到寒冷刺骨。他扭头一看,才发现取暖的火盆早已熄灭。于是,他赶忙拿起灯笼,深一脚浅一脚地跑到一里地开外的尼姑庵去寻火种。庵里的尼姑听到他的来意之后,笑得上气不接下气。程宿被笑得一头雾水,待在那里不知所措。尼姑就指着他手里的灯笼说:“找什么找,火种不就在你手里吗?真是骑着驴找驴啊。”一听尼姑这话,程宿方才从满脑子的诗词文章中回过神来。从此,这位未来的状元郎“手提灯笼讨火种,墨汁当成芝麻糖”的段子就在当地流传开来,至今仍为人们津津乐道。

功夫不负有心人。本科考试中,程宿发挥出色,一举夺得状元称号。当时的主考官之一吕蒙正,很欣赏程宿的答卷,就拿去给另一位大臣王沔看。王沔一看,大为惊叹,连称:“这简直就是杜牧再世啊!”

然而,程宿获得状元的过程却一波三折。皇榜发布之后,有的落榜考生认为本科录取进士人数太少，其中必有弊情。因而，有人便跑到中央政府机关集体上访，要求重新组织考试，以体现公平公正的精神。

皇帝赵光义见事情闹得有点大，况且他也认为本次录取人数偏少，不能满足工作需要，便指示有关部门对落榜考生进行复试，增加了一些录取名额。复试之后，有人还不满，不依不饶地继续上访申诉，并对程宿的状元称号不服。对这些考生的疑似无理取闹之举，赵光义仍然没有恼火，他指派状元得主王世则等人，再次对落榜考生进行复试，又追加录取了一些人。一次考试，折腾了三回，在科举史上实属罕见。赵光义在这件事情的处理上，也表现得比较有胸怀。

对录取的新科进士，随后重新进行了的"糊名"殿试，程宿再获第一。这下，其他人便再也无话可说。科举考试采用"糊名"方式阅卷，自此开始形成制度，并一直延续下来。此前在阅卷时，考生的姓名、籍贯等信息是公开的，这就为凭印象取人、凭名气取人、凭关系取人打开了方便之门，极易出现徇私舞弊行为。据正史记载，宋代科举的"糊名"制度，自淳化三年(992)正式成为定制。本次考试是否采取了这种做法，相关资料说法不一。如果确实这样做了，程宿便也算是得了两回第一。

中状元的时候，程宿只有十七岁，绝对称得上是少年成名。以这样小小年纪便高中状元，不只是在宋代，就是在一千三百多年的科举史上，也是极为罕见的事情。少年状元程宿，真是不简单。

中状元之后，程宿进入中央政府机关从事文字秘书工作(翰林编修)。由于契丹经常惹是生非，当时大宋北方边境很不安宁。在程宿中状元的第二年，赵光义就此听取了这位有才有识少年状元的意见。在回答皇帝质询时，程宿见解独到，有理有据，让赵光义很是高兴。于是，便委派程宿为特使，前往四川、陕西等少数民族地区进行视察安抚。

所到之处，程宿礼贤下士，亲自到一些部落头人家中走访慰问。在对他们表示出足够尊重的同时，晓之以理，示之以威，并设身处地地为他们解决一些实际问题，切实维护他们的合法权益。程宿的所作所为，让当地各个部族刮目相看，惊叹于年纪小小的他竟有如此见地作为。程宿卓有成效的工作，对于保持这些地区的社会稳定，发挥了很大的作用。

后来，江西一带治安混乱，盗贼蜂起，民众苦不堪言。为了尽快扭转这种局面，程宿被任命为江西安抚使(非常设职务)，兼管江浙一带的社会治安督导任务。到任后，程宿内外兼顾，大力整顿吏治，完善规范户籍制度，严厉打击黑恶势力，积极减轻民众负担。不长时间，就使任区内社会治安形势大为好转。就在他像个救火队长一样，又被委派到乱子多发的益州(今四川盆地一带)招讨安抚之时，还没来得及赴任便因病逝世。程宿去世时，还不满三十岁。

程宿是个勤政爱民、廉洁奉公、有志有为的好官。对于这位少年状元的英年早逝，朝野一片惋惜之声。他辞世后，曾有人专门赋诗，以志纪念："名魁天下，义动朝中。六州都事，两袖清风。才超杜牧，节拟梁鸿。编修职肇，招讨疴终。"

门第显赫陈尧叟

端拱二年(989)己丑科状元，乃阆州(今四川阆中)人氏陈尧叟。

陈尧叟出身世家，老爸陈省华也是进士出身，算得上是一位宋代名臣，官至门下省左谏议大夫（四品）。因为精明能干，颇有政绩，陈省华死后被追赠太子少师称号，身后享受了正部级待遇（二品），夫人冯氏也被封为燕国夫人。

陈省华虽为高官，却一点也不娇惯子女，家风极严。良好家风的形成，身教的作用远大于言传。冯夫人虽为高官太太，却一点也不摆谱，家务活从来不用保姆家政什么的，都是亲力亲为。比方说，她一直带着儿媳妇下厨做饭。冯夫人的勤劳朴实，给孩子们树立了一个很好的榜样。

关于这件事，有个比较有趣的段子。陈尧叟的妻子也出身于官员家庭，对这种天天烟熏火燎下厨房的日子，感觉苦不堪言，就对陈尧叟说，能不能跟父母说一下，以后别让自己下厨做饭。陈尧叟答道：父母管教极严，这事儿自己可不敢开口。无奈之下，他妻子就跑回娘家去诉苦。有一回，陈尧叟的岳父见到了陈省华，就对他说："亲家啊，俺那闺女天天操持你们一大家子人的饭食，有些吃不消，能不能雇个保姆厨师啥的来干。"陈省华听了，轻描淡写地说："哪里是她在操持一家人的饭食啊，她不过是帮我老婆子打打下手罢了。"陈尧叟的岳父听到作为高官太太的冯夫人还亲自下厨，不由大为惭愧，连说："误会了误会了，我那不争气的女儿还是请你多多管教吧。"

由于教导有方，陈省华的三个儿子都很有出息，老大陈尧叟本科中了状元，老二陈尧佐跟哥哥是同榜进士。还有一种说法称，陈尧佐中进士比哥哥还要早一年。但兄弟同榜比较有看点一些，姑且就从此说。十余年后，老三陈尧咨再得状元桂冠。这个老陈家真不得了，一门父子四进士、俩状元，一时间风头占尽。

有一种说法称，陈省华的孙女婿傅尧俞后来也中了状元，在北宋六十余位状元中，他们一家就占了仨。其实这种说法属于讹传，傅尧俞虽然也是进士出身,但并不是状元得主。

陈尧叟二十八岁中状元,先是做了个从七品的小官(光禄寺丞)。随后,因为奉旨赈灾工作出色,被提升为工部员外郎,接着出任广南西路转运使。广南西路的辖区,主要在现今广西一带。当时,那一带民间迷信风气比较盛行,人们生病不看医生吃药,而是一味相信神巫之术。务实的陈尧叟到任后,命人将一些常用医方刻在石碑上,立在各个驿站门口,起到了很好的卫生科普宣传作用。为了改善当地的生态环境,陈尧叟发动民众积极植树造林,兴修水利工程。他的所作所为,深受当地民众称道。

有一年,宋真宗赵恒发布指示,要求各地政府督促辖区民众大力种植桑、枣等经济作物。也许他的出发点是好的,但这种全国一刀切的做法,却有想当然、瞎指挥之嫌。接到指示后,陈尧叟出于对事业、对民生负责的态度,没有盲目执行,而是向皇帝写了一份意见书,说明当地的地形、土质不适合种植桑、枣,比较适合种植苎麻。他建议,发展经济作物,应当因地制宜,不宜一概而论。对这种跟自己相反的意见,赵恒不但没有生气,反而很赞赏陈尧叟认真负责的态度,同意他按当地实际情况去办。

奉调回京后,陈尧叟担任过刑部员外郎、度支判官等职务。所谓度支,是宋代户部下属的一个机构,相当于一个司,其职能是负责全国的财政预算编制、分配等。在任期间,陈尧叟曾受命前往广南东西两路,以安抚使身份督导平乱。完成任务回京后,陈尧叟被提拔为枢密直学士,成为政府高官。此后,他按照皇帝的指示,在精简机构、简政放权、裁减冗员方面做了一些卓有成效的工作,受到了最高领导的充分肯定。

作为一代名臣,陈尧叟的为官生涯中也不是没有瑕疵。比方说,有一年辽国大军南下,兵锋直逼澶州,京城为之告急。在这种形势下,朝野一片震恐,不少官员建议朝廷赶紧迁都逃跑。在主张迁都的官员中，就有陈尧叟。由于他的地位比较显赫，又深受皇帝信任，因而遭到了主战派大臣寇准的严厉斥责。人无完人，陈尧叟虽为能臣，但作为一介文人，他也是有自己的短板的。

但是这段插曲，并没有影响到皇帝对陈尧叟的信任，因而也就不会影响到对他的提拔使用。风波平息之后，陈尧叟又干过工部、户部尚书，最后官至枢密院一把手——枢密使。在宋代，这是个仅次于宰相的官职（从一品）。有人说陈尧叟干过宋代宰相，其实不太确切。比陈尧叟小两岁的陈尧佐，倒是在宋仁宗当政时做了宰相。陈尧佐也是宋代名臣之一，他特别擅长治水，出任地方官时，推出的一些治水举措造福了一方民众，颇受人们称颂。比方说，陈尧佐在滑州（今河南滑县）任职时主持修建的河堤，便被民众尊称为“陈公堤”。

陈尧叟是个不贪恋权位之人。因为脚有毛病，他几次三番提出辞职。皇帝数度挽留未果，方才予以批准。五十六岁时，陈尧叟因病逝世。对他的死，皇帝赵恒十分悲痛，下令朝廷停止办公两天，以示哀悼。

连中“三元”有孙何

所谓连中“三元”，在宋代通常是指郡州试（也称解试、漕试，相当于明清的乡试）、省试（相当于明清的会试）、殿试连得三个第一名。淳化三年（992）壬辰科，诞生了大宋王朝第一位科举“三元”得主。

本科状元获得者，乃蔡州汝阳（今河南汝南）人氏孙何。

少年时期，孙何便表现出了过人的天赋。他十岁就能识音韵，十五岁时就能写得一手好文章。天资聪颖的孙何，还接受过名家点拨指教。比方说，大宋另一位状元得主安德裕，就算是他的老师之一。

孙何成名比较早，他特别喜欢古文，写文章习惯于引经据典。在中状元之前，他就写了不少被人们传颂一时的文章。孙何与当时另一位著名的大才子丁渭一南一北，被人们并称为“孙丁”，享有极高的知名度。

孙何中状元之时，年方三十一岁，刚过而立之年。中状元之后，他先是被任命为陕州通判，后来改任秘书丞，入值史馆。孙何是个很有见地的官员，宋真宗赵恒上台后，他几次向皇帝递交建议书，就任用官员、改进科举、巩固边防、加强社会公德建设等问题，提出了一些切中时弊的意见建议。孙何的学识见解，受到了赵恒的赏识和充分肯定。

后来，孙何又担任过京西转运副使、左司谏、右正言、户部判官、京东转运副使、知制诰等职务。史料称，孙何特别重视文化教育事业，关心青年学生的成长进步。平日里，也能与人为善。但孙何也有自己的性格缺陷，那就是性格急躁，胸怀不够宽广（“不能容物”）。孙何在京东转运副使任上，得到的评价是，处理政务不够人性化，行事死板僵化，为人严厉刻薄。因而，当地官员民众对他普遍没有好感（“专务峻苛，州郡病焉”）。

奉调回京之后，他与名臣陈尧佐等人一起担任知制诰，但不久就生了重病。皇帝赵恒对他的身体健康十分关心，专门派太医给他治病。俗话说，听人劝，吃饱饭。但孙何是个很固执的人，这样的人，医从性一般都很差。对医生提出的各种治疗方案，孙何一概不予听从。他的观点是，生死由命，富贵在天，一切顺其自然。在回京的当年冬天，孙何便不治而亡，时年四十三岁。对于他的死，皇帝颇为痛惜。哀悼之余，特批授予了他儿子一个官职。

民间流传着一个段子，说的是孙何在担任京东转运副使的时候，同著名词人柳永发生的一段过节。孙何担任的这个职位，驻地在杭州。柳永作为孙何的故交，很想同他套套近乎。但柳永又担心做了大官的孙何不给自己这个面子，于是，就颇费苦心地想了个点子。柳永知道，孙何经常找一些文艺工作者（伶人）到自己的府上唱歌跳舞，以作为业余时间的娱乐消遣。

根据孙何的这个爱好，柳永精心赋词一阕，并买通孙何特别欣赏的一个艺人，让她找机会在孙何面前演唱这阕词。该词全文不妨照录如下："东南形胜，三吴都会，钱塘自古繁华。烟柳画桥，风帘翠幕，参差十万人家。云树绕堤沙。怒涛卷霜雪，天堑无涯。市列珠玑，户盈罗绮竞豪奢。重湖叠巘清嘉。有三秋桂子，十里荷花。羌管弄晴，菱歌泛夜，嬉嬉钓叟莲娃。千骑拥高牙。乘醉听箫鼓，吟赏烟霞。异日图将好景，归去凤池夸。"这阕词，便是流传久远的宋词名篇《望海潮·东南形胜》。

好的作品，总是能感染人的。孙何听到这阕词之后，不禁大为叫绝，赶紧让手下人安排约见作者叙谈。于是，柳永得遂所愿。民间还有种说法，兀术等大金头头，后来之所以那么起劲地要攻打南宋，就是受了柳永这阕词的诱惑，想把美丽的杭州占了，当做自家的后花园。这种说法未必属实，却形象地说明了这阕词的强烈艺术感染力。其实，柳永用计见孙何，也属张冠李戴之说。以二人的年龄推算，孙何在杭州任职时，柳永只有十五岁，还在家乡读书学习。因此，两人不可能是故交，柳永也不可能跑到杭州去煞费苦心地巴结孙何。

孙何的另一个看点是，他的弟弟孙仅乃下一科状元得主。孙氏兄弟，系大宋科举产生的第一对兄弟状元。陈尧叟、陈尧咨哥俩虽然也是兄弟状元，但陈尧咨中状元，要比孙仅晚好几年。

孙仅紧随哥哥当状元

咸平元年(998)戊戌科状元,乃蔡州汝阳(今河南汝南)人氏孙仅。而孙仅的哥哥孙何,是上一届状元得主。

关于孙何、孙仅兄弟的籍贯,《宋史》称是汝阳(今河南汝南),有些地方史志则说是汝州(今河南汝州)。不管怎么说,两个地方都在河南。由于他们的父亲在荆州做过官,他们兄弟几个随老爸在那儿读过书,荆州人又将孙何、孙仅以及他们的弟弟孙侑,称之为"荆州孙氏三凤"。而他们的小弟孙侑,后来也进士及第。作为历史名人,大家争着认老乡,这个可以理解。

本次科举考试,距上一科整整过去了六年之久。相隔这么久没搞科举考试,在北宋是比较特殊的情况。这期间,四川一带王小波、李顺举旗造反,北方大辽、西夏不断找事,大宋朝廷自然要忙于四处灭火。紧接着,赵光义又两腿一蹬上了西天,举国上下还得为他发丧处理后事。这么忙活来忙活去,大小官员们焦头烂额,大约也就顾不上搞科举考试这些事情了。

孙仅少年时期,就和哥哥孙何一样,以好学有才而闻名乡里。中状元的时候,孙仅还不到而立之年,只有二十九岁。孙家兄弟二人,连续两届夺得状元称号,这在科举史上也是极为罕见的事情。因而,在他们的家乡以及其读书的荆州引起了极大的轰动。教子有方的老孙家,也成为了人们羡慕学习的对象。

由于本科考试是宋真宗组织的第一届,因而孙仅便也是这位皇帝选出的第一位状元郎,所以孙仅比较受其赏识。中状元之后,孙仅先是被任命为舒州(今安徽安庆)团练推官。后来,历任光禄寺丞、刑部员外郎、右谏议大夫、左谏议大夫、河中府(今山西永济县)知府等职务。在为官后期,孙仅还兼任过给事中职务。在宋代,给事中是门下省的一个官职,职责为"分治六房",监督相关政府部门的工作。所谓"六房",是指吏、户、礼、兵、刑、工各房,这也是明代设置"六科"牵制监督"六部"的雏形。与朱元璋秉持的"以小制大"理念不同,宋代给事中的品级比明代的要高。

孙仅中了状元六年以后,大宋和大辽开始进行媾和谈判。这两个冤家,你打我斗了好些年,谁也搞不定谁,都已经感到疲惫不堪。于是,双方便互派和平使者,共议消弭分歧争端,争取合作双赢事宜。这一年,恰逢大辽国母萧太后整数寿辰大庆。孙仅被朝廷委任为"国母生辰使",率团前往大辽,参加萧太后的庆寿大典。出访期间,孙仅不卑不亢,有礼有节,充分展现了大国外交官的风范,比较出色地完成了这次外交任务。

跟自己的哥哥孙何性格相反,孙仅为人谦厚温和,遇事不急不躁,善于容忍,从不与人争论。对他的人品个性,同事们无不钦佩赞誉。在工作中,孙仅奉行无为而治的信条。他的无为而治,并不是无所事事,而是善于调动发挥同事和下级的积极性,不搞事无巨细,处处插手。并且他严于律己,不贪不占,官德也不错。像这样的官员,假以时日,必堪大用。然而,孙仅还没等到在政坛更上一层楼,充分施展自己的才干,便不幸因病壮年早逝,时年四十八岁。比他的哥哥孙何,仅多享寿五年。

孙仅不仅是个官员,还是个学问家,他的儒学造诣颇深。在为官从政之余,孙仅写了不少文章,被后人编辑为《孙仅文集》五十卷。孙仅同时又是个诗人,为后世留下了不少优秀诗作,有《甘棠诗集》流传,其中的《题李德裕荆门蒙泉诗碣》《咏惠泉》《勘书堂》等堪称名篇。

孙仅以自己的学问人品，受到了同时代人和不少后人的推崇。比方说，北宋著名文学家王禹偁就曾创作过一首题为《赠先辈状元孙仅》的诗。这首诗是这样写的："病中何事忽开颜，记得诗称小状元。粉壁乍悬龙虎榜，锦标终属鹡领原。青云随步登花塔，红雪飘衣醉杏园。还有一条遗恨处，不教英俊在吾门。"这首诗，也被认为是王禹偁的代表作之一。再比方说，孙仅创作的《骊山诗》（上下篇），被宋代文学大师欧阳修收录进自己编撰的文集《归田录》，足见其艺术水准与影响。

本科状元还姓孙

咸平二年（999）己亥科状元，乃蔡州汝阳（今河南汝南）人氏孙暨。关于这位孙状元的籍贯，还有汝州一说。连续三届状元都姓孙，这也是科举史上的一个有趣现象。按照孙暨籍贯的第一种说法，三位孙姓状元又是同一个地方的老乡，这种巧合更是被人们传为美谈。一时间，乡里人民无不引以为荣。

在孙暨中状元前一年举行的开封府解试中，解元得主为高辅尧，第二为钱易。钱易出身显贵，乃吴越王室后裔，又是个已经很有些知名度的才子，自我感觉好到爆棚。他对于没把第一定为自己深感愤愤不平。于是，便向上级写了一封检举信，揭发试题之中有攻击朝廷、非议朝政的内容，建议政府予以严查。钱易这么一带头，其他考生也纷纷状告考官录取不公。那个高辅尧倒是个厚道人，见此情况便主动提出，要将自己的解元称号让给钱易。

见事情闹得有些沸沸扬扬，宋真宗赵恒便下令大臣钱若水对试卷进行复查。复查的结果如何，笔者没查到相关记载，不好乱说。但令钱易始料不及的是，他的告黑状之举，不仅没给自己带来什么好处，反而对自己的名声造成了比较严重的负面影响。

赵恒是个明白人，在他看来，告密之风不可长。像钱易这种出于个人名利目的捕风捉影打小报告之行为，是出于一种阴暗心理的驱使。这种行为有悖社会公德，毒化社会风气，如不予以纠正，很容易扰乱人们特别是知识分子群体的价值观取向。基于这样的考虑，他认为状元称号无论如何也不能授予钱易这种人。所以，在本科省试结束之后，他没有经过殿试程序，直接就把孙暨确定为了状元人选。第二归了高姿态的高辅尧，钱易则只能排在第三的位次。

关于本科考试，流传着一个有趣的野史段子。有个考生名叫刘泳，此人特别爱打听传播一些小道消息。有一天夜里，他做了一个梦，梦见自己到科举考场（贡院）去打探录取消息。到了考场大门口，他看到一个人等在那里，便首先问道："钱易能当状元吗？"因为当时钱易名气很大，大家都认为状元非他莫属，所以刘泳先问到了他。那人说："我不知道，你跟我去看榜吧。"来到发榜之处，只见天昏地暗，啥也看不清楚。那人便点起一支火把，对刘泳说道："来看看钱易的情况吧。"刘泳看到地上画着一个圈子，里边竖着两面黑色小旗，火把随即就灭了。刘泳又问："王献咋样？"那人又点亮一只火把，刘泳又看到圈子里有块拳头大的石块。"那王衢呢？"这回圈子里出现了三株皂荚。"张尹方和宋集能不能被录取？"刘泳依然问个没完。那人让他低头再看圈子，里边啥也没有。"那高辅尧又是个什么情况呢？"这个刘泳，真是个多事精。他这回看到的，是圈子里写着一个大大的"益"字，中间插着一把明晃晃的大刀。

醒来之后，刘泳对梦境百思不得其解。好奇心极重的他，就跑到一个高僧那里解梦。那高僧听完刘泳来意，摇头晃脑、煞有介事地掐指一算，为之解析道："钱易得状元是没戏了，他在你梦中的征兆是黑白交错。王衢肯定是第三，因为圈中有三株皂荚嘛。王献也能中进士，石者山也，中进士如登山。至于张尹方、宋集二人，还是回家复习准备来年再考吧，圈子里啥也没有啊。只有这个高辅尧，我是横竖算不出来了。"等到正式发榜之后，刘泳看到状元是孙暨，第二是钱易，第三是王衢，高辅尧得了第五之后，不由恍然大悟："当年王浚梦见四刀得益州，'益'字中间再加一把刀，这不就是五嘛，我这个梦真是太神了！"

这个段子所列各有关人等的考试名次，与正史记载有一定出入，各位看了权作笑料。但这个段子所隐含的一个道理令人深思。段子中还有段文字说，以钱易的知名度和社会影响而言，获得状元称号原本是众望所归的事情。但他私心过重，为了个人名次无理取闹，昧着良心给别人告黑状。结果弄巧成拙，偷鸡不成蚀把米。那些习惯于告密打小报告之人，不管嘴上说得多么冠冕堂皇，其实多为心术不正之徒。

史料关于孙暨的记载很少，只说他中了状元之后，干过光禄寺丞，后来又成了大宋宰相吕蒙正的女婿。其他事情，就不甚了了了。就连他的生卒年月，也无法查到明确记载。

既然这位孙状元没有很多事情可说，笔者正好可以空出些篇幅再简要介绍一下宋代科举制度的有关情况。

在本科考试之前，大宋朝廷于科举制度方面已经推出了一些很有力度的改革措施。比方说，淳化三年(992)壬辰科考试组织实施前，状元得主苏易简等人被任命为主考官。为了保证考试的公平公正，使各位考官"义在无私"，他提出了一个建议——"锁院"。意思是，各位考官在接到任命的当天，就要集中到贡院封闭起来，切断与外界的一切联系，直到考试全部结束才能解除封闭。这样做，可以有效避免托关系递条子、跑风撒气等问题的发生。时任皇帝赵光义一听，认为这个建议极好，就下令今后科举考试均沿用此法，“锁院”制度就此确立，本科考试自然也采取了这种办法。

“锁院”后来也被称为“入闱”。如今在高考、研究生考试、公务员考试等重大国家考试中，这个办法仍然被有关部门采用。在试题的命制、印刷过程中，相关工作人员要被全程封闭，直到考试结束。笔者在机关供职时，参与过自学考试、公务员考试、选拔领导干部考试等命题工作，曾多次被“入闱”封闭，对个中滋味感受颇深。这个苏易简真是了不起。当然了，对于赵光义这次的从善如流，也值得点赞。

毁誉参半陈尧咨

咸平三年(1000)庚子科状元，乃阆州阆中(今四川阆中)人氏陈尧咨。这个年份好，跨世纪啊。

这个陈尧咨，是宋代名臣陈省华的第三个儿子。他的两个哥哥陈尧叟、陈尧佐，比他早十一年同时中了状元、进士。在这跨世纪之年，年方而立的陈尧咨再夺状元桂冠。阆中老陈家，真是不得了。

陈尧咨是个很有故事的人。大约是小儿子比较受宠爱的缘故，家风极严的老陈家，也出了陈尧咨这么一个另类。陈尧咨的性格，跟他的两个哥哥完全不同。他多才多艺，爱玩爱闹，喜欢享受，张扬不羁。这样的性格特征，决定了陈尧咨在日后的从政生涯中，既有一些受人称道的作为，又有一些遭人诟病的举止。

陈尧咨的从政履历很丰富，既有在多个中央部门任职的经历，又有在不少地方为官的历练，这里择其要介绍之。他做过兵部员外郎，工部郎中，龙图阁直学士，工部侍郎，秦州、郓州知州，河南府、开封府知府，最后官至武将最高级——武信军节度使。没错，陈尧咨虽为文官出身，最后却被封了这么一个武将职务。

刚参加工作没几年，陈尧咨就惹了乱子。他在一次受命担任殿试考官时，接受高官刘师道请托，为他弟弟刘几道参加考试提供帮助，具体办法是在试卷上做标记。结果东窗事发，陈尧咨遭到断崖式降级处理，由右正言、知制诰的显要位置，一下子被撸到了单州团练副使这样一个最低级散官的位置上。为官当慎行，此为很好的反面教材。

被重新起用后，陈尧咨曾负责过一段时间的官员选拔工作（吏部流内铨）。在此期间，他因为积极建议破格任用无背景有才学的平民子弟，受到了宋真宗赵恒的赏识肯定。在担任永兴军（今陕西西安）知府时，针对当地多盐碱地、水源不足的实际情况，他发动民众兴修水利工程，将龙首渠水引入城中以解决民众的用水问题。此项利民工程，深得民众好评。

但陈尧咨在永兴军任职期间，生活铺张浪费，出入前呼后拥，谱摆得很大，还搞了一些楼堂馆所之类的形象工程，官员群众对此意见很大。在办案的时候，陈尧咨又喜欢搞刑讯逼供，用刑过重打死人的事情，也有所发生。于是，陈尧咨就被纪检监督官员举报弹劾了。在这种情况下，皇帝只好把他调离，让他到河南府任职。有人想趁此机会将陈尧咨彻底扳倒，就继续举报他的一些不法行为。但皇帝比较喜欢陈尧咨，不想置他于死地，就又把他降了一级，安排到邓州工作去了。到了邓州不到一年，陈尧咨便被再度起用，回到了京城任职。这是没有办法的事情,谁让人家被皇帝喜欢呢,人治嘛。

后来,陈尧咨在开封府知府任上,被调任为宿州(今安徽宿州)观察使、天雄军(大名府)知府。陈尧咨感觉这个位置不如开封府知府重要,就闹情绪不想去。为了让陈尧咨服从组织安排,连皇太后都出马了。太后以很严肃的方式约谈陈尧咨("双日召见"),限他按时报到履任新职。不然的话,可能就要采取组织措施了。

对于陈尧咨的屡次任性犯错,他的老母亲冯夫人很生气,经常找机会教训他。比方说,在他的家乡就流传着冯夫人在大街上当众用棍子揍他的故事。在相关史料中,也有类似记载。陈尧咨在地方任职的时候,有次回家探亲,冯夫人问他:"你在那地方主政,都干了些啥啊?"陈尧咨说:"我经常操办宴会,在酒席上我给客人们表演射箭技巧,大家都佩服得不得了。"冯夫人一听就火了,抄起棍子就揍了他一顿,一边打一边教训他说:"你那死去的父亲常常教育你忠心报国,你就是这么遵守他的教导的吗?"

作为一介书生,陈尧咨却很喜欢舞枪弄棒,尤其擅长射箭,几乎百发百中。比方说,他曾把铜钱挂在树上,于数十米外一箭穿孔而过。对自己的射术,陈尧咨颇为自得,自封绰号"小由基"。文豪欧阳修有篇题为《卖油翁》的小文,写的就是陈尧咨射箭的故事。文中说,陈尧咨有一次在自家的园子里练射箭,一个卖油的老头放下担子,待在旁边看了很久。即使陈尧咨箭无虚发,那老头也没表露出什么惊奇的神情来。陈尧咨就有些不爽,问那老头:"你懂射箭吗?难道我的射术不精?"那老头有些不以为然:"这没啥,不过就是手熟罢了。"一听这话,陈尧咨火了:"你一个小买卖人,竟敢轻视我的射术!"那老头依然不慌不忙:"你看看我怎么倒油就明白了。"说罢,把一个葫芦放在地下,葫芦口上再盖上一枚铜钱,然后用勺子经过铜钱中间小孔往葫芦里灌油。葫芦灌满了,小孔四周一点油都没沾上。老头笑着说:“我这也没啥,不过是手熟罢了。”陈尧咨听了,不由转怒为喜,放声大笑。

六十四岁时,陈尧咨病逝于天雄军知府任上。

刚正不阿王状元

咸平五年(1002)壬寅科状元,乃青州益都(今山东青州)人氏王曾。在大宋,山东考生的科举考试成绩真是不得了,出了好些个状元,比江浙一带强多了。

关于王曾的籍贯,还有福建泉州一说,称他是儿时随叔叔迁居青州的。但据《宋史·王曾传》记载,他就是青州益都人。既然正史这么说,笔者自然要把他认作山东老乡。

王曾童年丧父,随叔叔一起生活,日子过得比较艰难。但他少有大志,聪颖勤奋,特爱学习。小小年纪,他就会写诗作文。“未须料理和羹事,且向百花头上开”,这是王曾少年时写的《梅花诗》中的句子。王曾常常对人如是说:“平生志不在温饱。”

在本科考试中,二十四岁的王曾不负众望,连夺解试、省试、殿试三个第一,成为大宋又一位连中“三元”的考生,一时风光无限。

王曾是个很低调的人。面对连中“三元”这样的人生之大喜,他也十分淡定。在给叔叔报喜的信中,王曾这样写道:“我能中状元,是因为祖先积下的阴德,叔父大人不必过喜。”低调的人不容易自满,往往能成大事,比如王曾。

有才又低调的王曾,工作认真努力,所提出的很多建议都颇有见地，切实可行。因而，他很受皇帝的赏识和同事们的敬重，进步也就很快。进入政府机关工作只有十几年，王曾就被提拔为副宰相级职务(参知政事)。此时，他还不到四十岁。这样的飙官速度，足够惊人。

宋真宗赵恒在当政晚期，在王钦若、丁谓等大臣的忽悠下，热衷于搞封禅、修建楼堂馆所等形象工程。正直有责任感的王曾，对这一套很反感，多次建议皇帝不要这样做。这样的意见自然不合皇帝的心意，惹得他老人家不高兴也是可以想见的事情。再加上心术不正的王钦若等人不断打小报告、使绊子，王曾就被找茬降了职，成了个副部级干部(礼部侍郎)。但只过了一年多，王曾便官复原职。

赵恒去世以后，接班的宋仁宗赵祯年纪很小，由老妈刘太后垂帘听政。一开始，刘太后对王曾很器重，曾经让他担任了宰相职务。王曾是个很有原则的人，对刘太后的一些不当行为不肯通融，让刘太后很不爽。并且当初王曾曾提醒过刘太后，听政不是专政，不能独断擅权。这样新账老账一起算，刘太后就找借口撤销了王曾的职务，打发他回老家做了地方官(青州知州)，后来又调任天雄军、河南府。在地方任职期间，王曾关心民众、发展经济、重视教育，颇有政绩，深受各地百姓拥戴。有的地方还为他画像建祠堂，以表达崇敬之情。

刘太后死了以后，亲政的宋仁宗再度重用王曾，任命他为枢密使。这样，王曾又走上了副宰相级的领导岗位。两年之后，又封他为“沂国公”荣誉称号。后来，王曾再次担任宰相职务。王曾的任职经历，跟吕蒙正有的一比。这个宋仁宗，是个很有见识、很有作为的皇帝，他知人善任，在位期间名臣辈出。在他的统治下，社会安定，经济繁荣，科教文化事业蓬勃发展。

王曾是个很有胸怀的官员。在他担任要职期间，经他推荐、建议提拔的官员，其本人和外界都不知情。名臣范仲淹曾对他说："公开表明自己的意见，大胆选拔德才兼备的官员，是一个宰相的职责所在。您德高望重，唯独缺乏这样一种气派。"王曾淡定地说："作为一个手握重权的大臣，如果只把好处和赞美之词揽在身上，那让谁来承担官员民众的怨恨和不满呢？"王曾的气度胸怀，让范仲淹大为叹服。

王曾是个很严肃的人。他形象端庄威严，不苟言笑。当时有个大臣名叫杨亿，此人是个活宝，特爱搞笑。朝中大臣，几乎没有没被他取笑过的。有人曾调侃杨亿："你不是挺有能耐吗？有本事去拿王曾开涮呀。"杨亿一听摇头不迭："开什么玩笑，这位仁兄我可不敢惹。"

六十岁时，一代名臣王曾病逝。

又一位宰相状元诞生啦

大宋的科举状元获得者，比明清的状元成材率要高出很多。最后位极人臣的状元郎有好几位，比如吕蒙正、王曾等，下面介绍的这位也是。

景德二年（1005）乙巳科状元，乃濮州（今山东鄄城县）人氏李迪。大宋的山东考生真给力，考了这么多状元，给家乡挣足了面子。虽说李迪的祖先是河北赞皇，五代时为避战乱才迁到山东定居，但到了李迪这一代，已经是地道的山东人了。

李迪在年轻时就比较有才。有一次，他带着自己的文章前去拜访著名文学家柳开。柳开看了李迪的文章之后，大为称奇，连连感叹:"后生可畏,后生可畏!假以时日,你必将成为辅国之干才!"名家就是名家,在这件事情上,柳开真没看走眼。

李迪中状元的时候,三十有四。李迪是个精明强干的官员,处理政务效率很高。他在担任亳州(今安徽亳州)知州时,当地盗贼群发,历任官府不断发兵追剿,但收效甚微。李迪到任后暂息兵马,深入盗贼活动频繁地区微服私访,很快就摸清了盗贼的活动规律。然后,有针对性地派出精锐兵丁,很快便把各个盗贼团伙一一剿灭,将一些作恶多端的盗贼头子斩首示众,一举扭转了社会治安形势。

在出任永兴军知府时,城里有不少无赖子弟,整日惹是生非,民众苦不堪言。李迪在深入调查的基础上,将几个带有黑社会头子性质的家伙依法逮捕法办,有力地震慑了其他小混混,使他们再也不敢捣乱闹事,社会秩序大为好转。

李迪是个很有人文情怀的官员。他在京城任职时,有一年各地频发蝗虫灾害,不少民众衣食无着。在这种情况下,李迪建议皇帝拿出自己的私房钱("请发内藏库")来赈灾,并减轻或者免除灾区民众的赋税,以使他们渡过难关。由于李迪提意见的方式机智巧妙,皇帝高高兴兴地采纳了他的建议。

有一回,皇帝在召见李迪时,李迪建议他以后到各地视察,不要让各地砍树开道,大兴土木,那样会造成很大的浪费。到了各地,把驿站或者官府衙门宿舍简单粉刷收拾一下,临时住住也就可以了。皇帝倒也能从善如流,指示有关部门按李迪的意见办。

李迪是个敢于直言的官员。有个边防大将名叫曹玮,有段时间,他屡次要求皇帝增派兵力,以固边防。曹玮的请求,引起了皇帝的不满,他认为曹玮这是在为自己的胆怯畏战找借口,就想撤换他。李迪为曹玮据理力争,认为他是据守西北边防的最佳人选,是一个有勇有谋的战将,而绝非胆小怕死之辈。如果将他撤换,必将对边防造成严重影响。日后，曹玮果如李迪所言，在应对北方少数民族入侵时，表现极为出色，打了好几场漂亮仗。

李迪是个姿态很高的官员。宋仁宗被立为皇太子以后，皇帝让李迪给他做老师，并封他为太子太傅（一品）这样的文官最高头衔。李迪认为，前任皇帝没有这么做的先例，自己不能接受这样高的任命，只肯以太子宾客（三品）的身份兼职。奸臣丁渭专权时，寇准被他诬陷罢相。时任皇帝赵恒，想让深得自己信任的李迪接任宰相职务。但李迪以自己资历尚浅、能力不够为由，坚辞不受。后来，李迪被任命为宰相之后，又遭到丁渭的陷害，被撤销宰相职务，发落到郓州做了知州。被发配到地方之后，丁渭依然对他不依不饶，几乎将他迫害致死。

原本是个明白人的皇帝赵恒，到了当政晚期变得不再明白。在他所信任的奸臣丁渭专权时期，史称“朝中正人为之一空”。民间亦有民谣流传：“欲得天下宁，当拔眼中钉；欲得天下好，莫如召寇老。”丁渭垮台之后，王曾做了宰相，李迪才再度被起用。

跟自己的状元学兄王曾一样，李迪也是被刘太后记恨的人物。当年刘太后被立为皇后的时候，李迪曾极力反对。他认为，以刘太后的出身人品，不适合做国母。所以，刘太后在世时，也是打压李迪的一股重要力量。刘太后去世以后，李迪才被重新任命为宰相。后来，因为与另一个宰相吕夷简闹矛盾，李迪再次丢了宰相官帽，被降职为刑部尚书兼亳州知州。

有一年，西夏李元昊发兵攻宋，宋军大败，损失惨重。壮心未老的李迪，主动要求前去戍边抗敌，但未被皇帝批准。宋仁宗只是任命李迪以彰信军节度使这样的武官最高虚衔兼任天雄军知府。壮志未酬的李迪，便有些心灰意冷。一年后，以年老体衰为由，提出了退休申请。

李迪以七十六岁的古时高龄病逝于家中。他去世后，宋仁宗亲自为他题写墓碑，碑文为“遗直之碑”四字，并赐名他的家乡为“遗直乡”。宋仁宗对李迪为人品行的这个评价，够到位。

梁固拒不受父荫

大中祥符元年(1008)戊申科状元，乃商水(今河南商水县)人氏姚晔。这个宋真宗真有一套，弄了个这么复杂的年号。

姚晔中状元时，只有二十三岁，算得上是年少成名。踏入仕途之后，姚晔官位不显，只做到五品虚职(著作郎)。因而，在史料中查不到关于他的事迹经历记载，就连野史轶闻也没有。关于这位姚状元，笔者自然也没有多少话可说。

大中祥符二年(1009)己酉科状元，乃郓州须城(今山东东平县)人氏梁固。齐鲁大地多英才，又见山东状元郎。

这位梁状元的老爸，就是上了“三字经”的宋代另一位状元得主梁灏。这对父子状元，登顶时间相隔二十四年。有一种说法称，梁灏中状元那天，恰好儿子梁固出生。这样的巧合极有看点。还有一种说法，梁固中状元时只有二十二岁。不管哪种说法为真，梁固总归也算是年少成名之人。

有志不在年高。梁固少年时便有才好学，他曾写过一篇名为《汉春秋》的文章，表现出了过人的见识和志向，深受老爸梁灏赞赏。在梁固少年时代，梁灏已经做了高官。按照封建世袭制的规定，梁固可以承父荫免试获赐进士身份。但梁固认为，一个人的前途进步应当靠自己的拼搏努力和真才实学来获取。靠父荫做官，算不得真本事，不能让别人真正服气。

在接到政府赐予梁固进士身份的文件通知后，他专门跑到政府有关部门陈情，恳请他们收回成命，让自己凭本事参加科举考试获取功名。有关官员见梁固小小年纪便有如此志气，不由大为叹服。

梁固不仅有这样的志气，也有这样的实力。不长时间，他便一一通过各级科举考试，一举摘得状元桂冠。梁固靠自己的努力实现了当初的诺言，为自己也为自己的老爸争了光。梁固，你真给力。

梁固博览群书，学识渊博。进入官场之后，梁固展现出了过人的才干。他在受命负责审核有关刑事案件办理情况过程中，明察暗访，深入调研，判断准确，处事公正，纠正了不少冤假错案。大臣马元方在掌管全国财政大权时，管理粗放、制度缺失，跑冒滴漏问题多有发生。梁固根据自己的观察思考，提出了一些堵塞漏洞、开源节流的意见建议。这些意见建议被采纳后，效果显著。

然而，天妒英才。梁固为政府工作不满十年，便因病早逝，时年只有三十二三岁。梁固仪表堂堂，为人豪爽义气、慷慨大方，因而在朝中有极好的人脉资源。他去世以后，到他家吊唁的官员同事络绎不绝，几乎将门槛踏破。都说历史不容假设，但笔者还是想说，倘若假以时日，梁固这位山东老乡必堪大用。

梁固有个弟弟名叫梁适，也是个干才。梁适先是蒙父荫授官，后来又在职考上了进士。梁适能力出众，在官场一路升迁，最终官至大宋宰相。关于梁适的政绩才干，在此略举几例。

梁适在审判部门任职时，有个名叫白彦欢的神汉装神弄鬼，致死人命。此案审理时，那些教条的审判官员认为，死者没有外伤，白彦欢不好按杀人定罪。梁适说："用刀伤人，受害人还可以自卫。而以鬼神的名义弄死人，让人怎么去预防啊？这比用刀杀人还恶劣。"在梁适的坚持下，白彦欢被依法判处死刑。

梁适在担任兖州（今山东省济宁市兖州区）知府时，辖区莱芜一带炼铁业比较发达。但由于管理不善，许多从业者纷纷破产。

极有经济头脑的梁适到任后,很快就发现了问题的症结所在。据此,他推出了两项改革措施。一是改官营为民营,并将炼铁工人由劳役制改为招募雇佣制。二是降低从业者税赋负担,政府收税实行“二八抽分”。这两项措施一经推出,有效改善了炼铁业的经营环境,大大激发了从业者的生产积极性。当地炼铁业蓬勃发展起来,从业者达到上千户,生铁产量为之大增,年产量突破120万斤。在当时,这是一个相当了不起的数字。

梁适曾奉命巡按陕西。经过周密调查,他与范仲淹一起向皇帝提出了十几条加强边防建设的意见建议。南方有个少数民族部落首领,以极其傲慢的口气给大宋皇帝写了一封信,要求将自己任命为邕桂(今广西一带)节度使,皇帝居然想同意。梁适说:“如果同意了这个无理要求,那么那一大片领土就不是我们的了。”皇帝于是派大将狄青前去讨伐,凯旋之后,皇帝感叹道:“当初如果不听梁适的话,那块地方真就不好说了。”在担任大宋西北边疆军政首脑时(定国军节度使、并州知府),梁适有勇有谋,运筹帷幄,打了不少胜仗。在他的任期内,从西夏人手中收复领土六百里,并迫使西夏不敢再觊觎这些土地。

梁适以太子太傅的文官最高头衔辞官退休,七十岁时病逝于家。

张师德跑官而不得

大中祥符四年(1011)辛亥科状元,乃开封襄邑(今河南睢县)人氏张师德。这位张状元的老爸,便是大宋第二位状元得主张去华。张师德是张去华的第十个儿子,父子二人相隔五十年中状元,也是一件比较巧合的事情。张去华在世的时候,最为看重这个儿子,认为只有他才能继承自己的未竟之志。

张师德中状元的时候,年方三十有四。关于张师德的史料不多,在三言两语的记载中,只是说他没中状元之前就比较有名气,尤其擅长文学写作。有一年,宋真宗到他家乡一带搞祭祀活动(祀汾阴),当地最高长官(河南知府)薛映向皇帝推荐了张师德的才学品行。张师德把自己创作的一首辞赋《汾阴大礼颂》进献给了皇帝,并获得好评。有此做铺垫,在当年的殿试中,张师德一举夺魁。

在关于张师德有限的史料记载中,有几句关于他两拜宰相王旦的记述。这其中隐含的一些道理,颇为引人深思。

王旦乃大名莘县(今属山东)人氏,系大宋一代名相。他与另一位大宋名相寇准,系同榜进士同学。王旦居于高位十八年,担任宰相十二载。他知人善任,所推荐提拔的官员,均为稳重厚道之人。王旦为人正派,从不拉帮结伙、培植个人势力,因而颇受皇帝信任。

张师德考上状元以后,在低级的岗位上一干就是九年,其间基本没怎么被提拔过。于是,不免有些心急火燎。在他的心里,大约也是有些"又跑又送,提拔重用;不跑不送,原地不动"想法的。因而,便先后两次前往王旦家拜访,想向领导汇报一下自己的工作和思想情况。张师德要求进步的愿望比较迫切,这个不难理解。但在一身正气的王旦面前,他比较难堪地吃了闭门羹。

两度拒见张师德之后,王旦对人叹息道:"这个张师德真是可惜了。他这么干,我只能暂缓提拔任用他,以使他克服急躁求官的情绪,避免诱发助长官场的不良风气。"王旦话里的潜台词很明白,对于张师德的才学,他是很清楚的,也有提拔使用他的考虑。但他自己沉不住气,这么一跑一要,反而不好替他说话了。作为封建高官,王旦能有如此境界,令人佩服。这样的官场风气,也值得称道。

据《续资治通鉴》记载,在若干年后的南宋宋孝宗当政期间,有的大臣曾这样对他感叹:“从前的时候,官场风气很正,大家都不好意思为自己争名夺利。比如张师德两次前去拜访宰相,被舆论指责讥笑了个一塌糊涂。哪像如今啊,高官们家中几乎挤破头!”

上有所好,下必甚焉。在人治的社会中,手握重权高官的官德品行、处事方式、个人喜好等,对官场风气的好坏,起着至关重要的作用。看看南宋高宗、孝宗任用的那些宰相,秦桧、张俊、万俟卨之类,都是些个什么人啊。在这些人的统治下,官场风气又怎么可能好得了嘛。

由于有些郁郁不得志,再加上身体状况确实不争气,张师德四十九岁时便因病去世,最终官至四品(左谏议大夫)。

由于张师德的史料记载不多,笔者又可以抽空介绍一下宋代相关科举知识。

在宋真宗当政时期,大宋建立了科举考试的“别试”(也称“别头试”)制度。这项制度的核心,是回避。在一次科举考试中,有个名叫张七逊的纪检监察官员(监察御史),被任命为考场巡视官。因为有亲戚参加考试,他就很自觉地提出,自己不适合担任这一职务,应予回避。宋真宗听到情况汇报之后,认为这样的做法很好,应当予以推广。于是,专门发出指示:“自今举人与试官有亲嫌者移试别头。”科举考试的回避制度就此建立,此后考官及朝廷官员的子弟亲戚参加考试时,要另设考场进行重点监督,并另派考官主考阅卷,以防止官员们利用职权在科举考试中徇私舞弊。

赵恒在当皇帝期间,十分重视科举考试。他在规范、完善科举制度方面，还真是做了不少事情，推出了不少制度措施。当然了，这些制度措施未必就能从根本上杜绝科场弊案的发生，但是做了总比没做强。老百姓最为看重的是什么？公平啊！

徐奭殿试有名句

大中祥符五年（1012）壬子科状元，乃福建瓯宁（今福建建瓯）人氏徐奭。有人考证称，徐奭祖籍浙江，他是随父亲在瓯宁游学并以瓯宁籍报名参加了科举考试。但既然他的学籍被官方认定为瓯宁，那他自然就算福建的考生。从这个角度讲，徐奭算是大宋的第一位福建籍状元。

徐奭的出生年月不详，所以他多大中状元笔者不清楚。徐奭是个比较有才的人，写得一手好文章。在本科考试中，他连夺省试、殿试“两元”。

据欧阳修《归田赋》记述，宋真宗赵恒在主持殿试确定状元人选时，特别注重考生的仪容仪表。进士录取人选确定后，他会把其中文采最好的三四个人召集到崇武殿，让他们并排站好，仔细观察其仪容是否端庄、举止是否大方、气度是否优雅。然后，将状元称号授予其中最为夺人眼球者。有的时候，也会让试卷中有特别出色词句者做状元。“徐奭《铸鼎象物赋》云：‘足惟下正，讵闻公悚之欹倾；弦乃上居，实取王臣之威重。’遂以第一。”

徐奭这届考生的殿试题目，是《铸鼎象物赋》。他在试卷中写的那两句话的意思是，如果大鼎之类器皿的支撑腿是正的，就没听说过里边盛放的东西会倾洒出来；江山社稷要想长久稳固，靠的是皇帝大臣们高尚的品德威信。想必徐奭的仪容仪表不是特别出众,因为他是靠这两句话征服了宋真宗,从而力压群芳,殿试登顶。

因为特别欣赏徐奭,在他获得状元称号之后,宋真宗专门为他下发了一道圣旨。在徐奭家族《仙居徐氏祖传历代祖宗画像》题款中,有这道圣旨的全文记载:“敕状元徐奭:皇帝制曰:‘窃惟入侍经筵,必资多闻博学之佐,出使藩臬,宜简穷材硕德之臣,非闻望素优,曷得吏民帖服?今科一甲进士徐奭龙首高登,蜚声唧唧,鳌头独占,鸿誉魏魏,不特海内惟尊,抑亦天朝倚重。兹特委尔荣行,需朕简命,宣我威信,俾国体之共尊,振尔纪纲,令君命其不亵如,朕亲临尔其懋哉!’大中祥符五年八月。”

徐奭能受到皇帝这般恩宠,一时之间颇受朝野人士倾慕。关于徐奭应答的这道殿试题目,还有个科举野史趣闻流传。说是大宋初年有个名叫艾颖的考生前去应考,有一天在一家村野小店遇到一个教书先生。这老先生不修边幅,形貌邋里邋遢。他见到艾颖之后,上下打量了一阵子,惊叹道:“不得了,你肯定能中状元啊!”艾颖谦虚地说:“俺就是个山东农民的儿子,俺那家乡又没啥名人名师、典籍藏书之类。俺去参加考试,不过是想试试手罢了,哪里敢有这样的非分之想啊!”老先生说:“我有本书送给你,保证对你大有帮助。你稍等一晚,明天一早我就给你拿来。”

那老先生送给艾颖的书,是《左传》第十卷。他嘱咐艾颖说:“这里边的内容,恰恰不是有利于富贵子弟应考的,你好好看看。四十年后,还会有人因为此书而得状元,但是那人的官职寿限都不如你,你可千万别忘了我说的话啊!”艾颖参加考试的时候,题目也是《铸鼎象物赋》。由于《左传》第十卷内容十分切合题意,艾颖一挥而就,一举获得状元称号。

历史上确有艾颖其人，但他参加科举考试的时间跟这个段子所说有出入。艾颖是五代时期的状元得主，几经改朝换代之后，他又做了大宋的高官（户部侍郎），以七十八岁古时高寿终老于家。

徐奭中状元之后，先是在中央政府部门从事文字工作（著作郎）。有一次，他受命担任开封府解试考官，因为偷拆已经密封的试卷受到了严肃处理，被打发到洪州（今江西南昌）收税去了。至于他这么干的动机，仅仅是出于好奇还是想徇私舞弊，我们不得而知。

毕竟徐奭是个有才的人，此后不久他又被重新起用，先后担任过两浙路转运使、礼部郎中等职务。在两浙路任职期间，苏州发生水灾，大批民众流离失所。受命救灾的徐奭，为灾区民众办了不少好事。他会同有关官员，主持修造了一道长达九十里的堤坝。为了便于行船，堤上还建桥十八座。随后，又在浙江嘉兴一带主持修筑了连绵百里的防护堤岸，并因此回迁流民近三万户，复垦农田数十万亩。

史料称，徐奭是个过于看重功名的人。这样的人，一般都会热衷于表现自己、打压别人，因而也会树敌过多、遭人嫉恨。所以，在一段比较长的时间里，徐奭迟迟得不到提拔重用。啥叫欲速则不达？请看徐奭。后来，徐奭终于引起高层重视，被任命为翰林学士，并协助开封府尹兼管开封府日常工作（权知开封府）。但不到半年便因病暴亡，时年四十六岁。

徐奭曾被朝廷封为“晋宁侯”爵位，他的家乡史志等资料因此而称其为宋代唯一被封侯的状元。其实封侯并不是什么特别了不起的看点，因为这不是宋代的最高封号。在大宋的状元中，还有获得更高封号的，比如王曾，就被封为“沂国公”。

勤政爱民张太守

大中祥符七年（1014）甲寅科状元，乃绛州（今山西绛县）人氏张观。

张观年少之时，好学上进，为人严谨，颇受乡里人氏好评。由于他的出生年月不详，不能确定他是在多大岁数中的状元。中状元之后，他做过太常寺丞、度支判官、翰林学士、给事中、礼部侍郎等京官，担任过杭州、相州、澶州、郓州、孟州、河南府等地最高行政长官（知州、知府）。关于这位张状元的看点，主要有下述这么几点。

其一，张观是个敢于提意见、善于提意见的官员。宋仁宗当政初年，各地灾害频仍，民变多发，形势一度比较挠头。为了应对乱局，皇帝要求官员们直言不讳地提出自己的意见建议。张观的意见是，多年的太平日子，使得吏治管理越来越松、开支用度越来越铺张，社会风气也随之变差。为解决这些问题，张观提出了知人善任、加强法制建设、弘扬优秀文化、厉行节约四方面的建议。几年后，河北发大水，无数民众受灾。张观又建议，采取措施扶持民众排水复种、减轻灾区民众税负水平、将无人种植之荒田收归政府耕作、鼓励发展商贸以增加民众收入、上建设项目应首先考虑恢复生产之急需，等等。

其二，张观勤政敬业，爱民如子。他在澶州任职时，有一回辖区遭遇水灾。他亲临抗洪一线，指挥加固堤坝，抵御分流洪水。在指挥抗洪的过程中，眼见水势越来越大，情形一度十分危急。在大家惶恐不安之际,一些下属官员便劝张观赶紧躲到高处避险。张观怒斥道:“混账话!我堂堂一个太守,大家都眼巴巴地盯着我呢。在这样的紧要关头,我怎么能丢下百姓不管,只顾个人逃命!”在他临危不乱的调度下,河堤最终转危为安。在洪水未退之前,张观始终未曾离开现场。在郓州任职期间,当地民众有自行熬制食盐的习惯。张观建议,政府部门要严格规范执法行为、适当放宽对民众的管制,因此不少人免遭牢狱之苦。

其三,张观是个大孝子。当了政府官员之后,张观曾恳请政府批准,将自己的京官待遇让给自己的老爸。他的孝行受到宋真宗的嘉奖,特批将张观老爸安排到京城任职。张观在河南府(今河南洛阳)任职期间,他已经退休的老爸十分喜欢洛阳周边的山水风光。于是,张观就在那里买了块地,建了房子,种上花草树木,让老爸颐养天年。只要不是出差在外,张观每天一早一晚都要到老爸住处看望问安、端茶倒水,从无间断。在张观的细心照料下,他老爸以九十岁高龄寿终正寝。老爸过世后,哀痛过度的张观竟然一病不起,随其一同去了天国。

其四,张观是个十分严谨的人。他不仅在平日里不苟言笑,行事小心谨慎,在起草批复公文的时候,也都是用板板正正的楷书,从来不用行草之类。不少官员一看到他写的东西,便不由感叹:“这个张观可真是文如其人、人如其文啊!”对张观的性格做派,宋仁宗十分欣赏,曾飞白一个大字“清”赐予他,以表彰他的操行品德。

在张观中状元的这一年,发生了这样一件事。开封府发布解试录取名单之后,有个名叫刘溉的落榜考生,检举十三位被录取的考生填写籍贯不实,有弄虚作假嫌疑。被检举的这十三个人,闻讯落荒而逃,司法机关派出警力四处追捕。大臣王旦知道这个情况后,向宋真宗建议道:“朝廷举办科举考试,目的是为了发现人才、使用人才。如今,却把他们当做逃犯抓捕,社会影响很不好。我们以前关于考生籍贯的规定,有些过于死板,这些人这么做也属情有可原。”听了王旦的意见后,宋真宗下令赦免了那十三位考生,并判了告密的刘溉一个劳教处罚(付外州羁管)。

有两个纪检监察干部(御史)为刘溉鸣不平,他们认为他的举报属实,对他处理得这样严,有失公允。宋真宗见到他俩的意见书后,又找王旦征询意见。王旦认为,刘溉举报别人,并不是出于公心,而是为了把他们拉下来好录取自己。对于这种心术不正、动机不纯的人,政府给予必要的管教,无可厚非。那两个纪检监察干部为这样的人鸣不平,是糊涂不明事理,没有弄明白自己的真正职责所在。

听了王旦的意见后,宋真宗决定对刘溉维持原判,并对那两个纪检监察干部进行了有关诫勉处理。为了完善有关制度,他随后又专门下发了一道指示,规定今后报名参加科举考试的考生,凡是在家乡查不到明确的户籍记载,或者离开家乡时间很久的,可以到政府有关部门开具书面证明(“许召官保明”),然后允许到开封府报名参加考试。这项规定,也算是科举考试的改革措施之一。

欧阳修为他写传记

大中祥符八年(1015)乙卯科状元,乃莱州胶水(今山东平度)人氏蔡齐。山东考生真争气,大宋状元接连拿。蔡齐是平度也是现今整个青岛地区的唯一一位状元得主。如今,作为山东对外开放龙头的青岛,在经济、文化、教育诸方面均领先于山东其他地区,但在历史上还是有些差距的。

蔡齐中状元之时，年方二十有七。在本科殿试中，蔡齐的答卷文采飞扬，其中有些句子深得宋真宗欣赏。他本人又生得一表人才，气度不凡。这么一来，状元自然非他莫属。对于这位新科状元，宋真宗喜欢得不得了，称他有宰相的气度潜质。高兴之余，宋真宗让蔡齐骑马挂花巡游街市，并命令工作人员鸣锣开道，以壮声势。新科状元“跨马游街”以示荣光的做法，自此成为惯例。蔡齐状元不简单，又为家乡争了个第一。

宋真宗在钦点蔡齐为状元的时候，对于他有“宰相器”的评价还真是没看走眼。步入官场之后，蔡齐没有辜负皇帝的欣赏和期望。他以出色的表现和不凡的业绩把自己的大名写进了历史，也刻在了官员民众的心中。

中状元之后，蔡齐先是担任过兖州、潍州（今山东潍坊）通判职务。在潍州任上，蔡齐以雷厉风行的手段，干净利索地处理了一起拖延十几年、株连上百人的“刻伪税印”积案，使十几人免于杀身之祸，几十人被无罪释放。这一珍爱生命、拯救无辜的善举，为蔡齐在朝野赢得了很高的声望。不久，他就被调任为京官（著作郎）。

蔡齐关注民间疾苦，为官从政致力于解决民生问题，极有责任感。在担任密州（今山东诸城）知州期间，当地遭受连年干旱，土地荒芜，大批民众流离失所。根据这一情况，蔡齐建议政府免除百姓往年欠交税粮，并开放“盐禁”，以减轻民众负担，增加民众收入。这一善政的实施，救活了无数饥民。

由于工作出色，蔡齐一路升迁，四十七岁时被任命为副宰相级职务（参知政事），从而使宋真宗当初的预言得以实现。此后不久，黄河水灾造成决口。当时大家的意见均为尽快堵塞决口，恢复黄河旧道。而蔡齐根据自己的调研思考，提出了与众不同的见解。

他认为,黄河旧道以北地势低洼,易于改道行洪。倘若因势利导,不仅可以免于再度溃堤之害,还可以把豫北冀南的大片地区改在黄河南岸,于国于民都十分有利。他的意见被采纳后,果然收到了预期效果。

蔡齐是个不畏权贵、敢于坚持原则的官员。四川有个大土豪名叫王齐雄,此人是太后的亲戚。他仗着身后有人,在乡里胡作非为,犯下了杀人重罪。由于后台太硬,王齐雄被收监不久便被特赦出狱,还做了官。蔡齐知道这事之后,十分气愤,对下属说:“如果照这样下去,法律还有什么用!”第二天,他在上朝办公时,向宋仁宗汇报说:“王齐雄仗势杀人,不仅没有伏法偿命,反而又去做了官,这纯粹是以情废法,搞刑不上大夫!”宋仁宗一听,倒是没有生气,而是试探道:“那撤了他的职可以吗?”蔡齐不依不饶:“那不行,杀人必须偿命!如果不这样判,下边就会纷纷效仿。想想看,那样天下会乱成个什么样子?”在蔡齐的坚持下,王齐雄最终引颈伏法。这件事情说明,古代的皇帝官员们也并不总是官官相护。

垂帘听政的刘太后去世以后,留下遗嘱,想让自己的亲信杨太妃继续垂帘。一些趋炎附势的官员,已经纷纷前去朝拜祝贺。蔡齐嘱咐自己的部下们不要去凑这个热闹。然后,他跟其他大臣们说:“皇帝如今已经长大成人,而且才学过人,熟悉政务。在这种情况下,怎么还能再搞垂帘听政那一套呢?”蔡齐的意见,避免了垂帘听政闹剧的重演,但也使他得罪了不少人,从而受到了降级的不公正处理。

一段时间之后,蔡齐官复原职。当时担任宰相的吕夷简,处事比较专断,以蔡齐的性格,自然会在工作中同他产生矛盾。于是,他再次受到不公正对待,被降职到地方任职,出任颍州(今安徽阜阳)知州。受到这样的打击,蔡齐也没有闹情绪,更没有破罐子破摔。他本着对工作、对民众高度负责的精神,发展经济、重视教育、兴办学校，为当地办了不少好事、实事。

一个官员只要为国努力工作，做了一些有益于人民的事情，不仅民众会将他铭记于心，有正义感的官员们也会对他由衷敬佩。当蔡齐以五十一岁壮年病逝于颍州任上之时，当地民众十分悲痛。蔡齐逝世后，他的一个下属因事来到颍州。当地老百姓指着蔡齐工作生活过的地方，流着泪对这位下属说："这都是蔡太守的遗迹啊！"其情其景，感人至深。

蔡齐去世后，宋代两大名臣欧阳修、范仲淹，一个为他立传、一个为他题写墓表。在欧阳修为蔡齐写的传记中有这样的句子："在大位，临事不回，无所牵畏，而恭谨谦退，未尝自伐，缙绅倚以为重。"范仲淹题写的墓表则如此评价蔡齐："浩然示至公于内外，以进贤为乐，以天下为忧。见佞色则疾，闻善言必谢。"一个官员能得到如此高的评价，殊为不易。

在蔡齐中状元的这一年，大宋在科举方面又推出了一项重大改革举措——"誊录"制度。科举考试的功利性太强，考生们难免要挖空心思地走捷径，搞一些歪门邪道。上有政策，下有对策。中国是个考试大国，考生们对付考试的本领也不一般。"糊名"办法实施之后，一些心眼活络的人很快就想出了应对的办法，比如让考官熟悉自己的字体、在试卷上做一些事先约定的标记等。而所谓"誊录"，就是由工作人员将全部考生的试卷另行抄录成副本，然后再由考官进行评阅。这种办法，如今应被称为"盲评"。由于考生用黑色墨水答卷，而工作人员用红色墨水抄录，所以后来这两种试卷分别被称为"墨卷""朱卷"。

北宋名臣范仲淹，以及那个因为修建形象工程岳阳楼而出名的滕子京，跟蔡齐是同榜进士同学。

“二宋”美名天下传

天禧三年(1019)己未科状元,乃魏州(今河北大名县)人氏王整。王整是位大龄状元,夺魁之时已经四十九岁。估计他没为政府工作多长时间,所以史料关于他的记载只有寥寥几行字,本书也只好将其略过。

天圣二年(1024)甲子科考试,诞生了一段在中国科举史上流传久远的佳话——“二宋”的殿试排名次序之议。

在本科考试中,安州安陆(今湖北安陆)人氏宋郊、宋祁两兄弟同榜进士及第。在此解释一下,他们家的祖籍,原为开封雍丘,后来迁居到安陆定居。这样,笔者河南、湖北两不得罪,皆大欢喜。

宋氏兄弟以才学出众而闻名乡里,人称“二宋”或“大小宋”。在本科解试、省试中,哥哥宋郊连拿两个第一。殿试结束之后,弟弟宋祁则被初定为第一名。倘若“三元”由“二宋”兄弟分享,亦是佳话一桩。但在最后确定录取名次时,垂帘听政的刘太后认为,弟弟名次排在哥哥的前边,不符合“长幼有序”的传统价值观,因而做主把哥哥宋郊拔为第一。弟弟宋祁则大幅向后,被排在了第十的位次上。对于这样的安排,宋祁心里即使有些不爽,失落感估计也不会太大,毕竟肥水没流外人田嘛。而原本就已经“两元”在身的宋郊,因此便成为了大宋的又一位“三元”得主。

因为这段插曲,“二宋”的段子便流传开来,影响久远。此后的古代读书人,大约没人不知道这个段子。比方说,清代有位名叫庄培因的状元,在他哥哥庄存与获得榜眼称号之后,曾赋诗一首以明志,其中有这样的句子:“他年令弟魁天下,始信人间有小宋!”“小宋”,就是宋祁。

宋郊中状元时,年方二十八岁。弟弟宋祁,比他小两岁。在为政初期,宋郊表现不错,进步也很快。比方说,他在司法机关任职时(知审刑院),密州有个名叫王澥的恶霸土豪,违反国家法令私自大批量造酒,并且杀人灭口。负责主审此案的宋郊,顶住来自高层的巨大压力,坚持判决王澥死刑,一时大快人心。

中状元只有十四年,宋郊便登上了副宰相级高位(参知政事)。此时,他只有四十二岁。这样的晋升速度,怎一个快字了得。在这个位置上,宋郊为人儒雅稳重,遇事是非分明,颇得朝野好评。后来,因为与宰相吕夷简不和,又加上弹劾范仲淹不当,宋郊被降职出任扬州(今江苏扬州)知州。也许是仕途的凶险跌宕磨消了他的锐气,被重新起用后,宋郊开始变得四平八稳起来,以至于出任宰相后,“久居相位,终无建树”。

宋郊被任命为宰相之时,有人认为他的名字不吉利,跟朝廷犯忌。于是,宋仁宗让他改名为宋庠。在宋代蔡絛编著的《西清诗话》中,有关于宋庠的一段有趣记载。说是宋庠做了宰相之后,有人写诗祝贺,其中有这样的句子:“皇朝四十三龙首,身到黄扉止四人。”意思是,截止到宋庠做宰相之时,在大宋科举已经诞生的四十三位状元中,有吕蒙正、王曾、李迪、宋庠四位干到了宰相。宋庠的下一届状元学弟、时任枢密副使的王尧臣看了这首诗以后,连道可惜,说为啥不用“已四人”而偏偏用“止四人”呢?这不是说就此截住了吗?不料一语成谶,王尧臣在距宰相一步之遥时(参知政事)因病而亡。此后,北宋状元再无人能做宰相。这个蔡絛,就是一代奸相蔡京的儿子。

在宰相任上干了一些年之后，宋庠因为家法不严，弟子多有犯错。而他又有默许纵容之嫌，因而便遭到了以铁面无私而著称的包拯包黑子的弹劾。这样一来，就使宋庠丢掉了宰相乌纱，被贬为了一个地方官（河南府知府）。此后，几经调任迁徙，心灰意冷的他不再留恋官场，几次提出告老还乡，但未获批准。临近七十，他才带着“郑国公”的封号退休养老。七十岁那年，宋庠病逝于家。

宋庠生活简约朴素，不喜欢声色犬马那一套，唯独酷爱读书，至老不倦。他精于书法，擅长绘画，诗写得也不错。

宋庠的弟弟宋祁，在官场上也有不错的发展。他先后做过工部员外郎、龙图阁学士、亳州知州、翰林学士等官职，最后官至工部尚书。宋祁也是个博学多才之人，一生著述颇丰，有文集一百卷传世。他曾奉命编修《新唐书》，完成列传一百五十卷。宋祁对这项任务十分上心，所到之处参考资料不离身，即使出席宴会结束之后，也要秉烛工作许久。据《宋稗类钞》记载，他修史写作之时，屋内明烛高照，小妾丫鬟环伺左右，有的研墨，有的伸纸，有的端茶倒水，简直就像神仙一样。

宋祁是个性情豁达之人。他跟哥哥宋庠在科举成名之前都属于贫困生之列，家境十分窘迫。有一年冬至，兄弟二人请客喝酒，家里没钱了，宋庠拿出家里祖传的一把宝剑说：“咱要请客，可又没钱买酒肉。这把剑鞘上镶着点银子，正好拿去换酒肉。”宋祁一听就笑了：“冬至吃剑鞘，过年就只能吃剑了。”这种潇洒，非常人可及。时人评价，宋祁的风雅程度远在大才子苏轼之上。宋祁诗词多有佳作，“红杏枝头春意闹”就是他的名句，他也因此被人冠之以“红杏尚书”雅号。

宋祁六十四岁病逝，比他哥哥还早去世四年。

“宰执榜”上拔头筹

天圣五年(1027)丁卯科状元,乃应天府虞城(今河南商丘)人氏王尧臣。

本科录取的进士,人才济济,出了不少名臣、重臣,比如韩琦、吴育、赵概、文彦博、包拯等。因此,后人将这一榜录取进士称为“宰执榜”。所谓“宰执”,在宋代系宰相与执政的并称,而执政指的是参知政事。也就是说,本榜进士多出宰相、副宰相。王尧臣能在本科考试脱颖而出,力拔头筹,当属不易。

中状元的时候,王尧臣只有二十四岁,堪称年轻有为。进入政界之后,他先是出任湖州(今浙江湖州)通判。然后,奉调回京任职,担任秘书省著作郎。干了几年之后,因为他老爸出了点事,牵连到了他。至于出了什么事,笔者没有查到相关记载,不好乱编。

老爸犯了事,上级就认为王尧臣不适合再在要害岗位任职,便把他调离京城,安排他做了光州(今河南光山)知府。王尧臣是个关注民生、很有人文情怀的官员。在光州任职期间,当地连年闹饥荒,很多饥民为了活命,有盗抢政府仓库粮食物品的行为。对于这些人,政府打算从严办理。王尧臣认为,出现这种情况,与政府施政不当有很大关系。对犯案民众,处理上能轻则轻、能免则免,尽量不要滥开杀戒。对他的建议,宋仁宗十分赞赏,并予以采纳。王尧臣此举善莫大焉,不少人因此而得以保全性命。

此后,王尧臣因为父亲病逝,按规定回家服丧守孝。期满之后,他重新获得重用,奉调回京任职,担任了三司度支判官。在宋初，中央政府设有“三司”这样一个部门。“三司”又称“计省”，是全国最高财政管理机构，分为盐铁、户部、度支三个摊子。元丰改制后，“三司”被撤销，相关职能分别由户部、工部负责。在户部之下，又设度支、金部、仓部三个司。但此“三司”已非彼“三司”，所以，在本书中有时又称度支为户部的一个司。王尧臣任此职时，“三司”尚未被裁撤。

西夏李元昊叛宋独立后，王尧臣被任命为体量安抚使，前往西北督抚边防，稳定民心。临行前，他建议皇帝，关中一带历经战乱，民众深受其害。为了凝聚民心、团结起来一致抗敌，应当免除当地民众税赋二年。这一体恤民情、深得民心的合理化建议，被宋仁宗所采纳。回京后，他又根据自己的所见所闻，对边防局势进行了深入思考，并整理成一系列对策建议，呈交皇帝作为决策参考。对他的这些建议，宋仁宗深以为然，并指示各位边关守将照此办理。

王尧臣知人善任，敢于仗义执言。西夏李元昊率军攻宋，边防主将韩琦大意轻敌，被诡计多端的李元昊诱敌深入，全歼大将任福指挥的宋军数万之众。这场战役，便是历史上著名的好水川之战。遭此惨败，朝野哗然。宋仁宗一怒之下对相关责任人进行严厉问责，撤了韩琦的职。与此战有关的范仲淹也受到了牵连，被撤销了职务。王尧臣认为，这两个人都是当世英才，有勇有谋，不应该这么轻率处理。他同时大力举荐种世衡、狄青等战将，要求委之以重任。事实证明，王尧臣看人很准，这些人日后在抵御外族侵略、保卫国家安全方面确实发挥了不可替代的作用。

由于工作出色，见识过人，王尧臣屡获提拔，先后出任枢密副使、参知政事等要职。此时的他，居宰相高位只有一步之遥了。笔者在上篇介绍过，王尧臣的上届状元学兄宋庠在做了宰相之后，有人在贺喜的诗中写道：“皇朝四十三龙首，身到黄扉止四人。”意思是，截止到宋庠做宰相之时，在大宋科举已经诞生的四十三位状元中，有吕蒙正、王曾、李迪、宋庠四位干到了宰相。王尧臣看了此诗之后，长叹一声道："为啥不用'已四人'而偏偏用'止四人'呢？这不是说就此截住不再有了吗？"

有个说法，叫做"一语成谶"。干了三年副宰相（参知政事）的王尧臣，没有等到被委以宰相重任便因病去世，享年五十五岁。而在此后的北宋时期状元得主中，真的就再也没有产生过真正意义上的宰相人选。至于南宋时代，则另当别论。这样的巧合，真是让人觉得诡异无比。

王尧臣文采很好，为文词语温婉清丽；文献学成就突出，其遗著《崇文总目》三十卷是我国现存最早的国家书目。

王尧臣在朝野享有很高的威望。对他的壮年早逝，宋仁宗十分痛惜，亲临家中吊唁，并停止办公一天以示哀悼。大文豪欧阳修亲自为他撰写墓志铭，这篇题为《王尧臣墓志铭》的古文，被选进了当今的中学语文教材，有些内容还时常被用作高考文言文阅读试题。比如其中这样的句子："公为人纯质，虽贵显不忘俭约。遇人一以诚意，无所矫饰，善知人，多所称，荐士为时名臣者甚众。"为官一场，能得到这样的评价，足矣。

欧阳修有个状元连襟

天圣八年（1030）庚午科状元，乃开封咸平（今河南通许）人氏王拱辰。在大宋，我们老王家也挺给力，拿了好些个状元。

王拱辰家境贫寒，少年丧父。他守寡的母亲拉扯着四个孩子，日子过得比较艰难，时常入不敷出。王拱辰作为家中老大，自然要帮着母亲照料弟妹,做些活路补贴家用。在这种情况下,很是争气的王拱辰不仅没有耽误学习,反而小小年纪就以博览群书、擅长写作而闻名乡里。中状元的时候,王拱辰刚刚十八岁,系大宋的又一位少年状元得主。有出息的王拱辰,真给老妈长脸!

王拱辰是个诚实的孩子。殿试结束之后,在听到自己被定为状元人选时,他没有像其他考生一样,赶紧跪下感激涕零地磕头谢恩,而是很谦虚地说:“晚辈不配状元称号,还请把它赐予别人吧。”皇帝和众考官一听都惊了,还没见过把状元头衔往外推的人呢。于是,便问他所为何故。王拱辰说:“殿试的题目我备考复习的时候做过,能答好纯属侥幸。如果我隐瞒这一节,就是不诚实的表现。我可不想为了状元头衔就不顾自己的节操。”皇帝一听就笑了:“嗨!多大点事儿啊。你做过这题目,说明你复习备考充分、读书看资料多,又不是偷题漏题搞歪门邪道。再者说,万事德为先。你这种诚实厚道的品德操行,比学问大小更重要。得,啥也别说了,状元就归你了。”因为这件事,王拱辰被人们誉为“诚实状元”。

对于这位少年状元郎,宋仁宗很是喜欢。王拱辰原名王拱寿,大约是觉得“拱寿”这名字不太吉利,把寿给拱没了怎么行,于是就赐他王拱辰之名。其实这俩名字差不多,寿辰相连嘛!

步入官场之后,王拱辰进步很快,仅十余年的时间就升到了翰林学士的重要位置上。这个位置虽然不是掌握着多少实权,但直接为皇帝服务,参与相关国事的建议决策。如果把握得好,上升潜力很大。后来,王拱辰果然步步高升,又出任过“三司”一把手三司使、汝武军节度使、彰德军节度使等高层职务。

担任翰林学士的第二年,大辽两次派出外交使团,前来大宋提出无理领土要求。负责接待洽谈的王拱辰,在谈判过程中有理有力有节,严厉驳斥了大辽的无理要求,并晓以利害,直陈后果,圆满完成了外交任务，使大辽不敢轻举妄动，维护了国家的主权。王拱辰还受命率团出访过大辽，大辽国君非常敬重这位有才的大宋少年状元，专门在风景名胜区设宴款待他，一边喝酒一边钓鱼。每钓上一条鱼来，大辽国君都要亲自恭恭敬敬地向他敬酒祝福。

王拱辰在官场上敢于说话，不怕得罪人。有一次皇帝想任命大臣夏竦担任枢密使。王拱辰直言，以其性格特长而论，并不适合担任这一职务。皇帝起初不听，他就跑到皇帝跟前，拉着他的衣襟，不依不饶地跟他理论，直到皇帝改变主意。滕子京因为挪用浪费公款（盗用公钱），受到了降职安排的处理。王拱辰认为以其错误性质而言，这样的处理过轻，应当加重处罚。而滕子京这次挪用公款，大约就是为了修建形象工程岳阳楼。

王拱辰也有自己的短板。由于认识、性格等原因，他极力反对"庆历新政"，跟苏舜钦、范仲淹等人闹不和，想方设法排挤打压他们，因而遭到舆论的指责。王安石主政时，因为政见不合，又将保守的王拱辰视为异己。在这种情况下，王拱辰也受到了排挤打压。因为这个原因，王拱辰曾被从高位挤出京城，做了个不起眼的地方官（应天府知府）。这也许就是人们常说的一报还一报吧。

官做大了以后，王拱辰生活贪图享受、讲求奢华，谱摆得很大。比方说，洛阳有民谣称："王家钻天，司马家入地。"意思是王拱辰家盖的房子有高楼、有花园，高大气派、富丽堂皇。而司马光住在位于偏僻陋巷、仅能遮风避雨的寒舍中，甚至还要在家中挖地下室做书房。在官场之中，不少贫寒子弟发达之后，都爱犯王拱辰这样的毛病。

王拱辰是个有故事的人。他做官时，朝中官至参知政事的大臣薛奎，家中有五个千金。王拱辰先是娶了薛家三小姐当老婆，至于是第几任老婆，不得而知。而欧阳修则娶了薛家四小姐，这样王拱辰就跟欧阳修成了连襟，是他的姨姐夫。不仅如此，王拱辰与欧阳修还是同榜进士同学。后来,王拱辰又娶了薛家五小姐做小老婆。如此一来,他又成了欧阳修的姨妹夫。因而,欧阳修便作打油诗调侃他。其中说道:“旧女婿为新女婿,大姨夫作小姨夫。”一时之间,传为笑谈。有种说法称,宋代著名女词人李清照的后妈王氏,是王拱辰的孙女。不过,有人经过考证,认为《宋史》的这个说法属于误记,王氏的父亲是北宋另一位大臣王圭。这种说法,权为花絮。

王拱辰多才多艺,是北宋仁宗、英宗、神宗时代著名诗人,不过作品大都散佚。七十三岁时,王拱辰病逝于家。

孝义状元张唐卿

景祐元年(1034)甲戌科状元,乃青州淄川(今属山东淄博)人氏张唐卿。在大宋,山东考生的成绩真是太出色了,状元接二连三地拿,给家乡父老挣足了面子。作为山东人,笔者在撰写他们的事迹之时,也感觉格外来劲。家乡观念,人皆有之嘛。

张唐卿年少好学,小小年纪便以有才懂事、孝敬父母、尊重长辈而闻名乡里。宋代名臣韩琦出任淄州通判时,张唐卿慕名携带自己的文章前去拜访,以求得名家指点。这时的张唐卿,只有十六七岁。张唐卿以这样的年纪做出这样的举动,说明了两个问题。一是他有很强的上进心,二是他不怯场。而这两条,对于一个人能否走向成功,又是极为重要的因素。

对张唐卿的不请自到,当时已经名气很大的韩琦并没有摆谱拿架子,更没有慢待轻视这个毛头小伙。他很认真地阅读了张唐卿写的文章，不由大为赞赏，连道你这小伙子了不起，日后必有大出息。韩琦这种平易近人、奖掖后进的品行做派，同样令人敬佩。倘若韩琦不是这样鼓励夸赞张唐卿，而是兜头一盆冷水，或者是不理不睬，张唐卿能否有日后的出息，还得打上一个大大的问号。如今的年轻后生，要想拜见并求得名家指点，那可是难了去了。一个个要么架子大得吓死人，要么有才无钱别进门。所谓的名家名人们呐，还是多向古人学学吧。

高中状元那年，张唐卿年方二十四岁，亦属年轻有为。中了状元之后，他被任命为陕州（今河南陕县）判官。在工作中，张唐卿头脑清楚，处事干脆利索，手法艺术灵活，而且颇有改革意识和创新精神。比如刚到任不久，张唐卿就遇上了一个案子。而对于这个案子的处理，充分地展示了他过人的才干。

当地有个青年，老爸死了以后，老妈又改嫁了他人。正所谓爹死娘嫁人，各人顾各人。在这里，需要表扬一下宋真宗赵恒。在他当政期间，同意政府对一条法律规定进行了修改。那就是，妇女因为丈夫去世而不能维持正常生活者，可以允许其改嫁。不要小瞧这小小的法规改动，在封建礼教的禁锢束缚之下，各方面的阻力可想而知。应该说，这是一个极具人性化的改革，可谓善莫大焉。

那个青年的老妈，在改嫁之后的第二年，也得病死了。为了表达自己的孝心，让父母死后能够同穴而葬，那个青年在自己的老妈下葬之后，偷偷跑去把她的尸体挖出来，埋在了自己老爸的墓穴中。但他做事不密，被人发现后告了官。在古代，盗掘死者尸体，是个不轻的罪名。于是，司法机关便将他逮捕送审了。

在审判中，其他官员都主张将其依法严判。而很有人文情怀的张唐卿认为，这个人只不过是“只知有孝，而不知有法”而已，还是应当本着“惩前毖后，治病救人”的原则，以加强教育改造为主。于是，他当庭对那青年严加训诫，然后释放回家。但也不是一放了之,他要求那青年回家后,必须主动接受基层政府管教,严格遵纪守法。两年之内若有违法违纪行为,必将数罪并罚,严惩不贷。

对于张唐卿的这个判决决定,有法学界人士认为,这就是当今法律中常用的缓刑判决之雏形,大体相当于缓期两年执行。因而,也就有人认为,张唐卿算得上是司法史上缓刑判决的鼻祖。

有德有才的张唐卿,原本是应该有一番作为的。然而为官只有三年,张唐卿的父亲便不幸因病去世。作为一个孝子,张唐卿难以从丧父之痛中自拔。悲痛过度的他,不久就吐血而亡,年仅二十七岁。听到张唐卿去世的消息之后,他的恩师韩琦十分痛惜,眼含热泪为他撰写了墓志铭。

笔者在撰写古代状元进士事迹的时候,像张唐卿这样的例子时有所见,这很让人为之感叹。百善孝为先。孝敬长辈,是天经地义的事情。但是孝行主要应在老人在世时来做,而不是在其身后。父母生养后代,是为了让他们幸福生活,快乐成长,而绝不是为了让他们陪伴自己去天国,让自己在那边不寂寞。

值得一提的是,为了科举功名折腾了半辈子的大才子、著名词人柳永,在本科终于如愿以偿地获得了进士身份,跟张唐卿算是同榜进士同学。这个柳永很有意思,既很想获取科举功名,又时常做出一副假清高姿态。在这方面,他跟李白有的一比。比方说,在他的词作中,就有这样的句子:“忍把浮名,换了浅斟低唱。”而这事儿不幸又被皇帝知道了,很有幽默感的宋仁宗曾在柳永的科举考试卷子上如此批示:“且去浅斟低唱,何要浮名?”此事亦为科举史上的一个有趣段子。

“七字舍人”吕溱

宝元元年(1038)戊寅科状元，乃扬州(今江苏扬州)人氏吕溱。还有一种说法称，吕溱是安徽歙县人。

吕溱中状元的时候，年方三十有四。之后，他被任命为亳州判官。不久，便被调回京城，在皇帝身边从事文字秘书工作(修起居注)。身为状元，又在皇帝身边工作，大约就使吕溱有点飘飘然起来，因而也就不太注意小节了。有一次，吕溱参加了一次餐饮活动，大吃大喝，排场很大。而这次活动，在社会上造成了不良影响，相关人员受到了不同程度的政纪处理，吕溱也被牵扯其中。官员要慎独慎行，从小事做起，从点滴做起，这可不是一句空话。

上级认为，以吕溱这样的表现，是不适合在皇帝身边工作的。于是，就把他打发出京城，做了个地方官——蕲州(今湖北蕲春)知州。从前的宣传给人们这样一种感觉，那就是封建皇帝身边的大小官员，都是些贪污腐败、吃喝玩乐之徒，其实并不总是这样。当遇上一个昏庸的皇帝之时，这样的情况也许会出现。一般情况下，皇帝也不允许自己身边的工作人员尸位素餐瞎胡来。

其后，吕溱又走了几个地方，但官职不变，仍然是知州。在基层历练反思了一段时间之后，大约上级觉得已经达到了教育惩戒的效果，就又把他调回京城工作。几年后，南方有个少数民族部落反叛朝廷。吕溱建议皇帝不要封锁消息，而应当及时通知各有关地方官员，提高警惕，共同做好防御工作。这项建议被采纳后，对于朝廷搞好应急预警，妥善应对处理局势，起到了很好的作用。

由于见识过人，皇帝在提拔了吕溱的职务后（进知制诰），又派到地方任职（杭州知州），以进一步丰富阅历。在宋代，虽说同为知州职务，但因地域的重要程度不同、任职人员的地位不同，其品级也是大不相同的。其间，吕溱曾上书皇帝，指责宰相陈执中贪恋富贵，心术不正，老搞不正之风，因而导致陈执中被撤职。

因为取得了一些成绩，吕溱又有些骄傲自满起来。在调任成德军（今河北正定一带）知府后，他跟同僚闹不和，又加上生活奢华讲排场，对工作也不能认真负责，三天打鱼两天晒网，就被纪检监察官员弹劾了。这一次，他受到了降级处理，安排到一个无足轻重的小地方干了几年低级地方官。

直到换了新皇帝之后，吕溱才被重新启用，先后出任池州（今安徽池州）、苏州知州等职务。后来，又被加封龙图阁直学士头衔，委以开封府尹重任。虽然有些毛病，吕溱总体上还是个有能力也能干事的官员。在这些地方任职期间，他表现出了精明干练、见识过人的一面，处事干脆果断，判案公正准确，管理严格到位，使土豪恶霸不敢胡作非为，社会治安形势大为好转。

名臣欧阳修很欣赏吕溱的干才，曾写过一篇题为《举吕溱自代状》的文章，向上级举荐他。文中说，吕溱才华出众，不甘碌碌无为，工作勤奋努力，在苏州任职期间，各项工作做得都十分出色，在两浙地区名列第一。吕溱又是个很有气量、见识非凡的官员，比自己要强出很多。像这样的官员，应该委以重任，最好让他取代我的位置，以体现正确的用人导向。欧阳修夸吕溱有气量，而他自己的这种气量，就非一般人可及。

吕溱的口才很好，在谈论时事和工作的时候，口若悬河，滔滔不绝。他的很多见解，被当时一些名流雅士奉为经典。但在私人场合，他却十分稳重，寡言少语。比方说，时人送他一个“七字舍人”的雅号。意思是说，吕溱在业余时间迎来送往的时候，惜字如金，一般情况下最多只说七个字。

由于政绩突出，吕溱再获提拔，被加封枢密直学士头衔。但此后不久，他就不幸因病去世，时年五十五岁。

对吕溱这位能臣，新皇帝宋神宗还是很赏识的。吕溱的去世，使他十分痛惜，专门为此做出大段批示。这段批示的大致意思是：吕溱这个人在朝廷独往独来，从不拉帮结伙，很讲规矩，懂得一个官员的职责义务所在。而且他也从不巴结高官权贵，搞什么人身依附。因而，在十几年的时间里，他默默工作奉献，一个替他说话的高官也没有。如今，我刚刚委他以重任，他却去世了。这个人平时不搞贪污受贿那一套，家中想必也不宽裕。他去世后，上有老下有小，日常开支都紧巴巴的，肯定没有余钱为他办个像样的丧事。政府应该特拨一笔款子，一来抚恤一下他的家人，二来使他的丧事可以办得隆重些，以形成一种像吕溱这类官员学习看齐的良好风气。这段批示，绝对不是笔者乱编的。其中内容，笔者也没有添油加醋。有兴趣者，可以去查阅一下《宋史》。

以史为鉴，可以知兴替。宋神宗的这段批示，在如今仍然值得人们思考借鉴。

杨寘捡了个大便宜

庆历二年（1042）壬午科状元，乃庐州合肥（今安徽合肥）人氏杨寘。

在未中状元之前，杨寘就以读书刻苦、博学多才而知名。在本科考试中，发挥神勇的杨寘连拿解试、省试两个第一。在殿试过程中,杨寘又阴差阳错地拿了个第一。这样,他便成为了大宋科举又一位连中"三元"的牛人。

为什么说杨寘拿状元是阴差阳错?且容笔者细细道来。本科殿试结束之后,杨寘原本被定为了第四名。第一名候选人,就是历史上大名鼎鼎的王安石。在提交皇帝拍板决定最后名次的时候,问题来了。在王安石的答卷中,皇帝看到了自己很不喜欢的观点。皇帝有一票否决权,他老人家不喜欢,自然要换人。于是就依次递补,可是一看第二名王珪,又有问题了,这个人是在职报考,已经有官职在身。按照宋代惯例,状元称号不适合授予这样的考生。没有办法,那就再看第三名吧。没想到,第三名韩绛,跟第二名王珪是一样的情况。就这样,杨寘就从第四的位置上,一下子递补到了第一。所以说,杨寘能够拿状元,成为"三元"得主,实在是捡了个大便宜。

祸兮福之所倚,福兮祸之所伏。杨寘还没有从连中"三元"的喜悦中平静下来,就收到了他老妈去世的讣告。没有办法,尚未报到上班的杨寘,只能是星夜赶回家乡奔丧。杨寘是个孝子,母亲的去世,使他悲痛异常,竟至于深陷其中不能自拔。处理完母亲的丧事之后,身子骨原本就不怎么结实的新科状元杨寘,又悲又累之下一病不起,不久便撒手人寰。唉,又一位随父母而去的状元郎,让人为之不胜感叹。

关于杨寘的科举经历,有个有趣的野史段子流传。在杨寘中状元之前,他的一个朋友做了一个梦,梦见杨寘自称"龙首山人"。这位朋友把这个梦告诉杨寘之后,杨寘做了这样的解析:所谓龙首,应该就是状元的意思。而山人,乃山野之人,没有当官的命。杨寘后来的经历,果然准确应验了他自己的这番解析。

杨寘三十岁中状元,还没被任命职务就去世了。所以,他没啥政绩经历好写。杨寘的哥哥杨察,比他早八年进士及第。那个写过“无可奈何花落去，似曾相识燕归来”这样名句的北宋著名词人兼著名宰相晏殊，是杨察的老丈人。杨察官至礼部侍郎，也算是北宋一位比较知名的官员。杨察才思敏捷，学识过人。史料称，他每次接到起草文件的任务，都不慌不忙，看上去像是不怎么上心。但到交稿之后，却条理清晰、逻辑严密、结构完整，让人挑不出一点毛病来。笔者在机关从事文字工作多年，还真是遇到过这样的人。不服气不行，这就是才分使然。人家看似漫不经心，其实脑子一点也没闲着。

王安石参加本科考试的时候，只有二十一岁。以这样的年龄参加考试，就被初定为状元人选，足见他过人的才气。王安石是个有理想、有追求，很想成就一番事业的封建官员。他在走上政坛高位之后，以“天变不足畏，祖宗不足法，人言不足恤”的无畏精神，大刀阔斧地推出了一系列改革措施，力图革除国家社会存在的种种弊端，改变积贫积弱的现状，实现富国强兵之宏伟目标。王安石推出的这些改革措施，就是名留青史的“王安石变法”。点燃“十月革命一声炮响”的列宁，就曾赞誉王安石为“中国十一世纪伟大的改革家”。

“富国强兵”，是王安石推行改革的主要目标诉求。“因天下之力以生天下之财，取天下之财以供天下之费”，是王安石奉行的主要改革原则。在这样的改革目标和原则引领下，为了保证改革取得实效，王安石推出的改革措施是系列配套的，包括机构改革、财税改革、兵役改革、农业改革、教育改革等。从这个意义上说，把王安石称之为中国综合体制改革的鼻祖，应不为过。

有意思的是，王安石认为，科举考试一考定终身的办法，存在很多弊端。他主张以日常考核取代科举考试，提出了“三舍法”的教育科举改革要求，以选拔国家需要的、真正德才兼备的人才。所谓“三舍法”，简而言之，即通过考核把太学分为三等，“上等以官，中等免礼部试,下等免解”。王安石的这一改革主张,同当今社会各界对高考制度的不满指责,以及改革的路径要求,是何等的相似。也说明他的改革意识,又是何等的超前新潮。

王安石还曾尝试对官员管理制度进行改革,这就是著名的“元丰改制”。目的是淘汰那些无所事事、混天聊日吃空饷的冗官冗员,以提高行政效率,减轻财政负担。众所周知,王安石的变法,最终以失败而告终。史学界一种比较一致的观点是,随着王安石变法的失败,宋代吏治彻底走向腐败而不可救药。

关于王安石搞改革失败的原因,通行的主流说法是这样的:未能处理好具体执行的问题以及与反对者的关系,于是与反对者之间长期反复地争斗,再加上主要支持者宋神宗的动摇和死亡,导致变法始终处于被批评、被抹黑的局面。

反对派的极力抵制,的确使改革措施的推行举步维艰。大凡以国家利益、民众利益为诉求实行的重大改革,必然会涉及利益的重新分配问题。这样一来,就会大大触动利益集团的既得利益。因此,利益集团也必然会拼命进行阻挠和抵制。过去是这样,如今也还是这样。所以,利益集团问题,永远都是改革必须要解决好的重大问题。对这个问题认识重视不到位、解决决心不到位、制约措施不到位,就很可能导致改革失败流产。

贾黯有副暴脾气

庆历六年(1046)丙戌科状元,乃邓州穰县(今河南邓县)人氏贾黯。关于这位贾状元的籍贯,还有河南南阳一说。

《宋史》称，贾黯“自以年少遭遇，备位谏官，果于言事”。据此分析，贾黯少年时代没少吃苦。中状元的时候，贾黯二十四岁，亦属年轻有为。

贾黯进入政界没几年，就被提升到了谏官的重要位置上，先后出任左司谏、左正言职务。贾黯是个敢说话、说真话的人。他首先提出，韩琦、范仲淹、富弼这些人德才兼备，可堪大用。这些人后来的表现，证实了贾黯眼光的准确。一个名叫杜枢的官员，因为秉公办案得罪了权臣，因而遭到了降级的不公正处理。大家都知道杜枢很冤，但没人敢替他说话，唯独贾黯敢于仗义执言，为其鸣不平。

南方一个少数部族反叛之后，宋仁宗派余靖、杨畋两人前去讨伐平定。贾黯认为，这两人的行事风格、指挥习惯，有很大的不同。协调不好，很可能让下边无所适从，不如让余靖一人统一指挥。宋仁宗采纳了这一建议之后，平叛事宜果然进展十分顺利。

由于才干出众，贾黯后来被委以主持开封府日常工作的重任（权知开封府）。在任期间，贾黯发现辖区内的监狱管理不善，每年有很多犯人非正常死亡，而管理人员却没有因此受到问责追究。于是贾黯建议，要把每年犯人非正常死亡的数量，作为对监狱管理人员进行奖惩的主要依据。这个方案实施后，监狱犯人的待遇得到很大改善，非死亡人数大为减少。贾黯的这个建议，使笔者不由联想到了一个著名经济学定理的发现——改离岸结算为到岸结算。而贾黯这个建议的提出，远远早于这个定理的被发现，真是可惜了他的经济头脑。

由于性格的原因，贾黯在工作中比较专断一些，特别是表现在用人问题上。于是，他就被吕诲、司马光、傅尧俞等人弹劾了。之后，贾黯被调离开封府，降级安排到了一个无足轻重的岗位上，打杂帮闲去了。

直到宋英宗赵曙接班上台，贾黯才重新受到重用，先后被任命为中书舍人、给事中、御史中丞等职务。在宋代，中央监察机关的名称为御史台。御史台的最高长官为御史大夫，但这一职务很少实际设置，只是作为加官，授予其他官员兼任。因而，御史中丞就是御史台实际上的一把手，亦被称为“台长”。

贾黯被任命为御史中丞不久，那个曾经弹劾过他的官员吕诲，也接到了御史台“副台长”（御史知杂事）的任命书。吕诲觉得，自己跟贾黯有过节，如今给他做副手，难免会被穿小鞋，最起码也是不好共事，便有意回避，请上级将自己改任他处。贾黯知道此事之后，向上级提出，吕诲当初弹劾自己，完全是为了工作，而不是出于个人恩怨。对于这个问题，自己看得很明白，保证会善待吕诲，跟他团结一致搞好工作。贾黯这种光明磊落的姿态和胸怀，使吕诲打消了顾虑，心情愉快地报到上班了。

宋英宗曾对贾黯说，自己很想任用一批官员，但思来想去，总觉得符合条件的人太少。贾黯说，天下可用之才并不少，就看你怎么去用。这次谈话之后，贾黯经过一番思考，向宋英宗提交了五条意见：第一，要想用好人，必须要有知人之明。第二，人才的成长有个过程，需要慢慢培养，不能急于求成。第三，用人要用其所长，不能求全责备。第四，官员在推荐干部时，首先要看推荐者本人的品德操行，并着重考虑他所推荐的本行业、同类型干部。第五，鼓励提倡推荐下级接替自己的做法。这样的用人观，时至今日仍有较大的借鉴价值。

贾黯是个孝子，他的孝行也有些与众不同。他的亲生母亲和后妈，经常斗嘴闹不和。贾黯做了官有条件以后，把两个老太太接到自己家同住。两个老太太闹矛盾的时候，他不偏不向，耐心周到地调解安抚，两头说好话，最终让两人相安无事。贾黯的做法值得我们学习，处理家庭矛盾最忌有偏有向，或者两边说坏话。

贾黯也有自己的缺点，那就是脾气比较暴躁，考虑问题有时不够全面。欧阳修曾如此评价他：“黯为人刚直，但思虑或有不至耳。”关于贾黯的性格，有两件事情很能说明问题。他在中状元之后，先是被任命为襄州通判。有一次看演出，因为怀疑一个演员（优人）有戏弄自己的嫌疑，贾黯就急了，让手下人以很不文明的方式对那个演员实施了报复。在开封府任职期间，有一次审判案子，贾黯被一个犯罪嫌疑人骂了一顿。大怒之下，贾黯不顾身份亲自上阵，以基本相同的方式回敬了那个犯罪嫌疑人。关于这两件事，史料是这样记载的：“然下急，初通判襄州，疑优人戏己，以人茵啖之。在开封，为罪人所詈，又啖以人茵，言者亦以是诋之。”各位读者如果对这个“啖”字的含义不太清楚，可以去查一下字典。以这样的方式进入史册，贾黯也算是有个性。好在那时没有网络视频之类的东西，不然贾黯的官肯定没办法再做下去。

因为身体有病，也因为在一些重大问题上跟宋英宗意见不合，贾黯主动提出辞去京官到地方任职。宋英宗同意了他的请求，安排他担任陈州知州。还没来得及赴任，贾黯便因病去世，年仅四十三岁。

“错把冯京当马凉”

皇祐元年（1049）己丑科状元，乃江夏咸宁（今湖北咸宁）人氏冯京。冯京祖籍宜山龙水（今广西宜州），又随父亲在藤州（今广西藤县）生活过。所以，这三个地方都把冯京认作自己的家乡人。名人效应，不足为怪。

冯京是个很有才的考生。时年二十八岁的他,本科考试连得解试、省试、殿试三个第一,是大宋又一位也是最后一位“三元”得主。

在冯京参加殿试的时候,出了个有趣的小插曲。一个粗心大意的考官,在为考生点名的时候,摆了个大乌龙。他把冯京二字看成了“马凉”,连喊数声无人应答。仔细一看,才知道自己闹了大笑话。要知道,古人的书写习惯是竖排。如果按如今横排的惯例,就不可能摆这样的乌龙。比较有名的“错把冯京当马凉”典故,即因此而流传开来。

关于这段插曲,还有另外一种说法。说是有个权臣为了让自己的外甥中状元,专门请大师算了一卦。大师说,卦象上显示,本科状元应姓冯。那权臣便打通关节,让考官们刻意打压冯姓考生。冯京无意中知道了这个消息,就故意把自己的名字写成了“马凉”。按照科举制度的相关规定分析,应该说这种可能性基本没有。

冯京中状元之后,好几个月没有按惯例去拜访宰相韩琦。因而,有人就议论,韩琦肯定会觉得这后生傲慢架子大。大臣富弼提醒冯京,你这么不尊重宰相怎么行,赶紧去拜访一下吧。冯京说:“韩琦大人做宰相,为官清正,不喜欢拉拉扯扯。我这恰恰是尊重他,绝非傲慢自大。”这件事,说明冯京很有主见,不随大流。

进入政界之后,冯京进步比较快,任职阅历也比较丰富。他先后担任过扬州、江宁(今江苏南京)、开封、太原知府等地方要职,也做过翰林学士、御史中丞、枢密副使这样的显赫京官,并且曾经官至副宰相高位(参知政事)。当然,冯京的仕途也不是一帆风顺,他也曾受人牵连遭到过降级处理。

冯京见识过人,能力出众。茂州(今四川汶川一带)少数民族造反,冯京奉命前去安抚。造反首领一听说大名鼎鼎的冯状元来了，马上表示缴械投降。很有人文情怀的冯京，认为他们造反实属迫不得已，建议政府既往不咎，并且发给农具、口粮和种子，让他们生产自救，渡过难关。这样的举措，让当地民众感激涕零。心悦诚服的部族首领，与冯京歃血为盟，发誓世世代代永做大宋臣民。冯京的这种处理手法，堪称治本的长久之策。

冯京是个光明磊落之人，有什么事情都摆在桌面上来说，不搞人前一套人后一套。比方说，他对王安石变法有不同意见，便上万言书给宋神宗赵顼，直言不讳地指出其改革措施中存在的一些漏洞和缺陷。在议论朝政时，他也常常和王安石争个脸红脖子粗。因为政见不合，王安石曾建议将冯京免职。大臣吕惠卿跟王安石闹矛盾，皇帝以为是冯京从中挑拨，对他产生了看法。后来吕惠卿把王安石的密信拿给皇帝看，其中有此事不要告诉冯京这样的话，皇帝才知道冯京是无辜的。冯京的人品，深深赢得了皇帝信任，因而不顾王安石的极力反对，仍然坚持重用其人。

冯京对官位看得也比较淡，宋神宗曾想任命他为枢密使，但他觉得自己跟王安石政见不合，没法开展工作，便以有病为由推辞不就。宋哲宗赵煦上台后，司马光、范祖禹等大臣又极力推荐冯京出任枢密使，他再次以年老体衰、精力不济为由婉拒。

七十一岁时，冯京以太子少师头衔（二品）退休。退休后，冯京以写诗练字念佛打发时光。两年之后的一个清晨，冯京起床拜完佛，回到客厅坐下以后就再也没有起来。在古代，冯京这样的辞世方法，被人们称为善终。冯京死后，与三位夫人合葬于河南密县故居家族墓地之中。他的墓葬，有关部门于 1981 年进行了发掘整理。

冯京品格高洁，不惧权贵，忠心为国，在当时享有很高的评价。大文豪苏轼曾作《何满子·寄益州守冯当世》称颂他："见说岷峨凄怆，旋闻江汉澄清。但觉秋来归梦好，西南自有长城。东府三人最少，西山八国初平。莫负花溪纵赏，何妨药市微行。试问当垆人在否，空教是处闻名。唱着子渊新曲，应须分外含情。”

冯京还有一段趣话，他先后娶了宰相的两个女儿做夫人。宰相富弼的一个女儿富若兰，嫁给他做了第二任夫人。在古代，皇帝的女儿极少给人家做二奶，但大臣的女儿这种情况并不少见。比如大宋另一位状元王拱辰，也娶了副宰相薛奎的两个千金做夫人。富若兰去世以后，她的妹妹富若竹又嫁给冯京做了第三任夫人。因而冯京又有“三魁天下儒，两娶相门女”的佳话流传。

郑獬何以报皇恩

皇祐五年(1053)癸巳科状元，乃江西宁都人氏郑獬。从郑獬的祖父那一辈开始，前往湖北安陆经商做买卖，此后他们一家便在那里定居了。

郑獬自小勤奋好学，年纪不大就写得一手好诗词文章。以年少有才而知名的他，自己也有极强的自信心。比方说，当他在国立学校读书(国子监生)的时候，就常对同学们说，“李广事业，自谓无双；杜牧文章，止得第五”，把二人作为自己的榜样和追赶的目标。人生在世，要想有所成就，为自己确立一个恰当的榜样和目标，是很有必要的。

宋仁宗对本科考试十分重视。在正式发榜之前，他专门上香祈祷神灵保佑，希望本科能选拔出一位忠孝双全的状元郎。作为本科状元得主，郑獬在知道这件事之后，不免有些诚惶诚恐起来。所以，他在跪谢皇恩之时，怀着无比激动的心情，向赏识自己的皇帝表白道:“作为一介书生,如何才能不辜负皇上的这番厚爱和期望?唯有鞠躬尽瘁,死而后已。”食君之禄忠君之事,士为知己者死,这是古代正统知识分子的共同价值观。

郑獬三十一岁中状元,五十岁去世,共为政府工作了十九年。正像他自己在中状元时发下的誓言那样,郑獬在工作中勤奋敬业,恪尽职守,关爱民众,所作所为颇受朝野称道。然而,郑獬为政府工作的这段时间,主要是王安石主政时期。由于跟王安石政见不合,郑獬的仕途经历颇为坎坷,屡遭王安石排挤打压。王安石是个有思想、有追求、有作为的官员,但在性格胸怀等方面,却真是让人不敢恭维。如果王安石能包容他人,懂得适当妥协退让,那么他的那些改革举措,也许就未必会失败得那么彻底。官员的人格魅力,对于他的施政措施能否顺利推行,作用非同小可。

比方说,郑獬曾被委以翰林学士,主持开封府日常工作(权知开封府)这样的重任。如果不出意外,有这样任职经历的官员,上升空间十分巨大。在任此职期间,辖区发生了一起刑事案子。一个开封市民伙同其老婆,谋杀了一个妇女。在审判这起案子时,郑獬认为王安石主持制定的新刑法不够完善,不肯按新规定进行判决,因而惹恼了王安石。于是,郑獬便被贬官安排到杭州任知州,后来又调任青州知州。

应该说,郑獬在这个问题的处理上,是有欠妥之处的。作为一个官员,对上级出台的政策规定特别是法律规定,如果有不同意见,可以保留,并按规定程序向上级反映自己的意见。在上级没有作出改变之前,在工作中必须无条件地予以贯彻执行,不能讲价钱、提条件。但王安石在对郑獬的处理上,手段也过分狠辣了一些。

在青州任职期间,郑獬对政府向民众“散青苗”的做法十分不满。他对手下说:“这个办法弊端太多了,我实在不忍心挖这样的大坑让民众往里跳。”因而，便下令停止“散青苗”。所谓“散青苗”，源自王安石的改革措施“青苗法”。“青苗法”规定，从事农业生产的农户，在每年夏、秋两收前，可以到当地官府借贷现钱或粮谷等实物，以补助耕作。贷款数额依各户资产分五等，一等户每次可借十五贯，末等户一贯。看上去，这是一项政府的利民政策。但问题是，政府发放这笔款子，并不是无息贷款，而是有利息的，并且还很高——当年借款随春、秋两税归还，每期取息二分，实际有重达三四分的。

这就有问题了。这么高的利率，穷困家庭贷不起，有还贷能力的家庭又不愿意贷，这是其一。其二，那些脑袋瓜子活络的地方官员，很快就从这项政策当中发现了生财的门道：对那些有能力还贷的家庭，你不想贷款也要强迫你贷，而且随意提高贷款利息，在为政府机构敛财的同时，也顺便充实一下自己的腰包。于是，“青苗法”在民间就有了一种别称——“散青苗”。再加上有的官吏为了邀功，额外还有名目繁多的勒索，百姓苦不堪言。就这样，这项本意是为了抑制兼并、救济困难农户的富民政策，异化成了政府辗转发放高利贷，收取民众高额利息的苛政。由此可见，抓工作搞改革，只有好的主观愿望是远远不够的。

郑獬正是看到了“青苗法”的这个弊端，才不愿干这坑农害农的缺德事。这说明，他是一个不唯上、只唯实，有良心、有担当的官员。然而，王安石不这么看。他对郑獬抵触自己的新政大光其火，再次将其降职，打发他做了一个无足轻重的闲散小官（提举鸿庆宫）。

郑獬为官清廉，家无余财，被降级后收入又很低，为官晚期日子过得十分清苦。以至于他去世后，家人无钱为他办丧事，将其棺材暂存在一个寺庙里，一放就是十几年。后来有个姓周的地方官实在看不下去，专门向上级申请了一笔款子，方才使他入土为安。

郑獬诗写得不错，比如这首题为《田家》的五律，如今还时常被中考等选作古文阅读试题："田家汩汩流水浑，一树高花明远村。云意不知残照好，却将微雨送黄昏。"

叔叔很奸他不奸

嘉祐二年（1057）丁酉科状元，乃浦城（今福建浦城）人氏章衡。

章衡的叔叔章惇，曾做过大宋的宰相。在《宋史》中，章惇被列入了《奸臣传》。近些年来有人考证，说章惇很有能力，也做过不少事情，将他列为奸臣似有不公。有能力的官员，未必就不是奸臣，比如严嵩、比如和珅。而有能力的奸臣，危害更大。

说章惇是奸臣，是由于他特别爱整人，也很善于整人。比方说，他曾建议皇帝将司马光掘墓鞭尸。对苏轼、苏辙等保守党人，章惇都不择手段地往死里整，一点后路都不留。一个刻意整人的官员，不管出于什么目的，都不是一个好官，也不是一个好人。凡是以整人为乐事之人，日后往往必被人整。即使他自己没有被整，其子孙也难逃此劫，此谓一报还一报。比如章惇，后来就被宋徽宗赵佶整得很惨。

从本科考试开始，凡是通过省试进入殿试的人员，只排定最终名次，除非极个别情况，一般不再予以甄选淘汰。也就是说，参加殿试的人员，基本都能获得进士（或同进士）身份。这一做法，此后便成为科举考试的定制，一直延续到清末。

章衡三十二岁中状元，先是被任命为湖州通判，后是在中央政府机关从事文字秘书工作(直集贤院)。在低层干部岗位上默默工作了十年之后,章衡才被提拔为"三司"盐铁判官。章衡是个具有敏锐观察力、敢讲真话的官员。到"三司"工作不久,他就发现这个部门管理中存在的许多漏洞。他先是建议政府清理吃空饷人员,以节省财政支出。随后他又提出,"三司"经费领多领少、何时支用全无计划,随意性很强。在财政出现巨额赤字、支出难以为继的时候,就只能不择手段地搜刮民财。这样干,不但使民众苦不堪言,也解决不了入不敷出的问题。章衡建议,为解决这些弊端,上级应责令有关官员对财政收支工作加强监督审计,搞好预算编制管理,增强计划性,以利于国家和民众。

章衡的才干,引起了"三司"一把手三司使的猜忌。也许他认为章衡对自己是个威胁,就找茬把他排挤出"三司",安排到地方任职去了。出京之后,章衡先后担任过汝州、颍州知州。直到朝廷换了皇帝,章衡才又重新回京,负责太常寺日常工作(判太常寺)。

在太常寺工作期间,章衡曾作为大宋特使率团出访过大辽。大辽国君也许欺负他是个白面书生,为其安排的娱乐项目竟然是射箭。没想到章衡一点也不含糊,操弓就射,箭箭中靶。章衡的箭术,让辽国君臣大为吃惊,连连称赞他不愧为文武双全的状元郎。此后大辽给予章衡的礼遇,远远超出大宋其他特使。

章衡是个有心人。他出访大辽,可不仅仅是完成外交礼仪兼游览观光。所到之处,他用心观察,不动声色地搜集了解这个大宋敌手的情报动态。回朝之后,他向皇帝建议,大辽此时兵力不足,边防空虚,实为收复山后八州之有利时机。可惜,他的这一建议未被采纳。

章衡的原则性比较强。在负责官员遴选推荐工作期间(判吏部流内铨),他常常与宰相据理力争,在一些干部任用的原则问题上毫不退让。有的时候,争得脸红脖子粗。章衡的毫不妥协,让宰相很生气，就不断在皇帝面前告他的黑状，还说："这个章衡真是不知道天高地厚了，他是把自己的话当成朝廷的法律啊！"

宰相这样说，皇帝自然要找章衡谈话。章衡便把所有与宰相的争端，一一向其说明，并表示，自己这么做，完全是为了国家的法律制度，而不是出于个人恩怨。皇帝倒也没有偏向官大的一方，他在了解了事情的来龙去脉之后，认为章衡和吏部做得是对的。而宰相在这个问题的处理上，确有不妥之处，因而便批评了他一顿。因为此事，章衡在名声大震的同时，也得罪了包括宰相在内的不少人。

章衡的仕途结局不太好。在吏部任职之后，他又做过澶州知州、成德军知府等地方官。在澶州任职期间，他曾建议放宽对民间贩运食盐的管制，认为民众这么干是出于生计所迫。但是章衡这个人性化的建议，没有被上级采纳。在成德军知府任上，章衡"坐事免"。至于他犯了什么事，笔者没有查到相关记载。七十四岁时，章衡因病去世。

在章衡的同榜进士同学中，出了不少名人。比如大名鼎鼎的苏轼、苏辙兄弟，比如著名的文学家曾巩。"唐宋八大家"，本榜就占仨。再比如，"程朱理学"的创始人之一程颢，等等。因此，本榜进士也是大宋科举的名榜之一。

刘辉换个马甲穿

嘉祐四年(1059)己亥科状元，乃江西铅山人氏刘辉。刘辉原名刘几，曾经是国立学校(国子监)的学生。刘辉有点小才，在国子监考试中常拿第一。但他有个毛病,写文章喜欢故作艰深,经常弄一些晦涩难懂的句子出来。由于他学习成绩好,算是个学生头头,同学们便纷纷效仿他的笔法,一时间几乎成了一种风气。曾负责教育考试工作的欧阳修,崇尚朴实无华的文风,非常厌恶刘辉这种笔法,就下决心扭转纠正这种不良风气。

有一回,欧阳修主持科举考试。阅卷时,他发现有个考生的试卷中有这样的句子:“天地轧,万物茁,圣人发。”欧阳修断定,这一定是出自刘几(此时刘辉还没改名)的手笔。于是,便在这几句话的后边批道:“秀才刺,试官刷。”意思是你故作惊人之语,想出风头博人眼球,我当考官的就毫不客气地将你拿掉,不予录取。然后,用红笔在其试卷上从头到尾横批一道,并批上“大纰缪”三个大字张榜公示。试卷公布之后,人们发现果然为刘辉所为。

考试是根指挥棒。欧阳修此举,使考生们大受震动,科场文风为之一变。参加考试写文章,最终还是为了被录取。考官不喜欢的文风,自然没有考生敢再卖弄,包括刘辉。

几年之后,刘辉又去报名参加省试。不巧,本次省试的考官当中还有欧阳修。在考试之前,欧阳修看到了前来应试的刘辉。他想,你小子还有胆来撞大运,算你倒霉又遇上了我,照刷你不误。阅卷的时候,欧阳修发现一个考生的卷子中有这样古怪的句子:“主上收藏精明于冕旒之下。”心想,好你个刘几,又被我逮到了。于是大笔一挥,毫不客气地将其淘汰。不想欧阳修这回却摆了个乌龙,那份卷子是一个名叫萧稷的倒霉蛋所答。

在阅卷过程中,欧阳修对一个考生的答卷特别欣赏,认为这篇文章观点新颖、见解独到、文笔流畅、文风朴实,“故得静而延年,独高五帝之寿;动而有勇,形为四罪之诛”这几句话,就让欧阳修大为叫绝。于是,便将其确定为状元推荐人选。试卷拆封之后,考官们发现那个考生名叫刘辉。一位知情人士告诉欧阳修,刘辉其实就是刘几，他知道你老人家不喜欢他，害怕再次被你刷掉，就换了个马甲穿，把名字改成了刘辉。听了这番话，哭笑不得的欧阳修，大约会作如是想：刘几你小子真能耐，马甲换得够彻底。不但把名字给改了，文风改得也很地道啊！

这段故事，自然有一些野史传闻的成分在其中。各位读者不必像对待正史那样较真，看了图个乐就好。

刘辉中状元之时，年方二十九岁。刘辉是个好人，也很聪明机灵，应变能力比较强。这一点，从他改名字、变文风参加科举考试的经历就可以窥见一斑。对于一个官员来说，应变能力的重要性不言而喻。在如今的公务员考试中，应变能力是一项非常重要的测评要素。以这样的潜质，如果给刘辉足够的空间和时间，应该是可以成就一番事业的。

如果不是一个好人，肯定不会成为一个好官。但我们也不能把一个好人跟一个好官画等号。一个官员要想获得好官的评价，必须创造出一番有利于国家、有利于人民的不凡政绩来。而刘辉还没来得及在官场上证明自己，便不幸英年早逝。所以，笔者只能称刘辉是个好人。

刘辉幼年家境贫寒，生活孤苦，全靠老祖母将他拉扯成人。刘辉是个很孝顺的人，跟祖母感情极深。行文至此，笔者不由想起了自己少时的生活经历。我从不到一周岁就跟爷爷奶奶一起生活，二老一把屎一把尿地拉扯了我十几年。每当回想起二老给予我的种种慈爱，我都会难以自控地泪流满面。说不完、道不尽的隔代亲！

中了状元之后，为了方便照料赡养自己的老奶奶，刘辉带着老人家一起前往任所赴任。其间，端茶倒水、嘘寒问暖，无微不至。不到三年，刘辉的祖母便因病去世。为了尽孝，刘辉辞官回家为老人家守丧。按照古代的“丁忧”制度，官员在父母去世后，必须回家为其守丧三年。而对于祖父母,则没有硬性的守丧规定。应该说,刘辉此举完全是出于孝心。

刘辉是个极富善心的人。在为祖母守丧期间,他乐善好施,为乡里百姓做了不少好事。比方说,他曾变卖自家田产,资助生活无着的乡亲。再比方说,他根据家乡教育事业欠发达的现状,为了解决乡亲们孩子的读书问题,就选了一个山清水秀的地方,自己动手盖起了几间房子,办了一所私立学校。他不仅免费招收贫困生入学,还孜孜不倦地亲自为学生们授课解惑。

刘辉的善举,使家乡官员民众深受感动。刘辉所在县的县官,将他的故里命名为"义荣社",并为他办的学校题写了"义荣斋"匾额。为祖母守孝不满三年,刘辉便不幸因病去世,年仅三十五岁。刘辉去世的消息传开之后,朝野一片惋惜之声。

程朱理学的创始人之一程颐,在刘辉中状元的这一年获赐进士身份,跟刘辉算是同级进士同学。

状元得了狂犬病

嘉祐六年(1061)辛丑科状元,乃莱州掖县(今山东莱州)人氏王俊民。在宋代,山东学子的科举考试成绩真是太出色了,堪称名副其实的状元大户啊。

本科省试结束之后,还没有进行殿试,京城的街头巷尾便流传着一个说法,称本科状元非王俊民莫属。至于这个传言的源头何在,却无人知晓。人们也不知道,这个王俊民究竟家住何方、长了一副啥模样。因而,这事便越发显得有些蹊跷神秘。

在本科殿试的时候，王安石和另一位大臣杨畋被指定为考试详定官。按照当时的殿试规定，选定提交皇帝核准的状元人选，需要分三步走。第一步，先由考试初定官根据阅卷情况，将参加殿试的所有考生确定排列等次，然后密封提交复考官进行复核。复考官根据复核情况，提出自己的等次划分调整意见，再提交详定官定盘子。如果初定等次跟复核认定等次相同，详定官便可如实提交皇帝最终定夺。如果初定等次与复核认定等次不同，详定官有权从两种意见中确定一种上报皇帝。按照惯例，详定官是不能置初定、复核两种意见于不顾另行确定等次的。

王安石是个很有创新意识，不肯墨守成规的官员。在本次殿试阅卷结束后，初定官与复考官所定等次发生了分歧。王安石对初定官和复考官提出的人选等次都不满意，就决定推倒重来。而杨畋是个比较保守的官员，他认为应当按照惯例办事，不能坏了规矩。于是，两人各执己见，一时间相持不下。一个姓朱的考官对此啧有烦言，他对同事们说："十几天之前，老百姓就风传状元应该归王俊民。而这种传言又查不到消息源，难道这不是一种天意吗？王、杨两位老兄还争个啥嘛，真是白费力气。"

王安石、杨畋二人争论了好长时间，但谁也不能说服对方。无奈之下，只好把矛盾上交，将二人各自坚持的意见同时提交皇帝取舍。皇帝经过一番思量，采纳了王安石的意见。此时，考生们的卷子仍然处于密封状态。等到拆封后公布考生最后名次时，人们发现王安石提出的状元人选，果然就是大家口口相传的王俊民。一时之间，朝野人士纷纷称奇。而详定官有权推翻初定官、复考官提出的等次划分意见，重新确定考生等次的做法（"详定官得别立等"），自本科起成为定制。

关于王俊民中状元的这个过程，载于北宋科学家沈括的《梦溪笔谈》。沈括的生活年代，跟王安石、王俊民高度重合。比方说，在王俊民中状元两年之后，沈括也金榜题名、进士及第，并且他还亲身参与过王安石变法。因而，这段记述的可信度，还是非常高的。

《梦溪笔谈》是历史上非常著名的一部笔记体著作。这部著作共二十六卷，分为故事、辩证、乐律、人事、官政、书画、技艺、器用等十七门。“王俊民为状元”，即载于其中的“故事门”。从内容上说，《梦溪笔谈》以超过三分之一的篇幅记述、解释自然科学知识，这在古代笔记类著述中是很少见的。应该说，《梦溪笔谈》是一部很有阅读价值的古书，它详细记载了古人在科学技术方面所取得的成就，以及沈括自己的研究成果，反映了我国古代特别是北宋时期自然科学所达到的辉煌高度。在阅读习惯日益快餐化的当今，不知还有多少年轻人会对这部书感兴趣。

王俊民中状元的时候，年方二十六岁。其时，他的父母年事已高，虽然满头白发，但身体非常健康。当时已是名臣的韩琦，曾专门写诗对王俊民及其父母表示祝贺和祝福，其中有这样的句子：“青云一第人恒易，白发双亲事每难。”这让王俊民很是风光荣耀。

王俊民性格刚直，一身正气，属于那种不怒自威使人感觉凛然不可犯之人。并且他的生活情趣很健康，除了读书学习，没有吃喝嫖赌抽等不良嗜好。“爱身如冰玉”是当时人们对于王俊民的评价。然而，就是这样一个好人，其人生结局却十分悲催。

按照惯例，王俊民在中状元之后，先要被安排到基层任职锻炼（庆天府发解官）。刚刚到任没多久，王俊民便得了一种怪病，整日狂呼不已，不几天就去世了。看这症状，很像是狂犬病。大约王俊民小时候被狗咬过，狂犬病毒一直在他的体内潜伏。多年之后，病毒发作，无情地夺去了这位状元郎的性命。

可怜王俊民那白发苍苍的两位高堂，还没有从儿子高中状元的喜悦中平静下来，就接到了儿子不幸去世的讣告。白发人送黑发人，实乃人生之大不幸。可以想象得出，两位老人在得知王俊民的死讯以后，心情是何等的哀痛，又承受着什么样的情感创伤。呜呼，悲催状元王俊民！

五朝元老看许将

嘉祐八年(1063)癸卯科状元，乃福建闽县(今福建闽清)人氏许将。许将的家乡如今归福州管辖，他是福州辖区内历史上的首位状元得主。

许将少年时代就以好学有才而知名。有个野史段子称，许将九岁时跟一帮亲友去一个名为白岩山的风景区游玩，途中遇到了一位正在扎篱笆的老者。这老者以自己扎篱笆为由，出了个上联让大家来对："一篱二纬三桩围菜园，园种春夏秋冬菜。"带许将游玩的亲友之中，不乏文人雅士，但大家都面面相觑，无人能对。而许将略作思索，张口就来："百架千层万卷叠书馆，馆藏古今中外书。"那老者还不罢休，又出一上联："白岩白雾白玫瑰，如观玉皿。"许将毫不含糊，再续妙对："红寺红霞红杜鹃，若赏金屏。"这下，那老者彻底服气，连声惊叹："这小家伙不得了，真不得了！将来一定会中状元的！"

许将中状元的时候，年方二十六岁。名臣欧阳修看了许将的卷子之后，曾对人如此说："这个考生不得了，字里行间有王沂公的气度，将来发展不可限量。"王沂公指的是大宋另一位状元得主、曾做过宰相的北宋名臣王曾。

中状元之后，许将被任命为昭庆军(辖区为今安徽合肥一带)判官。任满之后，上级打算把他调回京城任职。皇帝身边升迁快，做京官是大家心向往之的事情。但有抱负的许将颇有些与众不同，他对跟他谈话的上级领导说："出来做官，跟在家乡耕田种地相比，只不过是换了一种职业而已。不管做什么，都需要多见识一些没见过的事情、多读一些没读过的书。从这个角度讲，我还想到其他地方任职，多增加一些历练。"读万卷书、行万里路，是古时有志之士提高充实自己的有效途径。

上级尊重了许将的选择，安排他做了明州通判。在明州干了一段时间之后，王安石准备推行变法，需要大量任用年轻干部。在他给皇帝提交的拟任用名单中，原本没有许将的名字。但宋神宗对许将这位有志向的状元印象很深，就授意王安石将他调入京城，委以重任。奉调回京的许将，在三天内被宋神宗连提三级（右正言、直舍人院、判流内铨），直接承担了考核推荐干部的重任。宋神宗如此重用信任许将，让满朝官员目瞪口呆，钦羡不已。

许将是个能干事、会干事的官员。从事干部管理工作之后，他发现在官员推荐考核工作中，制度不健全，程序不规范，暗箱操作问题比较严重。鉴于此，他建议上级专门成立了一个机构，负责处理基层官员的上访投诉事宜。同时，根据工作中发现的问题线索，奏请上级处理了一批失职渎职、贪污受贿的官员。

由于工作出色，许将再获重用，出任知制诰。不久，大辽陈兵二十万，威逼大宋边境，提出了割让代州（今山西代县）的无理要求。许将作为大宋的特命全权大使，率团前往辽国谈判。辽国民众对这位大宋状元早有耳闻，纷纷在他经过的街道两旁上墙爬屋，争相观瞻其风采。在谈判中，许将寸土不让，据理力争，陈明利害，尤其是他对军事形势、战略战术十分精通，使辽国感觉到大宋军事斗争的准备十分充分，所以没有敢轻举妄动，也不再提无理的领土要求。

许将是个很具人文关怀的官员。他在负责开封府日常工作

(权知开封府)期间,一个名叫虞蕃的太学生,检举相关官员和学生在太学生考试等工作中徇私舞弊,搞不正之风。负责审理此案的许将,认为虞蕃的举报虽有一定事实依据,但牵连涉及的人员过多,且这些人多数都是于无意中被牵连进去的,因而他主张打击面不宜过宽,对那些无辜者应当网开一面。他的主张,被不少手握重权的对立面攻击为包庇违法乱纪之徒,有利用职权徇私情之嫌。

迫于压力,宋神宗给了许将一个降级处分,安排他做了蕲州知州。此后,又转任秦州、扬州、郓州等地。在郓州任职期间,有一年当地办元宵节灯会。为了维持社会治安,保证灯会秩序,一些官员就把社会上有小偷小摸、打架斗殴等不良记录的人员全部关进了监狱。许将知道此事之后,很是生气,他下令立即将这些人全部释放,并对手下说:“你们这么做,不是把这些人往绝路上逼吗?对于这些人,应当以耐心细致的教育为主。不然的话,让他们以后还怎么在社会上做人啊?”

在许将的感召治理下,郓州社会风气为之大变,监狱也不再人满为患。当地百姓感叹,自名臣王曾在郓州任职之后,“五十六年,始再见狱空耳”。干部抓工作,应当向许将这样的官员学习,做事要细要实要耐心,立足长远看全局。而不能像他的那些手下那样,缺乏人文关怀。那样做,只能做到清净一时,而必将会危害长远。

许将是个厚道人。他属于王安石的“变法派”,跟司马光所代表的“保守派”是相互对立的两个阵营。但当以章惇为首的所谓“变法派”要对“保守派”实行总清算,并建议皇帝将司马光掘墓鞭尸之时,许将却坚决予以反对。他认为,官员的政见不同很正常,不能因此而搞人身攻击,做这种断子绝孙的缺德事。

整个北宋时期,一共只有九位皇帝当政。许将却为其中的五位(宋仁宗、宋英宗、宋神宗、宋哲宗、宋徽宗)打过工,是不折不扣的五朝元老。这样的为官经历,委实不多见。许将仕途并不畅达,虽然曾做到副宰相级别高官,但几起几落,数遭贬斥外放。不管得意时也好,失意时也罢,许将为官始终清正廉明,干干净净,深受朝野人士好评。宋代名臣李纲这样评价许将:“历事五朝,逾四十载,入位丞弼,出拥节旄,其勋业、行义、经术、文章皆兼备之,为当世之所瞻仰。”

七十四岁时,许将因病去世。北宋著名科学家沈括,是许将的同榜进士同学。

直言敢谏彭汝砺

治平二年(1065)乙巳科状元,乃饶州鄱阳(今江西鄱阳)人氏彭汝砺。

此时,坐龙椅四十多年的宋仁宗已经去世,宋英宗接班上了台。据有关史料记载,彭汝砺这一榜进士,在省试结束之后,不知为何没有组织殿试。作为科举考试,每届一定是要产生一位状元的。既然没有组织殿试,那么省试拿了第一的彭汝砺,理所当然地被视为本榜状元得主。此时的彭汝砺,只有二十三岁。

彭汝砺这届进士放榜之后,发生了一件比较有趣的事情。围观皇榜的人们,看到一个书生模样的胖子,骑着一头小毛驴,晃晃悠悠地向皇榜张贴之处走来。在遇到看完榜往回走的人之后,他就问本榜第一为何许人也。那人说是彭汝砺,胖书生一听,调转驴头立马走人,榜也不看了。人们有些奇怪,就截住其随行的书童问,这胖子是何方神圣。书童说,自己的主人名叫许安世。而这个许安世,恰好是下届状元得主。

彭汝砺的父亲在家乡的州政府做个小公务员(郡吏)混饭吃。他的顶头上司(知州)比较爱惜人才,听说彭汝砺拿了第一之后,他不仅放了彭公务员的假,还让他骑着自己的马回家报喜,并派了一些手下临时客串吹鼓手,随行吹吹打打,以助声势。此举,让彭汝砺的老爸很有面子,好不风光。

彭汝砺的一个同学,比他晚一届中了进士。而这个同学的父亲,跟彭汝砺的老爸又是地位相当的同事。但此时的知州,已经换人了。新任知州比照前任的做法,让这个同学的老爸也享受了彭家爸爸的同等待遇。两任知州尊重知识、尊重人才的举动,极大地激发了当地青年读书学习的积极性,使该地区科举考试成绩得到了大幅度的提高。

彭汝砺中状元之后,先是在几个地方担任推官之类的低层官员。几年后,王安石推荐他做了京官。一开始,宋神宗还是比较欣赏彭汝砺的,提拔他做了监察御史。但彭汝砺这个人性格刚直,说话过于尖锐,慢慢就让宋神宗和王安石都对他不耐烦了。比方说,宋神宗曾经十分信任一个姓王的太监,并且打算让他去带兵打仗。别人对此都不敢说不,唯独彭汝砺坚决反对,直到宋神宗改变初衷。这件事让彭汝砺在朝野名声大震。再比方说,他曾对朝廷用人、变法、青苗法、盐业管理等敏感问题提出了十条建议,件件切中时弊。而这些意见,自然让宋神宗和王安石不爽。又比方说,他曾直言不讳地对宋神宗说,您倡导的一些好的品行和做法,自己应该首先带头践行,而不能光说不做或者只让下边人做,更不能说一套做一套。

王安石不是肚里能撑船的宰相,宋神宗也不是那样的皇帝。以彭汝砺这样的性格,让二位不高兴是迟早的事情。而其他小肚鸡肠的权臣,同样会被彭汝砺得罪。所以,彭汝砺的仕途多舛,屡次遭到排挤打压,甚至贬官外放。比方说,彭汝砺在中央司法机关任职时(刑部侍郎),有个犯人按法律可以从宽处理,但时任执政(参知政事)以手中有特旨为由,坚持要杀他。坚持原则的彭汝砺对此坚决不予执行。执政大怒,要惩罚彭汝砺的下属出气。彭汝砺说:“对一件案子有不同看法,可以争论研究。我的下属这么做,是依法办事,何罪之有?”结果,彭汝砺的意见虽然被采纳,但他却因此而被换了岗位(改任礼部侍郎)。

宋哲宗上台后,要对宋神宗执政时期的一些政策进行调整,便向大臣们征求意见。于是,大家便争先恐后地向皇帝建言献策。而此时,彭汝砺却不言不语了。人们问他所为何故,他说:“以前大家都不敢说话,所以我要说。如今人人都去提意见了,也就用不着我说什么了。”大臣蔡确原本跟彭汝砺意见不合,但当蔡确遭到陷害打击时,彭汝砺却不计前嫌,主动站出来为他打抱不平。彭汝砺就是这么直脾气的一个人,直的可爱。

由于受到权臣章惇等人打压,彭汝砺再度被贬,出任江州(今江西九江)知州。到任只有数月,便因病而亡,时年五十三岁。

关于彭汝砺,还有个有趣的野史段子。彭汝砺丧偶之后,有个同事刚好病故。这位同事的妻子宋氏,是个出名的美人胚子。孤男寡女,郎才女貌,刚好一对。彭汝砺有意续娶宋氏,但考虑到亡妻尸骨未寒,此事就拖了下来。十二年之后,彭汝砺方才得偿所愿,娶得美人归。在那样的时代,两人能暗恋坚持这么久,实属不易。在临终前,彭汝砺突然向家人要来纸笔,写下了这样四句话:“宿世冤家,五年夫妇。从今而往,不打这鼓。”写罢,掷笔而逝。

彭汝砺,真乃性情中人也。

许安世随父而去

治平四年(1067)丁未科状元,乃开封襄邑(今河南睢县)人氏许安世。

许安世少年时代曾拜名家丁宝臣为师,由于勤奋好学,再加上名师点拨,他在学业上进步很快。在中状元之前,许安世写的一些文章诗词就得到了欧阳修、王珪等大家的高度评价。中状元之时,许安世年方二十七岁。

关于许安世的科举经历,有段野史趣闻流传。说是在他中状元之前的上一届科举考试发榜之后,他骑着一头小毛驴,带着书童前去看榜。遇到看榜归来的人之后,他就问本榜第一姓甚名谁。那人告诉他是彭汝砺之后,他二话不说,立马调转驴头打道回府。由于他是个大胖子,模样比较显眼,行为又有些怪异,旁观之人就很好奇。于是,便截住他的书童问,这位胖书生是何方神圣。书童答,自家主人姓许名安世。本榜录取名单发布之后,当经历过此事的人看到状元得主就是这个许安世时,无不啧啧称奇。

人们揣测,许安世之所以有此举动,大约是当时他通过问卜算卦或者做梦等方式,得到了如果本科状元是彭汝砺,那么下一科状元一定是他许安世这样的预兆。因而,便心安理得、自信满满地回家复习备考去了。此为笑谈,各位看官不必当真。

中状元之后,许安世先是出任郓州推官。几年之后,奉调回京从事文字秘书工作。由于他从政时间不太长,故而官位不显,只做到了一个六品官(员外郎)。担任这一职务不久,许安世的父亲因病去世，他便辞官回家奔丧。处理完老爸丧事的第二年，或许是悲伤、劳累交加之故，许安世一病不起，与老爸前后脚去了天国，时年四十四岁。唉，又一位随高堂而去的状元郎。

许安世跟大文豪苏轼关系不错，两人常有书信往来。许安世去世之后，苏轼还特意出席了他的葬礼。由于许安世没有太多事迹可说，在此简要介绍一下他的一位同榜进士同学，此人便是著名文学家、书法家，跟苏轼并称“苏黄”的黄庭坚。

黄庭坚乃洪州分宁（今江西修水）人氏，进士及第之时，只有二十二岁，堪称少年成名。黄庭坚虽然在官场打拼多年，但他跟许安世一样，也没能做多大的官，并且仕途多舛，屡遭权臣打压排挤。或许正因为如此，才使他在文学艺术领域取得了如此辉煌的成就。都说愤怒出诗人，官场失意也可以出诗人。比如李白，比如柳永，比如黄庭坚。

黄庭坚曾经是苏轼的学生，与张耒、晁补之、秦观并称“苏门四学士”。黄庭坚是江西诗派的开山鼻祖，其诗作具有气象森严之风格，读来有雄峰耸立、拔地而起之感。而他的词作流宕豪迈、洒脱不羁，比较接近苏轼的风格。

黄庭坚最为后人称道的，当属他的书法造诣。他与苏轼、米芾、蔡襄并称为书法“宋四家”。黄庭坚的书法，在学习借鉴前人的基础上，有许多属于自己独创的东西，形成了自己鲜明而独特的风格，比如他的笔法、字形结构、字体变化等。他的书法作品，历来是收藏界的宠儿。其真迹不管在什么场合拍卖，价格都会是个天文数字。当然了，对于草根百姓而言，这些事情只能听听看看而已，玩是玩不起的。

作为这样一个大名人，黄庭坚还是一个大孝子，这很难得。黄庭坚的老妈在世的时候，他不管为官为民，也不论繁忙闲暇，端茶倒水、嘘寒问暖，对其照顾侍奉得真叫一个体贴周到、无微不至。

黄庭坚孝敬母亲的事迹，是被写进了《二十四孝》的。其中最后一个故事“涤亲溺器”，主角就是黄庭坚。

“涤亲溺器”这个故事，是说黄庭坚在做官以后，每天晚上仍然坚持为母亲端屎端尿，并且十分仔细地将便盆清洗得一干二净。每天只要在家，他都会亲自做这件事情，从未以工作繁忙、身体劳累等理由推托不做，或者委托家人、下人去做。孝行是做出来的，而不是说出来的，孝子也不是自夸出来的。如今不少自称孝子的人，往往喜欢用忙啊、没时间啊、父母的孩子不是我一个啊等诸如此类的借口，为自己没有尽到应尽的孝行来开脱解释。

黄庭坚为母亲清洁便盆的习惯，一直持续到老母亲去世。能做到这一点，很不容易。正所谓，一个人做点好事并不难，难的是一辈子做好事不做坏事。百善孝为先。黄庭坚的这种做法未必人人能做得来，但这种孝心值得倡导。有首歌的歌词写得好：“不管你多富有，无论你官多大，到什么时候也不能忘咱的妈。”

六十岁那年，黄庭坚因病去世。

做人为官忌投机

熙宁三年(1070)庚戌科状元，乃福建邵武(今福建泰宁)人氏叶祖洽。

叶祖洽自幼聪颖过人，学习成绩超出同龄人一大截。十七岁那年，他就拿了个相当于解元的州郡考试第一。中状元的时候，他也不过二十四岁，亦属年少成名。

叶祖洽参加本科考试的时候，王安石已经重权在握。据传，叶祖洽之所以能拿状元,是因为他试卷中的这样一段话打动了宋神宗和王安石:"大宋立国以来这么些年了,朝中大臣慢慢都变成了一些因循守旧、不思进取之人。如今新皇帝登基,应当锐意进取,大力改革创新,以重振大宋雄风。"至于叶祖洽是真有这样的认识水平,还是为了投其所好,不可考了。

在《宋史》中,叶祖洽是上了《奸臣传》的。有人认为,叶祖洽被认定为奸臣有些冤。究其原因,是因为他站错了队、跟错了人。意思是,他属于王安石变法派官员。王安石失势之后,其改革措施被保守派认为是祸国殃民之举而全盘予以否定,叶祖洽也跟着倒了霉。其实,叶祖洽之所以被视为奸臣,并不全是因为他是王安石的人,而是他在做人为官的品行方面有些问题。

叶祖洽中状元后,先在基层干了几年,后来被调入京城做了京官,历任兵部员外郎、礼部郎中等职。升任中级干部(郎中)不久,叶祖洽就犯了在私下里妄议朝政、讥讽指责高官的自由主义错误,从而遭到了纪检监察人员的弹劾。鉴于他的错误性质比较严重,上级将他调离京城,降级做了广西提点刑狱。提点刑狱是宋代特有的一种官名,全称"提点刑狱公事",为"路"这一级行政区划司法机构(提刑司)的长官。

宋哲宗亲政后,变法派官员章惇得到重用,叶祖洽也被重召入京,先后出任过中书舍人、给事中等比较重要的职务。在此期间,叶祖洽显露出自己投机取巧的本性。有一次,他向宋哲宗告密说,前宰相王珪在推选前任皇帝宋神宗的接班人时,投了宋哲宗的反对票,建议宋哲宗对王珪进行彻底清算。尽管宋哲宗对已经死去的王珪实行了秋后算账,但对告密者叶祖洽没有了好看法。他认为,像叶祖洽这样的行为,纯属小人之举。这样的人,是不能予以重用的。

宋哲宗的感觉没有错。叶祖洽告发王珪,既不是为了国家的发展强大,也不是为了民众的利益福祉。究其动机,只能是投机二字。他之所以这样干,纯粹是为了讨好巴结宋哲宗,捞取政治资本,以使自己能爬得更高。没承想,他偷鸡不成蚀把米,马屁拍错了地方,宋哲宗竟然不吃这一套。像这种为了一己私利,不惜蝇营狗苟、搬弄是非之人,不进《奸臣传》谁进?所以,叶祖洽戴上一顶奸臣帽子不算冤。

在官场上,有些人为了自己的升迁,对上司察言观色,挖空心思地投其所好;对同僚和下属,不惜下绊子使黑腿,踩着别人向上爬。对这样的人持何种态度,很能检验其上司做官的水平和操行。信任喜欢这样下属的官员,绝对不会是一个好官。

被皇帝烦了,叶祖洽自然就失去了在官场上混的资本。打王珪小报告之后不久,宋哲宗就找了个借口,打发叶祖洽离开京城,到地方任职去了。离开京城后,叶祖洽先后出任济州、洪州知州。

宋哲宗去世之后,宋徽宗接班上台。变法派官员曾布受到重用,出任宰相一职。曾布跟叶祖洽私人关系很好,就推荐他回京担任要职。但曾布的提议遭到了很多官员的极力反对。有人认为,这是出于变法与保守两大派别之争,其实并不尽然。以叶祖洽的品行而言,他的人脉关系肯定不会太好。在曾布的一再坚持下,宋徽宗终于被说服,同意把叶祖洽安排到吏部尚书这样重要的岗位上。

担任吏部尚书之后,叶祖洽仍然不忘王珪旧事。他认为,当初宋哲宗虽然清算了王珪,但处理太轻,不足以警示天下。结果,宋徽宗专门发出指示,要求干部管理部门对王珪的孩子们永不任用。叶祖洽此举,很有些为自己找台阶下的意味。他大约是想以此证明,自己当初告发王珪是出于公心而非私利。

曾布失势后,叶祖洽再遭贬斥,出任定州知州。临行前,他再次对宋徽宗陈述己见,表明自己告发王珪是为国家社稷着想。但宋徽宗不这么看,他认为叶祖洽“狂妄浮躁”,无理反缠。结果,叶祖洽连知州都没得做了,直接被撸成了一个极不起眼的小官。七八年之后,他才被重新任命为洪州知州,后改任亳州知州。在洪州任职期间,叶祖洽又落了个经商做生意发大财的不好名声。

叶祖洽倒是为他的家乡做过一件好事。泰宁原名归化,意为蛮夷归化中原。他的好友张汝贤在福建任职的时候,叶祖洽托他向上级政府提出申请,将归化县更名。理由是,“天下无水不朝东”,但曲阜的泗水向西流了三百里,所以才出了个孔圣人。而归化有一条名为“杉溪”的河流,也向西流了三十里之多,算是人杰地灵之宝地。在叶祖洽、张汝贤的运作下,皇帝特批将曲阜孔子阙里的府号“泰宁”赐予归化作县名。据说,在归化更名为泰宁之后,当地的科举考试成绩果然有了大幅度提高。

七十一岁时,叶祖洽卒于亳州任上。

一代奸相蔡京,是叶祖洽的同榜进士同学。

谦恭低调余状元

熙宁六年(1073)癸丑科状元,乃宜兴(今江苏宜兴)人氏余中。

余中和他的哥哥余贯,一起报名参加了本科考试。在省试过程中,余中顺利通过。他的哥哥余贯,则不幸名落孙山。作为哥哥,想必余贯此时的心情比较复杂。他既为弟弟被录取而感到高兴,又为自己没入围而有些失落。

长幼有序，是古代知识分子十分看重的一种价值观。比方说，哥哥不结婚，妹妹弟弟通常不嫁娶。在安慰宽解哥哥之余，余中就向政府申请，取消自己的录取资格，让哥哥来顶替自己的名额。20世纪80年代之前，我国企事业单位曾实行过父母退休、子女顶替上班的政策。余中的申请，大体就是这么个意思。

科举考试是有规矩的，怎么可以随便顶替？因而，政府自然要驳回余中的申请。不然的话，大家都来效仿，那还不乱了套？比方说，弟弟很有才，这次把录取名额让给一个哪怕是近乎文盲的哥哥，下次自己再来报考，照样还能被录取，这怎么能行呢。尽管余中的申请不符合政策制度规定，但对他这种尊重兄长、长幼分明的态度，政府还是给予了充分的肯定和褒奖。

录取名单公布后，政府自然要按惯例举办“琼林宴”，为新科进士们贺喜庆祝。低调务实的余中，又向政府有关部门建议，取消这种耗费钱财、形式主义的做法，以利于倡导勤俭节约的良好风气，避免助长奢靡享乐之风。对于这个建议，政府有关部门以假装没听见应对。皇帝知道此事之后，虽然对余中深表嘉许，但“琼林宴”该办还得办。泱泱大国，不差这几个小钱。

中状元之后，余中先后在大理寺、太常寺等部门从事抄抄写写的工作。在政治上，余中拥护王安石的变法主张，属于变法派阵营的官员。王安石变法失败之后，被撤销宰相职务，发配江南出任江宁知府。临行前，王安石特意向上级提出申请，让余中做自己的助手，随任去江宁。由此可知，王安石对余中的才干，还是十分赏识的。以王安石的性格而言，能被他瞧得上眼的人，还真是不多。余中让他如此看重，真是不容易。

宋哲宗亲政之后，又开始重用变法派官员。因而，余中又被调回京城。回京后，余中还是从事文牍工作（秘书省正字、著作郎等）。后来，他又做过国立学校的教学管理工作（国子监直讲）。

在此期间，他曾奉命出使辽国。对一个因公出国的官员来说，能按照上级要求，尽职尽责地完成所承担的外交任务，而不是只顾游山玩水，就已经很不错了。但余中是个有心人，他并不满足于单纯完成出使任务，还本着对国家负责的精神，根据自己的观察思考，提出了一些出使任务范畴之外的意见建议。比方说，他认为河朔城墙不够坚固、防御设施不够完善，应当进行加固和充实。可惜的是，余中的意见被上级当成了耳旁风。若干年后，金兵大举进攻中原，弱不禁风的河朔城防一触即溃。在这个时候，那些官僚主义的上司们，或许才能感觉到余中的先见之明。

做了些年的京官之后，余中又被外放地方任职，先后担任过湖州、杭州知州。在杭州任上，大约是厌倦了无休无止的党争和凶险莫测的官场，余中提出了提前退休的申请（致仕）。余中在湖州、杭州的政绩如何，以及他生于哪年、卒于何时，史料均无记载，笔者不好乱编。

余中有个同榜进士同学比较有名，他就是“苏门四学士”之一的张耒。张耒祖籍亳州谯县，出身于官宦家庭。由于长得方头大脸、魁梧肥硕，被人们冠以“肥仙”雅号。进士及第之时，张耒只有二十岁，亦属少年成名。但由于他品格高雅，不会阿谀奉承、依附权贵，因而他的仕途之路异常坎坷，人生际遇令人唏嘘。

获得进士身份后，张耒长期在安徽、河南等地担任县尉、县丞这类芝麻官，十多年得不到提拔重用。“我迂趋世拙，十载困微官”，张耒曾在诗中这样描述自己的这段经历。除了性格原因，张耒也饱受党争之苦。变法派得势的时候，被视为保守阵营的他，自然跟升官重用这样的好事无缘。轮到保守派把持朝政了，张耒才好不容易混了个地方一把手干（润州知州）。然而好景不长，一段时间后朝廷又变了天，保守派遭到严厉清算，张耒被断崖式降级，一下子跌到了税务管理员的位子上（黄州酒税监督）。此后起起落落，张耒的官场生涯过得很不安稳。比方说，他曾因为为恩师苏轼举办祭奠仪式而被一撸到底，成了一个只能领取最低生活补助的散官。

虽然仕途坎坷，但张耒始终不肯向权贵低头。他将文学创作作为自己的毕生追求，坚持不懈，乐在其中，无怨无悔。他一生创作了大量诗词文章，今人编辑出版的《张耒集》，收录了他的诗作两千三百多首、散文随笔等三百余篇，堪称洋洋大观。张耒的诗气势饱满，特别讲究音律，苏轼称其“汪洋冲淡，有一唱三叹之音”。他的文章雄浑精深、词语瑰丽，自成一家。

六十岁时，张耒在贫病交加、困顿潦倒中与世长辞。他也是“苏门四学士”中辞世最晚的一位。

“一方文武魁天下”

在中国古代，科举考试通常分为文武两大类。本书所介绍的，主要是“文举”考试中诞生的状元。至于“武举”考试的内容方法，笔者没有研究，不好乱说。但在一届科举考试中，文武状元都被同一个县的考生所夺得，也是一件比较稀罕的事情。

熙宁九年（1076）丙辰科状元，乃兴化军莆田（今福建莆田）人氏徐铎。而本届武状元得主，亦为莆田考生薛奕。来自同一个县的考生，连得文武两个状元，不失为一桩科举盛事。对于这种巧合，连宋神宗都感到十分惊奇。于是，便赋诗一首以表祝贺，其中有这样的句子：“一方文武魁天下，四海英雄入彀中。”这个宋神宗，还是有些才气的。

中状元的时候，徐铎只有二十四岁，当属青年才俊。参加工作之后，徐铎被任命为镇东军（辖区为今浙江绍兴一带）判官。在政治上，徐铎赞同王安石的变法主张，自然被视为变法派的官员。奸臣章惇出任宰相后，继续推行王安石新法，徐铎作为状元，被章惇拉拢使用，也是很正常的事情。这个章惇很有意思，既是一个不折不扣的改革派，又是一个不折不扣的奸臣。世间的事情，往往就是这么矛盾。一个积极主张改革的官员，未必就是一个好官、一个好人；反之亦然，比如司马光就是一个好官、一个好人。

在基层干了几年之后，进入章惇视野的徐铎，被调入京城出任要职（给事中、入直学士院）。徐铎进京后不久，一个官员提出，为了彻底清算保守派的罪恶，应当编写一部保守派官员罪恶言行录，以供百官批判警诫。根据章惇的指示，徐铎接受了这项任务。善于领会领导意图的徐铎，刨根问底、事无巨细，编成了厚厚的一大摞材料，为清算保守派提供了翔实的依据。

因为编辑保守派罪行录有功，徐铎又被升了官，担任了礼部侍郎。徐铎虽然支持改革，但是个只唯上不唯实，唯唯诺诺，不敢坚持原则的人。尤其是对于赏识提拔自己的章惇，他从来不敢说半个不字。比方说，在他主持的一届科举考试中，有个考生夹带小抄被抓获。当时开封府的有关官员主张严办，而徐铎认为这个考生的作弊情节没有那么严重，建议从轻处理。由于徐铎是考试主管，就按他的意见办了。不料，章惇知道此事后大为震怒，不仅指示把那个考生重新抓回来判处重刑，还要严厉处分开封府相关官员。而此时的徐铎，既没有站出来主动担责，也没有为开封府的官员们说句公道话。因为这件事，徐铎的品行被很多官员们瞧不起，“众传以为笑”。

也因为这件事，后来政府要任命徐铎担任最高纪检监察机关首脑（御史中丞）时，遭到了很多官员的极力反对。大家认为，像这样一个唯命是从、不敢坚持原则、缺乏担当精神、不能主持正义的官员，绝对不适合做这样的工作。如果让他担任了这样的职务，那么纪检监察机关肯定会形同虚设，不如干脆撤销算了。迫于舆论的压力，政府只好取消了对徐铎的这一任命。

章惇倒台之后，保守派重新得势。徐铎因为是章惇的亲信，又编辑过保守派罪行录，所以也遭到打击，被降级做了地方官。他先是出任青州知州，后来又调任湖州知州。在宋代，湖州的地位和重要性，远不如青州。也就是说，徐铎是被一贬再贬。但这样的遭遇，跟前边介绍的张耒等人比起来，还是要好很多。在中国历史上，官员们之间的政见之争，基本都会演变成为党争。而党争的最终结局，无一例外是无情打击、人身迫害，此谓人整人是也。因为政见不同，就要处心积虑地置对方于死地，这很让人为之感叹。中华优秀传统文化博大精深，整人文化也源远流长。

宋徽宗亲政后，政界风向又变，变法派再度受到重用。时来运转的徐铎，被越级提拔，直接担任了正部级高官（礼部尚书）。善于揣摩上司心思的徐铎，此时又表现出了自己只唯上的天性。他投其所好地建议宋徽宗投巨资搞一些楼堂馆所之类的形象工程（立九庙），此举正中好大喜功的宋徽宗下怀，因而更加信任徐铎，调他去担任了更重要的干部管理工作岗位（吏部尚书）。

在吏部尚书任上干了几年后，徐铎因病退休，回家养老。五十四岁时，徐铎病逝于家。徐铎一生勤于笔耕，著述颇丰，有著作《群书总要》一百卷、《易谈集》五十卷。相传他在家乡曾亲手栽种培育过新的荔枝品种，取名为“延寿红”。由于他是状元得主，后又被人们称为“状元红”。

有人撰文如此介绍徐铎：“不随波逐流坚持改革，虽然仕途一帆风顺，但到了徽宗执政时期，政治暗淡，不愿与邪恶势力同流合污，几年后因病请致仕，归隐莆田隐居。”这样的评价，实在是有些过于抬举他了。徐铎支持改革不假,但品德操行一般般。并且他辞官回家,也确实是因为身体有病,并且病情还不轻。因为他回家不久,就因病而亡。

“在时间的深处醒来”

首先声明一下,本篇标题,是笔者无意中看到的一篇文章题目。文章的内容,恰好又是评论本科状元的一篇词作。笔者看了,觉得有点意思,就照搬了过来。

元丰二年(1079)己未科状元,乃开封府阳武县(今河南原阳)人氏时彦。时彦的出生时间史料无记载,所以他多大岁数中状元不得而知。

跟宋代多数状元一样,时彦步入官场后,先是做了一段时间的地方官(颍州通判)。后来,进京从事文字秘书工作,历任秘书省正字、集贤院校理、左司员外郎等职。在此期间,他曾奉命出使辽国。但在这次外交活动中,时彦有比较严重的失误,回国后受到了免职的处分。

过了一段时间,时彦被恢复了集贤院校理职务,并兼任了提点河东刑狱一职。但时间不长,另外一位大宋官员又奉命出使辽国。在辽期间,这位官员了解到时彦有私自收受辽国贵重礼物,并隐匿不报的行为。回国后,他就向上级检举了时彦。对这种严重违反外事纪律的不廉洁行为,上级自然不能听之任之。于是,时彦再次受到免职处理。有句话怎么说来着?要想人不知,除非己莫为。时彦的这些经历,都发生在宋哲宗执政期间。

宋徽宗上台后，时彦时来运转，进入了组织视野，先后出任过吏部员外郎、河东转运使、吏部侍郎、户部侍郎、开封府尹等职务。看待一个官员，应当一分为二。时彦犯过错误不假，但他也是个有能力、能干事的官员。在开封府尹任上，时彦恪尽职守、事必躬亲，下大力气狠抓社会治安，严厉打击违法犯罪活动。在他的治理下，大宋首都盗贼敛迹，一改监狱人满为患的状况，社会秩序大为好转，几乎到了民众夜不闭户、路不拾遗的程度。

鉴于时彦在开封府的工作卓有成效，政府提拔他为工部尚书，后又重用为吏部尚书。但上任不久，时彦就病逝于任上。时彦工于诗词，但存世作品不多。其中那篇被人以《在时间的深处醒来》为题评介的词作《青门饮 · 寄宠人》，应属宋词的名篇之一。该词全文如下："胡马嘶风，汉旗翻雪，彤云又吐，一竿残照。古木连空，乱山无数，行尽暮沙衰草。星斗横幽馆，夜无眠、灯花空老。雾浓香鸭，冰凝泪烛，霜天难晓。长记小妆才了，一杯未尽，离怀多少。醉里秋波，梦中朝雨，都是醒时烦恼。料有牵情处，忍思量、耳边曾道。甚时跃马归来，认得迎门轻笑。"

时彦的这首词作，写的确实很有壮怀、很有气势，也不乏温情。词的上阕写北国风光、沙场悲壮，下阕写离别之思、儿女之情。内容虚实结合，词句凝练生动，意境对比鲜明。读过之后，不禁让人浮想联翩，感慨无限。

时彦的史料记载不多，笔者正好可以借机介绍一下他的同榜进士同学、笔者的山东老乡晁补之。

晁补之，乃济州巨野（今山东巨野）人氏。晁补之出生于官宦世家，在宋真宗时代，他的先辈曾经做过副宰相（参知政事）这样的高官。后来，虽然家道中落，但并没有耽误晁补之受到良好的教育。

受家庭的影响，晁补之在少年时代即勤奋好学，尤其是他的记忆力超强，几乎每天都能背诵一篇超过千字的文章。因而，晁补之的科举考试成绩也比较出色，二十六岁时便进士及第。

在十八岁那年，晁补之曾跟着老爸去拜访苏东坡，所写文章受到苏东坡赞赏，称其“文博辩隽伟，绝人远甚，必显于世，由是知名”。从此，苏、晁二人结下不解之缘，晁补之也成为了“苏门四学士”之一。

跟“苏门四学士”的其他三位成员一样，晁补之的仕途之路也不顺畅，始终官位不显。但在中国古代文学史上，包括晁补之在内的“苏门四学士”，却个顶个的都有自己的一席之地。在历史上，少了几个泯然众生的官员无所谓，但如果中国的古代文学艺术史少了这老几位，就会失色不少。在这一点上，不能不佩服苏轼在文学艺术方面看人眼光的老辣。

晁补之的诗词、散文造诣都很高。他的诗风骨遒劲有力，洒脱俊逸。他的词风格接近恩师苏东坡，有的篇什气象雄峻、慷慨豪迈。比如他的《水龙吟·惜春》，笔法为历代名家所追捧，有人认为这首词直接影响了辛弃疾的写作风格。该词全文不妨照录于此：“问春何苦匆匆，带风伴雨如驰骤。幽葩细萼，小园低槛，壅培未就。吹尽繁红，占春长久，不如垂柳。算春常不老，人愁春老，愁只是、人间有。春恨十常八九，忍轻辜、芳醪经口。那知自是，桃花结子，不因春瘦。世上功名，老来风味，春归时候。纵樽前痛饮，狂歌似旧，情难依旧。”相比之下，晁补之的散文成就最高，其文温润典雅，又不失豪迈流畅。

五十七岁那年，晁补之病逝于泗州知州任上。

“在时间的深处醒来”，这话很有意味。笔者以为，只要有文字在、有文学艺术在，“苏门四学士”连同他们恩师的名字，就永远不会沉睡，更不会死去。

状元成了绝顶武学高手

在大宋，有位身为白面书生的文状元，通过自己研习琢磨，竟然修炼成了一个武林绝顶高手。不过，这样的事情不是发生在现实生活当中，而是发生在著名武侠小说作家金庸的作品之中。

在金庸的名作《射雕英雄传》中，写了这样一个人物。这个人名叫黄裳，本是一个朝廷文官。他是大宋状元得主，做过福州知州这样的地方长官。黄裳原本跟武林没有丁点儿关系，但他在受皇帝委派编辑出版道家藏书期间，因为害怕出错被追究责任，所以工作过于认真，对每部书都字斟句酌地仔细研读、反复校对。不料几年下来，黄裳居然精通了天下道学，并因此而悟出了武学中的高深道理，无师自通地练成了一身内外兼修的武功绝技，成为了一位顶尖的武林高手。

因为身怀绝技，所以上级委派黄裳领兵剿灭明教（教主方腊）叛乱。在征讨过程中，黄裳亲自上阵，所向披靡，打败了很多明教高手。在交手的时候，黄裳招数古怪，变化多端，让那些讲究套路的高手们苦不堪言。大家纷纷指责他不守规矩、不按套路出牌。黄裳说："我是个文官，又不是练武出身，哪知道你们什么劳什子的套路？"一时之间，黄裳名震武林。后来，黄裳又根据自己的所感所悟，以及跟众多高手交手的实战经验，潜心著述，写成了最负盛名的武学秘籍"九阴真经"，成为江湖中人处心积虑想据为己有的武学宝典。而这个黄裳黄大师，就是《射雕英雄传》中"东邪西毒"之"西毒"黄药师的老爸、精灵古怪又可爱的黄蓉妹妹的爷爷。

金庸作品中的黄裳,历史上确有原型。黄裳确实是大宋状元获得者,也真的做过福州知州,并且也曾受宋徽宗之命收集、编辑、刊印过道教典籍,编成《政和万寿道藏》多卷。但黄裳终其一生,依然跟武林丁点儿关系也没有。黄裳的那些所谓武林绝技跟经历,纯属金庸先生的艺术创造。在金庸先生的笔下,跟武林不沾边儿的历史人物,被塑造成武功高手的例子,不止黄裳这一个。金庸武侠小说《天龙八部》中的段誉(又名段和誉、段正严),在历史上也是确有其人的。作为大理国的一国之君,段誉在位期间勤政爱民,治理有方,深受官民爱戴。值得一提的是,段誉是个美食家,在野时擅长制作米线。段府制作的米线用料讲究,技艺精良,味道鲜美,被世人誉为一绝。但是段誉跟黄裳一样,也跟武林丝毫不沾边儿。

因为史料关于黄裳的记载不算太多,所以笔者才东拉西扯地说了这么多题外话。不过这些事情跟黄裳确实也有些关系。金庸先生的影响实在是太大,如果不把有些事情说清楚,一些青年读者们搞不好会把他老先生笔下的人物当作真实的历史人物来看待,那终归也是不妥的。好了,下面我们言归正传。

元丰五年(1082)壬戌科状元,乃南剑州剑浦县(今福建南平)人氏黄裳。黄裳算是一位大龄状元,殿试登顶之时,已经三十有八。虽然科举之路并不顺畅,多次应试不第,但始终没有让黄裳丧失信心。在家复习备考时,黄裳常常向人表达自己必将大魁天下的远大志向。比方说,黄裳曾这样向别人描述自家的风水:“予家剑潭之滨,斗牛之光,上下相照,风雷之信,时有变现。”他在为家乡题写的诗中有这样的句子:“看取黄龙沙斗起,满城风雨入丰年。”在本科考试的头一年,他家乡的一座谯门被风雷所击。黄裳知道后,随即赋诗道:“风雷昨夜破枯株,借问天公有意无。莫是卧龙踪迹困,放教头角入亨衢。”转过年来,黄裳进京赶考,果然拿了第一。

黄裳的这些做法，其实是一种鼓励自己不要放弃的心理暗示。也正是因为这种坚持，才使他没有半途而废。

据传，在中状元之前，黄裳的诗词文章就已经很有名气，并深得宋神宗喜欢。所以，在主考官们汇报状元人选意见时，宋神宗听来听去都不满意。直到听到名次很靠后的黄裳的名字时，他才表态说："行了，状元就是他了。"事后，有的考官还因为推荐状元人选不够客观准确而受到了扣发工资奖金的处罚。

中了状元之后，黄裳除了做过福州知州，还担任过礼部侍郎、礼部尚书这样的政府高官。编辑整理道家典籍，没有使他成为武林高手，却使他成为了一位精通道家理论的学者。黄裳自称"紫衣翁"，一言一行颇具道家大师的范儿。黄裳为官正直清廉，不肯依附权贵。比方说，权奸蔡京推行"三舍法"的时候，黄裳就极力反对，认为这样的做法"宜近不宜远、宜少不宜老、宜富不宜贫"。而当时的朝野人士，都认为黄裳的看法实为真知灼见。

所谓"三舍法"，首倡者是王安石，主要内容是以科举考试为重点的教育制度改革。王安石认为，科举考试过于重视诗赋，难以考察考生的行政职业能力素质和潜力，应当逐步以学校教育取而代之。他建议，根据学习成绩，将太学生分为外舍、内舍、上舍三个等次。其中外舍两千人、内舍三百人、上舍一百人。对三个等次的学生，上舍之人可以直接授予官职，内舍之人可以免予省试直接参加殿试，外舍之人可以免予解试直接参加省试。到了蔡京手里，"三舍法"已经完全背离了王安石的初衷，演变成了一种有利于高官权贵暗箱操作、为后代获取不当利益的恶法。

黄裳信奉道教还真有益处，他以八十六岁高龄辞世，是最长寿的大宋状元。

福兮祸兮叹焦蹈

在撰写古代状元进士们的事迹过程中,笔者常常会生发出一种人生无常的感慨。有些状元进士虽曾风光一时,但人生际遇异常悲催。

元丰八年(1085)乙丑科状元,乃庐州无为(今安徽无为)人氏焦蹈。

焦蹈在少年时代即以好学有才而闻名四乡,但是他的科举之路十分坎坷。作为所在地区推荐考试的第一名,焦蹈曾四次进京赶考,但都名落孙山。一连串的打击挫折,并没有让焦蹈灰心丧气。每次考试失利的结局,都成为他准备下一轮拼搏的起点。不轻言放弃,是每个成功者的共同性格特征。

据南宋著名学者洪迈所著《夷坚志》记载,焦蹈在本科进京赶考途中做了一件拾金不昧的好事。一天,焦蹈带着书童从金陵(今南京)穿街而过。忽然,一盆水从街边一座阁楼上哗然泼下。水溅街面,铿然有声。那书童发现,水渍之中有个物件灿然发光。书童捡起一看,竟然是个不小的金戒指。

当书童把这事告诉焦蹈的时候,事情已经过去了三天。焦蹈在严肃批评教育书童的同时,决定原路返回寻找失主。书童说:"如今距离考试时间已经很近了,这么做很可能会耽误考期的。"焦蹈说:"误泼金戒指的事情,一定是那家丫鬟做的。如果主人责罚得紧,就有可能闹出人命。赶考事小,性命关天,我们可不能做这因小失大的事情。"

把金戒指还给失主之后，焦蹈紧赶慢赶，到底还是误了考期。等他赶到京城之后，比规定的考试时间已经晚了两天。就在焦蹈准备打道回府的时候，传来了一个好消息。因为考前考场（南宫）突然发生火灾，政府决定本科考试延期举行。这样，焦蹈又幸运地得以参加了考试。在考试中，焦蹈发挥出色。殿试结束之后，焦蹈成为了万众瞩目的状元得主。因为焦蹈的这段经历，"不得场屋烧，哪得状元焦""不因南宫火，安得状元焦"这类民谣，便在社会上流传开来。一把火烧出个"焦"状元，这事儿也确实太过巧合了些。

当焦蹈以新科状元身份回家报喜，路过拾到金戒指的金陵那条街巷时，失主一眼就认出了他。于是，这位状元拾金不昧的仁义之举便一传十、十传百地流传开来。久而久之，这条街巷也就被人们称为了"状元巷"。

有个野史段子称，姑苏（今苏州）有个瞎子算命先生，算卦神准。本科状元诞生之后，有人问他焦蹈官运如何。他说："这位焦状元连领政府工资的命都没有，还问个啥官运啊。"大家都认为这瞎子这回真是在瞎说了，人家堂堂一个状元，怎么会没有官做呢？不曾想，几天之后消息传来，新科状元焦蹈急病而亡。

在骑马挂花游完街、参加过贺喜的"琼林宴"之后，焦蹈按惯例日夜兼程回家报喜。大约是过于劳累、又染风寒之故，焦蹈在被宣布为状元得主之后的第六天，便得急病去世了。以当时的交通条件以及他的家乡与京城之间的距离而言，此时他也就是刚刚到家。悲喜两重天，这位焦状元真是太不幸了。可怜焦蹈的家人，只好把为他筹备的欢庆仪式改办成了悲戚的葬礼。出于对焦蹈的同情和抚恤，政府还为他特批了一笔丧葬费用。由于史料没有关于焦蹈的生卒年记载，所以笔者也不得其详。

令人匪夷所思的是，在三百多年以后的明代天顺八年（1464）

甲申科考试中，也诞生了一位延误考期又因为考场火灾而得以参加考试的幸运儿状元。这位状元姓彭名教，乃江西吉水人氏。传说中彭教延误考期的原因，跟焦蹈大同小异。只不过焦蹈的书童拾到的是金戒指，而彭教的书童捡到的是金钗而已。因为这一拾一送，彭教就错过了考试时间。

在那一科的会试(礼部试，相当于宋代的省试)当中，发生了一起重大的考场火灾事故。由于当时的北京正值寒冬，有人便在贡院内用火盆取暖。因为操作不当，火种点燃了木质结构的号舍(考场兼考生临时宿舍)墙壁。风助火势，火越烧越大，发展成为一场特大火灾。大火熊熊之中，考官和工作人员包括掌管贡院钥匙的官员一个个惊慌失措，只顾自己逃命，却忘了将贡院门锁打开。这可苦了那些被封闭在贡院内的考生们，一下子被烧死了九十多个。惨案，标准的大惨案呐！而那个掌管贡院钥匙的官员，竟然也姓焦！这样的巧合，是不是也太离奇了些?

发生了这么大的恶性事故，考试自然无法继续进行下去，政府只得改期另办。就这样，彭教阴差阳错地赶上了考试，并幸运地夺得了状元称号。这段史实，史料有明确记载，不容不信。笔者在拙著《大明状元》中，介绍过这位彭状元的事迹。至于焦、彭二位状元基本相似的拾金不昧故事，是分别各有其事，还是有穿凿附会、张冠李戴的成分在，不得而知了。这样的故事，目的在于劝人向善，自然有其积极的正面意义。因此，我们大可不必过于较真。

宋代著名文学家、"苏门四学士"之一的秦观，是焦蹈的同榜进士同学。

永不言弃李常宁

元祐三年(1088)戊辰科状元,乃开封廪延(今河南延津)人氏李常宁。

在大宋的状元当中,李常宁可以说是非常奇葩的一位。首先,他是一位高龄状元,金榜题名之时已经年过半百,这在宋代是很罕见的事情。其次,他是一个矢志不渝、永不言弃的典型,做事极有恒心,不达目的,誓不罢休。

李常宁是个十分勤奋好学的人。年轻时期,他就喜欢结交一些有共同兴趣爱好的朋友,一起交流切磋学问,相互取长补短。在大宋嘉祐年间,李常宁就通过解试考取了举人身份。当时,他只有二十来岁。但此后,李常宁的科举之路变得异常坎坷,屡屡进京赶考,却都名落孙山。

据有关史料记载,李常宁为了再上层楼,考取一个进士身份,在家乡与京城之间,进行了十余次的折返跑,累计达三十多年。在李常宁一次次的赶考过程中,考死了宋仁宗、宋英宗、宋神宗三位皇帝,直到宋哲宗上了台,方才如愿以偿。在古代,作为三朝元老、四朝元老的大臣并不少见。而作为一个四朝元老的考生,则非常罕见。

对于一个人来说,为了一件事情,不屈不挠地为之坚持奋斗三十多年,需要何等的毅力、何等的恒心、何等的意志啊!在这个过程中,又要抵御多少形形色色的诱惑、忍受什么样的孤独寂寞啊!李常宁的这份坚守,真是非常人所能及。无论用什么样的词语来形容，比如水滴石穿、铁杵成针、锲而不舍、咬定青山不放松等，都感觉有些相形失色。对于具有这样意志品质的人，一般人只有倾慕敬仰的份儿，学是很难学得来的。就拿笔者来说，为了一件具体的事情，要坚持不懈地去做三十多年，那是想也不敢想的。不要说是三十多年，一件事顶多做上个三年两载的，如果感觉做不来，也就收手不做了。向您学习，李常宁！

李常宁的科举经历让人敬佩，但他的人生际遇让人为之唏嘘不已。中状元之后，李常宁被任命为镇海军（辖区为今江苏镇江一带）节度判官。但到任只有几个月，他便病逝于任所，时年五十一岁。对他的辞世，时人无不为之惋惜感叹。为了表达抚恤之情，政府为他特批了一笔丧葬兼家属生活补贴费用（三十万钱）。李常宁的这一辈子，似乎只是为了科举而生、为了科举而活。他就像一颗流星，在历史的天空中瞬间闪亮了一下。但不管怎么说，他毕竟是亮过了。

据有限的史料记载，李常宁是个品德高尚、仁义明礼之人。他对长辈十分孝顺，悉心教导照护两个弟弟，行为堪称人之楷模。但由于没有查到这方面的具体事例，笔者自然不好乱编一气。史料还称，李常宁为人谦恭有礼，洁身自好，对于不属于自己的财物，绝对不贪不占。

在李常宁中状元的这一年，发生了一起比较有名的科举公案。在本科考试中，苏轼被任命为主考官之一。他有个名叫李廌的学生，报名参加了本科考试。李廌原本就以有才而闻名，老师又是主考官，大家便认为他必被录取无疑。然而，录取名单一公布，李廌却落榜了。于是，朝野流言纷起，以至于有谣传说，苏轼原本想泄题给李廌，却不想被政敌的两个儿子借机窃取，从而使李廌名落孙山。这种谣传，一直延续到南宋时期。其实，从当时苏轼的处境以及科举考试的相关程序来看，这种事情是基本不可能发生的。

李廌之所以未被录取，完全是因为考试的偶然性所致。对于李廌的落榜，朝野士人莫名惊诧。比如大臣吕大防就感叹道："这些主考官们是怎么选拔人才的嘛，一个个都看走了眼，把李廌这样的旷世奇才都给漏掉了！"苏轼对此也很是内疚，认为自己在阅卷时眼光不准，缺乏真正的鉴别力。而另一位考官黄庭坚却不这么看，他在为此而写给李廌的诗中，除了表示安慰之情，还认为他之所以落第，实在是因为运气不佳使然，就像在赌场里博彩，偶然性因素起了很大作用。对于黄庭坚的看法，李廌在自己的诗作中也表示认同。

李廌虽然诗词歌赋写得很好，但写作科举考试侧重的策论这样的议论文，就未必能得心应手、超出他人一筹。一个有才的人，如果适应考试的能力有欠缺，那么科举考试名落孙山是很正常的事情。这样的例子，在古代科举考试中有很多，比如吴承恩、蒲松龄等。我们可以把这看作是科举考试的局限性，但反过来说，它又恰恰体现出了其公平性。分数面前人人平等，纵然你再有名气，分数不够照样要落榜。不然的话，又会搞成选人唯亲，只看关系不看水平。

李廌祖籍山东郓州，后迁居华州（今陕西华县），他号称"苏门六君子"之一，被当时的舆论认为有"万人敌"之才学。作为北宋时期的知名文学家，李廌擅长诗歌创作，其中七古、七绝尤佳。他的诗作内容多为山水和羁旅，风格雄健奇丽。

虽然很有才，李廌却是科场之中的失意之人。几次赶考均告落第之后，已过中年的他，不免有些心灰意冷、意志消沉。于是，便收手不干，退出了科举功名之江湖，归隐田园专心写作著述去了。在这一点上，李廌跟永不言弃的李常宁形成了鲜明的对比。

谦谦君子马涓

元祐六年(1091)辛未科状元,乃阆州保宁(今四川南部县)人氏马涓。

马涓的老爸,名叫马从政。据传,马从政人到中年之后,还没有儿子。不孝有三,无后为大,古人尤其看重这个。为了给老马家延续香火,马从政就去买了个小老婆。买卖妇女严重违法,且侵犯人权,这是无疑的。但此事系古人所为,各位读者尤其是女性读者,看了之后切勿较真,更不要着急上火。

马从政是个厚道人。当他知道这个女子是卖身葬父时,不由惺惺相惜,大为感动于她的孝心。他不但立即将其送回家中,而且拒不收回当时所付钱款。当天夜里,马从政梦见那女子的父亲前来致谢,并一再祝愿马家"富贵荣华,涓涓不绝"。不久,马从政的妻子就怀孕了,十月怀胎后产下一子。为了纪念此事,马从政便给这孩子取名为马涓。好人有好报,比如马从政。

马涓长大之后,颇有乃父遗风,实乃谦谦君子一个。比方说,他中了状元之后,被任命为秦州通判(一说为雄武军通判,辖区在今天津蓟州区一带)。到了任所之后,他向知府通报"状元马涓前来报到"。那知府姓吕,听了这话就教导他说:"按照官场的规矩,状元这个称呼只能在没被任命官职之前使用。既然已经被任命了官职,就应当自称判官才是。"知错就改的马涓,在感谢领导指教之余,此后绝不再拿自己的状元头衔说事儿。

据传,大宋的另一位状元得主时彦,参加工作后也每每以状元自居。他曾经的顶头上司、一位姓韩的知府,有一次听得不耐烦了,就厉声训斥他道:“状元又不是官衔,老挂在嘴上显摆个什么?以后要按规矩称自己为时判官!”因为这事儿,时彦记恨了韩知府一辈子。相同的一件事,为何马、时二人的态度反应截然不同?除了二人在性格、胸怀、修养等方面的差异之外,两位知府处理此事的方式不同,也是一个很重要的原因。吕知府是和颜悦色的、私下里的善意提醒,而韩知府则是当众的厉声训斥、让人下不来台。领导提醒批评下属,一定要讲究方式方法。动辄当众怒斥责骂下属的领导,先不说他自身的修养素质如何,其效果也往往会适得其反。

马涓参加殿试时,有位主考官姓刘。在古代,考官与考生,是约定俗成的师生关系。后来,马涓又做了刘考官的手下。马涓每次拜见这位刘大人,虽然也彬彬有礼,但从来不称呼他为老师。对此,刘大人啧有烦言,私下里对人说这个马涓不懂感情。个别对马涓有意见的人,就拿这事儿讥讽马涓,说他过河拆桥。马涓知道后不急不气,有板有眼地说:“自从我朝太祖皇帝确立殿试制度以来,所有被录取的考生都应被称为‘天子门生’,而不允许自称门生于私门,这是一项重要的政治规矩。我这么做,恰恰是对刘大人好,是尊重他,怕给他惹麻烦。”刘大人知道这事儿以后,对马涓的见识深表叹服。后来,两位坦荡君子成为至交。一个人做事情只要在理,就总会得到讲理之人的谅解与宽容。

马涓的第一位领导吕知府,也是位谦谦君子。他曾教导马涓说:“科举考试成绩好,并不等于工作能力强。要想成为一个有作为的好官,必须加强个人品德修养锻炼,在实践中不断学习摸索治国理政、为民服务的知识和技能。”当时,只要有知名学者专家来到吕知府的辖区,他总要安排专题讲座,请他们讲授国学文化经典。在听讲座的时候,吕知府正襟危坐、一丝不苟。他对马涓等手下说:“圣人们的言行就在眼前,我不恭恭敬敬怎么行。”吕知府的言传身教,让马涓深为敬服,自此将他视为自己的终身师长。在工作中,由于马涓表现出色,时常受到上级和同事们的表扬夸奖。而在这样的时候,马涓总是很谦逊地说:“这都是吕知府教导的结果啊!”人生在世,能遇上一位有知识、有水平、有修养的好领导,是一件很幸运的事情。在工作的起步阶段,能遇上这样一位好领导,那就更幸运了。

在地方任职一些年之后,马涓奉调进京,成了一名中央政府纪检监察干部(御史)。他从事这项工作期间,正值奸臣蔡京当政。蔡京卖官鬻爵,结党营私,排斥打击异己,生活奢靡腐化,把个朝廷搞得乌烟瘴气。而时任皇帝宋徽宗,又是个吃喝玩乐、不务正业的昏君。他只顾自己快乐,把治国理政的事宜都交给了自己宠信的蔡京去打理。在这种情况下,很有正义感、责任感的马涓,为了履行自己纪检监察官员的职责,就向宋徽宗递交了一份意见书,弹劾检举蔡京等人的违法乱纪行为。

跟皇帝的心腹过不去,是需要很大勇气、承担极大风险的。由此可知,马涓作出这一决定时,已经将自己的进退去留乃至于生死置之度外了。这样的勇气和担当,值得敬佩。果不其然,马涓的弹劾书最终还是落到了蔡京的手里。蔡京可没有肚里能撑船的气量,不然的话,他就不是奸臣了。睚眦必报、往死里整人,是奸臣们的共同性格特征。蔡京震怒之下,随便找了个借口,就给了马涓一个撤销一切职务、永不录用的处分,打发他回家种地去了。好在他还算手下留情,没有要了马涓的性命。

史料没有关于马涓的生卒年记载,所以笔者也不知道他多大岁数中状元,最终又享寿几何。

毕渐受益于党争

在北宋时期，主张变法的改革派与反对变法的保守派之间的党争，几乎贯穿了半个多朝代。而党争的结果，必然要反映到用人问题上。作为以官员选拔任用为主要诉求的科举制度，自然不可能不受党争之影响。

绍圣元年（亦为元祐九年，公元 1094 年）甲戌科状元，乃荆州潜江（今湖北潜江）人氏毕渐。

保守派官员苏辙，是本科考试的主考官之一。在考试中，有个李姓考生在答题时攻击保守派政见，建议继续推行王安石未竟之变法大业。苏辙认为此人不仅有跑题之嫌，还有妄议朝政之不端。于是，就把这个考生贬斥了一番。不料，苏辙的言行惹恼了宋哲宗。一怒之下，宋哲宗将苏辙降级使用，打发他去做了地方官。

既然出了这样的事情，其他那些唯上是从的考官们，便瞪起眼睛来仔细阅卷，重新排列名次。凡是赞同保守派政见的考生，那毫不客气，名次一律往下拉。就这样，原本名次比较靠后的毕渐，由于在答卷中赞同变法主张，便很幸运地一下子被拔到了第一的位次上。所以，说毕渐中状元受益于党争，一点都不过分。

虽然毕渐中状元有幸运的成分，但他也确实具备一定的实力。在青少年时期，毕渐就以天资聪颖、勤奋好学而闻名乡里。在中状元之前，毕渐在文学创作方面就已经比较有名气了，诗写得很不错。但史料关于毕渐的记载比较少，尤其是作为一位官做的不算小的状元郎，他在《宋史》中竟然无传，这让人感到有点匪夷所思。

由于史料记载少，关于毕渐的一些信息难免就有失真或自相矛盾之处。比方说，有资料称，毕渐出生于公元1029年。有人还煞有介事地由此进行了推算考证，言之凿凿地称，关于毕渐出生时间的这个说法是准确无误的。笔者一向认为，对一些历史人物的年谱考证研究，必须有助于确认或澄清相关重大历史事件、重要历史理论观点。对一些无关宏旨的细枝末节问题纠缠不休，实属白费力气之举。

如果关于毕渐出生时间的这个说法属实，那么他就是大宋最为年老的状元了。因为本科考试之时，他已经是个六十五岁的老头了。这里面有个疑问，虽然考官们是在密封状态下排定考生名次，但报送到皇帝那里最终拍板的时候，考生的相关信息还是要向皇帝说清楚的。难不成宋哲宗在确定状元人选的时候，只看政见，不及其他？他就没有考虑考虑，费半天力气选出这么个白发苍苍的老头子来做状元，又能为政府上几天班啊？总不能前脚任命，后脚跟着就办理退休手续吧。从这个角度看，关于毕渐出生于公元1029年的说法，是可以存疑的。

有人说，古代官制对官员几乎没有年龄限制，除非是犯了错误或者自己提出不干，一般都可以干到死为止。这是只知其一不知其二，在古代尤其是宋代以后，各个朝代几乎都有自己的官员致仕（退休）制度。除了极个别的朝廷重臣、一品大员，其他官员到了七十岁左右，基本都要回家养老。按照这一规定，作为只能获得低级官员任命的状元，毕渐此时已经极为接近退休年龄。还有人说，在古代八十多中状元也不稀奇。但是根据笔者所接触到的史料来看，那应该只是一个传说。总之，毕渐的状元身份是确定无疑的，可疑的只是他的出生时间。

中了状元之后，毕渐先是被任命为淮南东路或广南东路（前者辖区为今安徽、江苏部分地区，后者辖区为今广东肇庆一带）通判。这两种说法，究竟哪种为实，笔者也拿捏不准。后来，他又做过太常寺少卿、鸿胪寺少卿这样的京官。再往后,他还在潭州(今湖南长沙)、兖州、福建等地任过职。最终,官至三品的荆南府知府。这一圈任职履历走下来,没有个十几年是完不成的。这样一来,毕渐都快八十岁了。因而,从毕渐的任职履历上看,关于他出生时间的说法也存有疑点。

在古代,实行比较严格的易地做官制度,也就是通常所说的地域回避。这样做,是为了避免官员利用手中的职权和影响,为亲友等各色人等谋取不当利益。官员"避籍五百里"这样的说法,在古代人尽皆知。由此可见,古代官制对于官员的制约限制措施,还是蛮多的。但是例外的情况也不是没有,比如毕渐的家乡,就在他曾担任过一把手的荆南府辖区之内。对于这种极为个别的情况,古人称之为"典乡郡",意思是荣归故里做官。而对于有这种任职经历的官员来说,也都会把它当作一种引以为荣、特别值得自豪的事情。因为这意味着,这个官员的操行和表现,已经得到了上级的充分信任和肯定。毕渐为官勤政敬业,颇有声誉。最后,他病逝于荆南知府任上,但卒年不详。

明代初年,毕渐家乡的一些士绅曾出资修建"毕家楼"和状元坊,以示对他的纪念。但在万历年间,这两处建筑均毁于大火。清代康熙年间,潜江知县王又旦将毕渐的家乡改名为"毕公里"。

何昌言言路不畅

绍圣四年(1097)丁丑科状元,乃江西临江(今江西清江)人氏何昌言。关于何昌言的籍贯,还有江西新淦(今江西新干)一说。

不管哪种说法为真，他都是一位江西人。

何昌言少时即志向远大，勤奋好学。经过几年打拼之后，他于二十九岁时解试中举，次年进京赶考，一举摘得状元桂冠。在殿试中，何昌言的策论观点很对宋哲宗的心思，不由使他龙颜大悦。皇帝大人一高兴，本科状元便姓何。对自己钦点的这位状元郎，宋哲宗给予了特殊的恩宠，专门赋诗《状元何昌言还乡歌》一首，以资祝贺。不过这首诗，充其量也就是打油诗加顺口溜的水平，笔者在此就不浪费篇幅予以介绍了。

何昌言本名何昌彦，读书求学之后，自己改“彦”为“言”，表达了一种立志为国建言、敢于仗义执言的志向和追求。从何昌言为官后的所作所为来看，他也确实践行了这种人生追求，兑现了自己的诺言。

中状元之后，何昌言被任命为武宁军（辖区为今江苏徐州一带）通判。几年后，奉调回京任职，历任宣教郎（亦称迪功郎，从九品）、秘书省校书郎、礼部员外郎等职务。

在何昌言被任命为礼部员外郎之时，已是宋徽宗坐天下的时候了。这个风流皇帝，只顾自己玩乐，在治国理政方面重用蔡京、童贯、高俅这类奸臣。他们结党营私，排斥异己，卖官鬻爵，骄奢淫逸，任意妄为，把朝政搞得一团糟。令人有些不可思议的是，蔡京、高俅之类著名的奸臣，竟然都是支持王安石变法新政的所谓“改革派”！

在何昌言的同榜进士同学中，有个人名叫方天若。此人为了讨好蔡京等人，竟然在答卷中建议政府将反对变法的保守派元祐旧臣全部杀光，把他们的子女统统关进监狱，其所有家产一律没收。有的大臣认为，像这样杀气腾腾的语言太过极端，如此偏激之人实不足取。宋哲宗却认为，他不过是敢说真话而已，没啥大不了的。不少位高权重之人，往往都像宋哲宗这样：对符合自己心意的看法，就看作是真知灼见、敢讲真话，而与自己观点相左的意见，就认为是荒诞不经、大逆不道。大臣曾布倒是敢说实话，他对宋哲宗说："这个考生并不是敢说真话，而是因为他有人在背后撑腰。他就是蔡京蔡大人的学生啊！"北宋时期"改革派"与"保守派"争斗之惨烈，由此可见一斑。

为人刚正不阿的何昌言，自然很看不惯蔡京等人的言行做派。很有正义感的他，对于国家面临的内外交困现状忧心如焚。出于义愤和责任感，官职不显的何昌言，毅然向宋徽宗上书，弹劾检举手握重权的蔡京等人的罪恶行径。这次举报，不仅没有起到任何作用，何昌言反而遭到了打击报复，被从六品员外郎的位置上，一下子降回了宣教郎的职务，官降三级啊！

遭到这样的挫折打击，并没有使何昌言灰心气馁。此后，他又接二连三地弹劾举报蔡京等不法官员，大有一种不达目的誓不罢休的气势。在与蔡京的斗争过程中，何昌言先后五次向皇帝递交弹劾检举蔡京的意见书，也因此而五次遭到贬官降级、复又起用的不断折腾。最惨的一次，他被一撸到底，成了一个只能享受最低生活补助标准的散官。

因为像何昌言这样不满蔡京所为的官员为数不少，大家纷纷提意见进行抗议，宋徽宗也有些看不过眼了，曾几次撤销了蔡京的宰相职务。有一次，蔡京被撤销宰相职务之后，朝廷只是悄悄地办理了有关手续，却未向社会公布其免职原因。何昌言对这种做法很有意见，他在给宋徽宗的意见书中说："如今蔡京被免除职务，却未向社会公布免职原因，对百官民众缺少一个交代，这是不负责任的做法。按照有关法律规定和官员管理制度，这样的高官被免职，应当由有关部门发布公告，详细全面地罗列出他的种种违法乱纪行为，使大家明白他到底是个什么样的人，以及这样的坏人为啥不能重用。"无奈之下，宋徽宗只得采纳了何昌言的意见。对此，朝野人士纷纷拍手称快。

虽然几次被撤职，但蔡京的心术真不是白给的。他说话办事极会讨宋徽宗喜欢，弄得宋徽宗感觉方方面面还真是离不开他。所以，蔡京每次被撤职的结果，总是以官复原职而告终。在这种情况下，敢于提意见也善于提意见的何昌言，言路自然也就无法畅达起来。直到宋徽宗让位、宋钦宗上台，蔡京才彻底歇菜。

蔡京倒台之后，备受折腾的何昌言时来运转，被委任为副部级高官（工部侍郎）。然而好景不长，何昌言任此职务不到一年，金兵便攻破了大宋首都汴梁。副部级高官椅子还没坐热的何昌言，跟着宋徽宗、宋钦宗两任皇帝一起做了金兵的俘虏。

有一种说法称，在俘虏队伍中，何昌言隐匿了自己的身份，所以才能侥幸逃脱。宋高宗赵构接班后，曾作出指示，让何昌言官复原职。但何昌言以身体病重为由，婉拒了宋高宗的任命。不久，何昌言便因病去世，享年五十九岁。

还有一种说法称，何昌言曾在张邦昌短命的伪政权中上过几天班，并把名字改成了何善言。而他的这段经历，一开始并不为人所知。这种说法也不是空穴来风，比如宋高宗后来又做出过指示，取消了何昌言死后享有的名誉和待遇。从这个角度看，何昌言之所以婉拒宋高宗之邀，除了因为身体不好，也许还有内心感到愧疚的因素。

宽厚仁者霍端友

元符三年（1100）庚辰科状元，姓李名釜。李釜的籍贯何方、生卒年如何，均无法查到相关记载，故只能存目。

崇宁二年(1103)癸未科状元,乃常州武进(今江苏武进)人氏霍端友。

崇宁这个年号,是宋徽宗使用的第一个年号。也就是说,霍端友中状元的时候,轮到宋徽宗来坐天下了。在北宋,宋徽宗是个很奇葩的皇帝。他琴棋书画、吹拉弹唱、吃喝玩乐什么都擅长,唯独不擅长治国理政。在政治上,他重用了一帮诸如蔡京、童贯、高俅之类的奸臣,朝中大事都委托他们去办,自己只顾逍遥快乐。结果搞来搞去,直到把大宋彻底搞垮台。金兵攻破汴梁之后,风流皇帝宋徽宗连同他的儿皇帝宋钦宗,一起当了大金国的俘虏。在异国他乡过了多年的囚徒生活之后,父子俩还是死在了金人手中。那个倒霉的宋钦宗真是冤死了,皇帝只做了一两年,俘虏倒是当了二十多年。想当初,赵光义很不仗义地毒死了做了大宋多年俘虏的南唐后主李煜。而他的后代,命运遭遇跟悲催的李煜何其相似!在古代,人们把这看作是天道轮回、因果报应。

霍端友是历史上常州地区的首位状元得主。中状元的时候,他已经三十有七,算是一位大龄状元。据有关野史资料记载,在霍端友中状元的前一年,他在一所公立学校(太学)复习备考。有一天正在午睡间,霍端友突然坐了起来,望着窗外“嘿嘿”傻笑。他有个同学名叫李端行,跟他是室友。李端行见霍端友如此举止,有些奇怪,便问道:“你不好好睡觉,在那里傻笑个啥啊?”霍端友说:“我刚才做了个梦,梦见窗外有个人说,屋子里那个叫霍端友的学生,明年能中状元。”李端行自恃才学过人,一向瞧不起有些老实木讷、又年近四十的霍端友。于是,便揶揄他道:“你看你这把年纪了,明年去参加考试,能被录取已经算是捡了大便宜,还妄想中什么状元。难道天下的读书人都死绝了么?做你的春秋大梦去吧!”

本科考试结束宣布录取结果的时候,自信满满的李端行感觉自己发挥很好,说不定状元就是自己的。所以,他就挤到考生队列前边,急不可耐地等着听考官宣读名单。当听到状元得主恰恰是自己看轻的霍端友时,李端行立时目瞪口呆、面如死灰,半天没回过神来。这件事情告诉我们,千万不要没来由地轻视别人,尤其是自己的竞争对手。否则,就很可能自找难看。

中状元之后,霍端友先后担任过宣义郎、校书郎、著作郎等低级小官。几年后,被授予中书舍人、给事中这样比较重要的官职。由于对霍端友比较喜欢,宋徽宗特批他可以穿着紫金色官服束带。此前,这种官职的官员,只能穿着绯色官服。而自霍端友起,中书舍人、给事中可着紫金色官服束带的待遇成为大宋之官场定制。

霍端友是个有想法、想干事的官员。针对当时朝廷重视京官、轻视地方官的做法,霍端友建议实行京官、外官定期轮换制度,以丰富官员经验阅历,调动地方官员的工作积极性。他不但是这样说的,也是这样做的。他向上级提出申请,首先将自己下派地方任职。就这样,霍端友被安排到陈州做了知州。

霍端友是个很有人文情怀的官员。他处理政务,反对使用严刑峻法、猛税苛政,主张宽厚待人、仁义爱民。他的所作所为,一切为民着想,因而在民众中颇具声望。陈州地区地势低洼,降水过多时就会发生内涝。针对这种情况,霍端友在认真勘查的基础上,发动官员民众,合理调集安排财力,疏通河道八百余里,以排泄积水。但由于距离淮河还是太远,排水时有不畅。霍端友又建议朝廷拨专款再开挖河道二百里,将陈州积水引入淮河。此举,基本解决了陈州的内涝问题,造福了一方百姓。

霍端友为政清廉,从不依附权贵。在陈州任职期间,有个皇帝喜欢的太监石焘托人给他捎话说,如果能给自己搞几十盆名贵的瑞香花,自己就可以帮他在皇帝面前说好话,让他进步更快一些。对这种赤裸裸的索贿行为,霍端友毫不客气地说了不。怀恨在心的石焘,就上下撺掇,到处说霍端友的坏话。昏庸的宋徽宗听信谗言，没有为霍端友主持公道，导致他被一干奸臣找茬免职降级。几年之后，霍端友才被重新起用，先后在礼部、吏部做过中层干部。由于不肯阿谀奉承，作为正人君子的霍端友，在蔡京等人把持的乌烟瘴气的官场中，自然不会有施展才干的舞台。因而，霍端友终其一生官位不显。最后，官至相当于非领导职务的通议大夫（正四品）。

霍端友的三个儿子霍文炳、霍蠡、霍支伸后来都做了大宋的官员，霍家也成为了常州的名门望族。

郁郁不得志的霍端友，以四十九岁之壮年病逝于工作岗位上。

蔡薿是个"奸险小人"

崇宁五年（1106）丙戌科状元，乃开封府（今河南开封）人氏蔡薿。

本书各篇的小标题，基本都是笔者根据各位状元的性格、经历、事迹等予以概括归纳而成。而本篇是个例外，这位蔡状元"奸险小人"的帽子，是《宋史》给他戴上去的，而非笔者之原创。在时兴维护先人名誉权的当今，如果蔡薿的后人们对这顶帽子不满意，只能去找《宋史》讨说法，跟笔者无关。

跟他的上一届学兄霍端友一样，蔡薿也是个大龄状元。中状元时，他已经三十九岁了。应该说，蔡薿还是比较有才的。比方说，政府有关部门曾按照宋徽宗的指示，将蔡薿的殿试试卷印发全国，作为读书人学习的范本。因为有才，又特别会来事，蔡薿中状元之后，只用了九个月的时间，就从最低层官员的位置上爬到了中书舍人、给事中这样皇帝近臣的重要位置上。这样的提拔速度前所未有,看得朝中百官瞠目结舌。作为一个文官,如果晋升速度异乎寻常地快,通常说明官员管理工作出现了大问题。

蔡薿溜须拍马的水平,那不是一般的高。有一次他去拜见蔡京,无比谦恭地称其为叔叔,都姓蔡嘛!当蔡京介绍他与自己的三个儿子相见时,蔡薿马上又改了口:“尊敬的蔡大人啊,看来是我把辈分给搞错了。您的三位公子个个成熟老练,他们才应该是我叔叔辈的人啊。而对于您老人家,我实在是应该喊一声叔爷爷呢!”而蔡京最大的儿子,年龄都比蔡薿了小不少。这种溜须拍马的本领,自然让蔡京无比受用。

蔡薿是个反复无常的投机分子。早年,他曾企图巴结著名谏官陈瓘。与陈瓘见面时,蔡薿摇动三寸不烂之舌,把陈瓘夸成了一朵花。他说陈瓘的刚正堪比狄仁杰,理论水平不在韩愈之下,而言辞深刻犀利则赛过陆贽。无奈陈瓘不吃他这一套,让他碰了一鼻子灰。小肚鸡肠的蔡薿,从此记下了陈瓘的仇,得势之后想方设法予以打击陷害,最终使其被贬官降级。

有意思的是,蔡薿居然也是拥护王安石新法的“改革派”。蔡薿十分仇视保守派元祐旧臣,当宋徽宗决定赦免其中的一些人时,蔡薿竟利用手中职权,拒不起草有关文书诏令,结果遭到纪检监察人员的弹劾,被发配到地方任职(和州、杭州知州)。一段时间之后,善于巴结的蔡薿又攀附上了权贵,被重新起用为京官,一度坐到了正部级高官(礼部尚书)的位子上。

像蔡薿这种投机分子,一有机会自然就会拉帮结伙、培育个人势力。结果,由于在这方面做得太过,蔡薿引起了宋徽宗的强烈不满。一怒之下,宋徽宗将蔡薿贬为单州团练副使这样的低级散官,享受最低生活补助标准去了。昏庸的皇帝喜欢佞臣,这是一条定律,但是他们不能容忍佞臣们背着自己私下里拉帮结派。

几年后，蔡薿被重新起用，再度出任杭州知州。在任期间，他为政严苛，行事残忍，处理事情全以个人喜好亲疏为取向，令下属和民众苦不堪言。方腊造反被镇压之后，一些来自西北地区的政府军官兵需要退伍回原籍进行安置，这些人家中都比较缺钱，临行前打算用政府赏赐的一些丝绸布匹换些银两，带回去补贴家用。作为地方最高长官，蔡薿先是严厉禁止这种行为。也许是怕众怒难犯，后来他又勉强同意他们这么做，但强制性大幅度压低兑换价格，喝兵血以中饱私囊。

蔡薿欺人太甚，刚烈如火的西北汉子哪能忍受得了。几个哥们一商量，就决定把这狗官做掉完事。在一个月黑风高之夜，这几个哥们发动了一帮西北籍退役士兵，纵火焚烧了蔡薿的官邸，并打算顺手将他乱刀剁死，以泄心头之恨。年过半百的蔡薿，反应倒还算是机灵，趁乱溜之，侥幸保住了一条命。

蔡薿虽然没有死于这次事件，但因为此事再次受到了弹劾问责。这一次，没人再袒护蔡薿，他便被摘了官帽打发回家养老去了。

火灾兵乱中逃生，又气又怕又惊，是可以想见的事情。再加上因此而丢了官，心中更是郁闷不堪。大凡奸佞之徒，都十分看重自己的官帽。没有了官帽，便没有了这种人的一切。因而，在被赶回老家的第二年，“奸险小人”蔡薿就窝囊死了，时年五十七岁。

慧眼识才贾安宅

大观三年（1109）己丑科状元，乃浙江乌程（今浙江湖州）人氏贾安宅。

贾安宅虽非达官显贵或富豪子弟，但自幼受到良好的家学传统教育熏陶。他有个叔爷爷名叫贾收，为人豪爽仗义，喜欢喝酒写诗交朋友。名家苏轼、李常等人在湖州任职期间，与贾收多有交往。作为文友，大家经常在一起饮酒赋诗。能被苏轼这样的人认作文友，贾收的学识水平可想而知。耳濡目染之下，贾安宅小小年纪便博览群书，学得满腹经纶。贾安宅十八岁就读于县学，中状元的时候，只有二十一岁，绝对属于年少成名。

关于贾安宅中状元，有个带有一些迷信色彩的风水学传说。乌程有个读书人名叫朱彧，他写了一本题为《萍州可谈》的书。其中说，他的父亲朱服于熙宁六年（1073）前去京城应试，原本被定为状元人选，但被以权谋私的考官人为打压，最后只得了第二名。朱服对此颇有些愤愤不平，一个老和尚对他说："你就不要怨天尤人了，你没中状元，不是人为而是天意。你们家乡那座道场山，从风水学的角度看就是文笔山，主科举考试事宜。而道场山的高度却低于其他地方的文笔山，所以当地的考生考试成绩也必然会低人一等，是不可能出状元的。"随后，老和尚四处化缘，历时数十年，用所得善款在道场山顶修成一座塔。该塔远望酷似一支巨笔，傲然卓立。这座塔修成之后，老和尚对人说："我的心愿已了，三十年后此地必出状元！"过了三十年，贾安宅果然大魁天下。

另据宋代《春渚纪闻》一书记载，乌程人氏余君厚的住宅四周山环水抱，风水绝佳。一个风水先生就对他说，你家的风水很好，特别有利于读书人，日后必会有状元现世。乐善好施的余君厚一听，这样的风水与其自家独占，不如由四邻八乡的学生们共享。于是，便把自家宅基地提供给政府，改建为县学。几年后，在此就读的贾安宅果然高中状元。余君厚好人有好报，他的儿子也金榜题名、进士及第。

这些说法，各位读者大可不必当真。贾安宅之所以能脱颖而出，靠的还是自己的努力、智商以及良好的家教。没有了这些，再好的风水也白搭。不信，你倒是让个二傻子住在那里试试。

贾安宅中状元后，湖州乡亲为之雀跃振奋，特造状元坊一座，以资纪念祝贺。据说，那座状元坊如今还在湖州城中，现名为苕荫坊。但这种说法笔者只是听闻而已，并未前去实地观赏过。

中状元之后，贾安宅主要在中央政府机关从事文字工作，曾官至户部侍郎。由于熟悉教育工作，办事公道正派，贾安宅曾多次被任命为科举考官。在工作中，贾安宅秉公办事，唯才是举，决不搞以权谋私、照顾巴结权贵那一套。他甄别评判人才的眼光很准，建议录取的人员中，日后成名的不胜枚举。因为这一点，他受到了朝野的一致好评。对于这一点，那个只知道吃喝玩乐的宋徽宗也很赞赏，曾专门颁发诏书以示褒奖。

贾安宅为人正直，从不趋炎附势、交结权贵。他在担任给事中一职时，对上对下均以敢说真话著称，从不回避矛盾做老好人。“对驳无所回避，以正直闻名朝野”，有关史料如此评价贾安宅。

奸臣蔡京把持朝政期间，拉帮结伙，结党营私，肆无忌惮地培植个人势力。对此，贾安宅极为义愤，他在给皇帝的意见书中说：“如今权臣拉帮结派，搞团团伙伙，相互之间不断攻击拆台。这样的行为，导致朝廷内耗严重。长此以往，于国于民危害极大。如果不断然予以惩治扭转，必成尾大不掉之势。以后再想予以解决，可就难上加难了。”

对于贾安宅这样的人，蔡京自然又嫉又恨。既然拉拢网罗不成，则必欲除之而后快。一段时间之后，在蔡京的极力怂恿下，昏庸的宋徽宗终于同意将贾安宅连同蔡京的另外六个对立面一起予以罢官或降级了事。

北宋垮台之后，贾安宅继续为宋高宗的南宋政权打工。在此期间，曾经一身正气的贾安宅却有些晚节不保。有个名叫唐辉的谏官,检举弹劾贾安宅结交家乡土豪劣绅,并为其侵占乡邻房地产提供方便。于是,贾安宅便受到了由副部级实职(工部侍郎)改任副部级虚职(以工部侍郎充徽猷阁待制)的处分。但是唐辉认为这样的处理太轻,仍然不依不饶地不停告状。最后,贾安宅被降级为处级干部(集英殿修撰)。由此来看,唐辉的举报还真不是无中生有、捕风捉影。

惜乎,贾安宅。如何保持晚节,真的是每个官员都要面对的一道坎。能不能平安迈过,全看自己的定力了。

史载贾安宅工于诗文,但作品大都已经散佚。大约在六十二岁时,贾安宅因病去世。

做了汉奸的状元郎

政和二年(1112)壬辰科状元,乃浙江归安(今浙江湖州)人氏莫俦。关于莫俦的籍贯,还有平江吴县(今江苏吴县)一说。但莫俦是归安人的说法,为多数人所认可。连续两位状元出在湖州地界,说明这个地方有着良好的崇尚文化教育之传统。

莫俦是个聪明有才的人,中状元的时候只有二十三岁。跟多数大宋状元的为官经历有所不同,莫俦中状元后,没有到地方任过职,一直优哉游哉地在京城做官。其间除因得罪人受过一次降级处分的小挫折之外,莫俦的仕途之路总体而言是比较畅达的。

莫俦是个很会来事的人。据传,他曾在京城买下了一块位置上佳的地皮,而当时一位皇贵妃的主管太监也看中了这块地皮。莫俦知道此事后,竟然将其拱手无偿相送。那太监自然会投桃报李,便经常在皇贵妃面前说他的好话。而皇贵妃将枕边风吹到皇帝的耳朵里,也是顺理成章的事情。莫俦此举所要达到的,就是这个效果。在皇贵妃的帮助下,莫俦不久便攀上了中书舍人的高位。

虽然治国理政一团糟,但宋徽宗多才多艺是无可争议的。他不仅在书法上自创"瘦金体",绘画技艺也很是不一般。而莫愁也有绘画的特长,在皇帝身边混事,他自然不会浪费自己的这个优势。经常跟宋徽宗切磋画艺的莫俦,很快就讨得了最高领导的欢心,从而被一路快速提拔。中状元不到十四年,莫俦便位居正部级高官之列,并且还是管干部的重要位置(吏部尚书)。这样的进步速度和重用程度,是多数大宋状元望尘莫及的。

作为领导干部,有点个人特长爱好不可怕,可怕的是下属们趋之若鹜,挖空心思地投其所好。在这种情况下,要想保持足够的定力和准确的鉴别力,并不是一件很容易的事情。被下属利用个人爱好忽悠得找不着北的领导,比比皆是。比方说,笔者认识的一位领导干部酷爱打乒乓球,并且自认为球技不凡。他的一个下属,有机会就陪他打球,伺候得他很舒服。而这个下属在私下里却说:"就他那两下子,要不是因为他是我的上司,我哪有闲工夫陪他玩啊!"一个精于察言观色、一门心思投领导之所好的人,绝对不会是那种意志坚定、忠诚可靠的人,比如莫俦。而这一点,基本是一条铁律。然而,很多人并不明白这个道理。往往到了树倒猢狲散之时,那些被忽悠的领导们才会一声叹息:"我当初怎么没看出他是这么个人啊!"

莫俦这种投机的天性,在北宋政权垮台之后,展露得淋漓尽致。大金国在攻破大宋首都汴梁、抓了两任大宋皇帝做俘虏之后,扶持大宋旧臣张邦昌成立了一个伪政权。背叛了赏识自己的主子宋徽宗的莫俦,在筹办伪政权过程中表现得很积极。他跑前跑后,多方操持,为自己换来了一顶伪政权右丞相的帽子。看着莫俦的这副德行,当初极为赏识他的宋徽宗,不知会作何感想。

有人为莫俦辩解说,他替成立伪政权出力,是为金人所逼,也有自己的苦衷,不能轻率地称之为“汉奸”“叛徒”。这样的辩解很苍白,并不能帮莫俦洗脱骂名。我们常说,看干部要全面地看、历史地看、辩证地看。而从莫俦的一贯表现看,他是一个善于投机的软骨头,是确定无疑的事情。大宋那么多被金兵俘虏的官员,虽说像李若水那样忠心耿耿、视死如归的硬骨头没有几个,但像莫俦这样在敌人面前点头哈腰、奴颜婢膝的软蛋也没有几个。

金人不够仗义,在扶持起张邦昌伪政权之后,就带着无数金银财宝和包括大宋两个皇帝在内的一大帮俘虏,班师回朝庆祝胜利、分享战利品去了。被金人丢下不管不问的张邦昌,眼看无法支持下去,就又跑到已经登基的宋高宗面前恸哭请罪。这样,他的伪政权只存在了三十多天便宣告垮台。如果金人不是任其自生自灭,而是留下一支精锐部队,帮张邦昌维持一下局面,张邦昌可能也就不会这么干了。

曾为伪政权大臣的莫俦,也跟着自己的新主子南归了。但是,他连张邦昌主动请死的那点勇气或者姿态都没有。在宋高宗面前,他一把鼻子一把泪地为自己申辩,称自己有如何如何之苦衷、又是怎样怎样之被逼无奈。莫俦可怜巴巴地反复告饶,哀求新皇帝饶自己一条性命。朝中几个得过莫俦好处的大臣,也都替他说好话。结果,宋高宗到底是放了他一马,没有让他跟着自己曾经的主子张邦昌下地狱。

侥幸不死的莫俦,活得还是不踏实。此后,他又通过种种渠道,到处托人求情。比方说,他的一个仆人,曾为一个时任宰相的高官治好了顽症。这个仆人倒是够忠诚,在治病之余,恳求宰相大人为自己的主子多说好话。对于一个病人来说,医生的游说请托往往还是很管用的。而莫俦此时的目的，已经不是为了东山再起，重享高官厚禄，他是怕政府旧账重提，不定哪天又被拖出去砍了脑袋。

在多方疏通之下，莫俦得以保全性命，被押送地方监视居住。七十五岁时，莫俦死于广东潮州。

在莫俦的同榜进士同学中，出了一正一反两个历史名人。一个是抗金名将李纲，一个是参与害死岳飞父子的著名奸臣万俟卨。

何状元绝食尽忠

政和五年（1115）乙未科状元，乃仙井监（今四川仁寿）人氏何㮚。何㮚俗写为何栗，那个"㮚"字太过生僻，为了方便起见，下文均以何栗称之。

何栗中状元之时，年方二十六岁。据宋人吕荣义《上庠录》所载："政和丙申殿试，何栗为状元，潘良贵次之，皆年少有丰貌。"作为一个有才的年轻状元，又生得一表人才，因而何栗很受风流皇帝宋徽宗的赏识。中状元之后，何栗也没有被下派地方任职，而是留在首都做了京官。由于他博闻强记，办事干练，参加工作只有两年多的时间，就被提拔到了中书舍人的重要位置上。在大宋的状元中，很少有人能享此殊荣。

何栗在求学之时，十分尊崇苏轼的学问。所以，他的学识被人们认为是源自苏轼。何栗中状元的时候，变法派与保守派之间的党争尚未结束。而作为昏君的宋徽宗，在政治上却赞同王安石的变法主张。因为这一点，有人便提出，像何栗这样的保守派党羽，是不能待在这么重要的岗位上的。没什么主见的宋徽宗,听信谗言,将何栗发配地方任职,担任了四川遂宁知府。

过了不久,宋徽宗又改了主意。他觉得何栗是个可用之人,待在偏远的四川有些屈才,况且把他视作苏轼的党羽也有些牵强,毕竟两人在工作生活中并没有发生过交集。于是,宋徽宗又作出指示,破格提拔何栗为中央纪检监察机关一把手(御史中丞)。此时,距何栗中状元还不到十年。这样的进步速度,实在是够快。

何栗是个敢说敢为的人。在任御史中丞期间,他不畏权贵,大胆履行职责,敢于同贪官污吏作斗争。当时代替蔡京履行宰相职权的王黼,也是一个胡作非为的贪官。为了联合金国灭掉辽国,王黼代表北宋同金国签订了一个丧权辱国的不平等条约,极大地损害了大宋的国家利益。对此,朝中人士大都极为愤慨,却敢怒不敢言。在这种情况下,一身正气的何栗挺身而出,列举了王黼出卖国家利益、结党营私、奢靡腐化等十五条罪状,义无反顾地对他进行弹劾检举。

在何栗的不懈坚持下,宋徽宗罢免了王黼及胡松年等六名党羽的职务。何栗此举,在赢得一片赞誉的同时,也得罪了蔡京、王黼团伙的一些人。这些人一再在宋徽宗面前说他的坏话,不明事理的宋徽宗便再次将何栗贬官地方,让他做了泰州(今江苏泰州)知州。

当金兵大举南下,大宋危在旦夕之际,惊慌失措的宋徽宗宣布下野,将皇位让给太子赵桓,是为宋钦宗。多事之秋,用人之际。对何栗印象不错的宋钦宗,又将他调回京城,让其再度出任御史中丞职务。

何栗回京后不久,金国兵临汴梁城下。受宋钦宗指派,何栗前往金营谈判。金人提出,大宋必须割让太原、中山、河间三个重镇连同所辖二十多个县给金国,并且要缴纳一大笔战争赔款。否则,就要命令部队发动总攻。何栗是个坚定的爱国者，对于金人的无理要求，他寸步不让，严词拒绝。返回朝廷后，优柔寡断的宋钦宗在一帮投降派的怂恿下，打算接受金人的条件。何栗痛心地说："三镇的百姓，都是大宋的子民。如果割让三镇给金国，势必要将那里的民众一并割让。这就像父母抛弃自己的子女一样，会让天下人寒心的！"乱了方寸的宋钦宗，让投降派的意见占了上风，何栗也因此而失去了他的信任，被降职安排到了开封府尹的位置上。

何栗到了开封府，干了还不到十天，就又被宋钦宗调回中央，打算让他出任宰相职务。因而，何栗也成了一个有名的"十日府尹"。什么叫反复无常、首鼠两端、优柔寡断、方寸大乱，请看宋钦宗。然而做出这个决定没几天，宋钦宗就做了金兵的俘虏。何栗的正式任职手续，都可能没有来得及办理。即使办了相关手续，他也没有能够正式履行宰相职务。从这个角度讲，不能把他视为做过宰相的大宋状元。也许正是因为如此，宋代才有自宋庠之后，北宋再也没有出过状元宰相的说法。

比较巧合的是，跟北宋末代皇帝宋钦宗一样，明朝末代皇帝崇祯，在大明王朝风雨飘摇之际，也曾把一位年轻状元破格提拔到宰相（首辅）的位置上，想依靠他力挽狂澜。此人名叫魏藻德，出任首辅职务的时候，只有三十九岁。但是比起何栗来，魏藻德的节操品行那可是差太远了。李自成攻破北京之后，魏藻德背叛了赏识自己的主子，在刘宗敏面前摇尾乞怜，恳求他能给自己一个为新政权出力服务的机会。但刘宗敏瞧不上这号软骨头，在"白眼狼""叛徒""丧家犬""忘恩负义"之类的一通臭骂之后，动了重刑把他给折腾死了。

在一帮大臣的撺掇之下，宋钦宗可怜兮兮地屈尊前往金营谈判议和。不守信用的金人，说翻脸就翻脸，直接让宋钦宗及其随行人员做了俘虏，其中包括何栗。在随徽、钦二帝被金人押去北国之后，性情刚烈的何栗不甘苟且偷生，毅然以绝食而亡的方式为国尽忠，年仅三十八岁。据传，何栗临终前曾留诗一首："念念通前劫，依依返归魂。人生会有死，遗恨满乾坤。"此诗读来，颇有文天祥就义前所作那首千古名诗的气韵。

有种说法称，何栗前去金营谈判时，因为紧张而跨不上马背。有人因此而讥笑他胆怯畏缩，缺乏临危不乱的大将气度。作为一个白面书生，面对真刀真枪的阵势，有些紧张也属人之常情。在国破家亡之际，又有几人能达到何栗这样的境界？比如他的状元学兄莫俦以及他的同榜进士同学秦桧，不就成了一个人所不齿的汉奸吗？

胆气过人沈状元

政和八年(1118)戊戌科状元，乃江都(今江苏扬州)人氏王昂。史料关于此人的信息太少，无法独立成篇，故只能存目。

在本科考试中，发生了一件比较有趣的事情。宋徽宗的三儿子赵楷，瞒着老爹报名参加了考试。当考生试卷拆封后，宋徽宗发现主考官们提出的状元建议人选竟然是自己的宝贝儿子。他在心中暗夸这小子真不赖的同时，大约也不好意思让自己的儿子当状元。况且，状元称号不授予皇室成员，是宋代科举一个约定俗成的惯例。于是，原列第二的王昂，就被拔到了第一的位置上。而身为皇子的赵楷，不愁没有官做。他报名参加考试，估计只是出于一种闹着玩的心态，所以对此自然也不会认真计较。不过皇子参加考试险些拿了状元，也算是科举史上的趣话一桩。

宣和三年(1121)辛丑科状元,乃金华永康(今浙江永康)人氏何焕。关于这位何状元,除了他曾中过状元之外,史料以余事不详四字了之,故也只能存目。

宣和六年(1124)甲辰科状元,乃钱塘(今浙江杭州)人氏沈晦。本篇小标题中用的形容词“胆气过人”,也不是笔者的原创,而是《宋史》给他下的定语。

沈晦是位大龄状元,金榜题名时已年届不惑。生不逢时的沈晦,中状元只有两年多,就赶上了“靖康之难”,北宋政权随之垮台。因而,沈晦是北宋年间最后一位状元得主。

中状元后,沈晦做过校书郎、著作郎这样的低级文官。金兵大举进攻北宋首都汴梁时,沈晦跟随肃王赵枢做了金国的人质。在敌营经受了一番磨难之后,沈晦得以返回南宋。宋高宗上台后,比较信任沈晦,先是让他做了信州(今江西上饶)知州,随后又打算提拔他为中书舍人。这时,有个纪检监察官员提意见说,沈晦在没做官之前,有一些不够恰当的言行,不宜予以提拔重用。

在有些问题上,宋高宗其实是个明白人。他说:“看一个干部要看主流、看大体。像沈晦那样在敌营中慷慨不屈、立场坚定的人,能有几个?怎么能因为一些细枝末节问题影响他一辈子?”虽然沈晦没有当上中书舍人,但被重用为明州知州。后来,又担任过处州(今浙江丽水)、婺州(今浙江金华)知州等职务。

在婺州知州任上,沈晦办了一件很为人所称道的事情。有个名叫成皋的小军阀,同金兵有勾结。为了策应金兵南下,他曾带兵攻打婺州。沈晦听从一个参谋人员的建议,带领数百民兵出城迎战,结果吃了败仗。装备不足、缺乏训练的民兵,打不过正规军也属正常。但沈晦没有因此而惊慌失措,弃城逃跑。他与一个名叫傅崧卿的官员经过一番密谋研究,决定由傅单枪匹马前往敌营,向成皋晓以利害,劝其归顺投降。在傅崧卿的游说下,成皋当真就率部归降了。因为此事,沈晦先是被升了官,但旋即又被人举报不按法定程序动用军事力量,而遭到了降级处理(集贤院修撰)。国人善于内斗的恶习,由此可见一斑。

几年后,沈晦被再度起用,出任镇江知府、两浙西路安抚使。上任前,他向宋徽宗建议,要进一步加强长江江防,在镇江、建康、太平、池州、鄂州五个战略要点各安排兵力一至二万人把守。金兵来犯时,以水军防守江面、步兵坚守要塞。假如敌人合围一处,则五地可以首尾照应,相互支援。如果敌人分兵攻击多处,则势必兵力不足,我军可以选其薄弱之处,集中优势兵力各个击破。沈晦同时主动请缨,建议调拨给自己两千兵马,再自行招募三千敢死队,保证几年后打造成一支精锐部队。当时驻防镇江一带的是名将韩世忠。而韩世忠素来对沈晦有成见,所以沈晦这些很有战略眼光的意见便没有被采纳。个人成见影响国事决策的事例,在历史上屡见不鲜。内耗,还是内耗。

后来,当金兵联合军阀刘麟进攻南宋时,不计前嫌的沈晦力促张俊出兵驰援韩世忠。即使是这样,仍然没有使韩世忠消除对他的成见。在韩世忠的影响下,沈晦再次被降级为闲职官员(提举临安府洞霄宫)。在多数情况下,一个人对别人的成见一旦形成,要想冰释前嫌、团结一致,是非常困难的一件事情。不知道沈晦因为什么得罪韩世忠了,让他记了这么大的仇。这个韩世忠也是,堂堂一个名将,度量怎么就不能大一些呢?

也许是出于让沈晦避开韩世忠的考虑,朝廷后来安排他出任广西经略兼静江(今广西桂林)知府。在任期间,沈晦重用了一些熟悉少数民族事务、经验丰富的官员,治理政务颇为成功。对少数民族部落的酋长们,他采取了招降安抚的怀柔政策,而不是一味使用高压手段严打。沈晦的为政举措,妥善地处理了民族矛盾,有效地稳定了边境地区局势,为朝廷解除了后顾之忧。

《宋史》称，沈晦“胆气过人，不能尽循法度，贫时尤甚，故累致人言。然其当官才具，亦不可掩云”。沈晦虽然有些毛病，但是瑕不掩瑜。总的看，沈晦是一个能干事、会干事，也能干成事的官员。六十五岁时，沈晦病逝于潭州知州任上。

南宋卷

李易有个好妈妈

北宋灭亡之后，宋高宗赵构在江南建立了南宋小朝廷。笔者之所以称南宋为小朝廷，是因为跟大宋相比，它的疆域大幅度缩水，充其量算是只剩下半壁江山。但是小朝廷也是朝廷，也需要选拔人才来担任各级官员，处理政务，维持政权。因而，科举考试该搞还得搞。只不过，江北大片国土落入金人之手，那里的考生想再参加南宋的科举考试，就比较困难了。虽说那时并没有严格的出入境管理手续，但毕竟是身处敌占区，来来去去很不方便的。这样，南宋科举考试的选才范围，比北宋时期就小很多。状元进士们的含金量，也会相应降低一些成色。

建炎二年(1128)戊申科状元，乃江都人氏李易。吕溱、王昂、李易，是北宋、南宋时代扬州的三位状元得主，被当地人称为“扬州三魁”。在明初，崇尚文化教育事业的扬州人，曾修建了一座牌坊，宣传纪念这三位状元的事迹。这座牌坊所在的那条巷子，也就被人们称为了“三元巷”。古时扬州人娶亲，大都要抬着花轿从“三元巷”走上一趟，以图个“金榜题名”“独占鳌头”“连中三元”之类的彩头。

史料关于李易的出生年月记载不详，所以他多大岁数中状元不得而知。但在本科考试中,发生了这样两件事情很是值得一说。

其一,在新任皇帝宋高宗接见全体被录取人员,并正式授予他们进士身份时,四川、陕西等地的不少考生,因为兵荒马乱、交通不便,无法前来参加接见仪式,只能在家里等着接通知。从这件事情上也可以看出,南宋科举考试的选才范围,确实已经大幅度萎缩。

其二,在考试结束后,当主考官们将前十名考生的卷子提交宋高宗最后定夺时,他说:“科举考试选拔人才,应当坚持公平公正的原则。考官们经过初试、复试等严格的程序,已经对考生做出了评判,怎么能再因为我的个人喜好而随意更改呢?从今往后,我不再看卷子并更改考生的名次,应当作为一条规矩定下来。”宋高宗虽然在历史上留下了不少骂名,但在一些事情上他还真是个明白人。

中了状元之后,李易被任命为江阴判官。江阴这个地方,是个江防要塞,历来为兵家必争之地。李易走马上任不久,金国就发兵进犯江阴。当时江阴的守将名叫胡纺,他大约是不忍心看着李易这样一个白面书生又是新科状元随自己一道出生入死,就对他说:“作为军人,守土有责。战死沙场、为国捐躯,是我们义不容辞的责任。而你是个文官,老妈还住在城里边,打起仗来很危险,你赶紧回家把老人家转移到安全的地方吧。”这位胡将军,不但是位视死如归的义士,还颇具人文关怀精神。

李易在胡纺的催促下,离开单位赶回了家中。他的老妈看到他之后,就问他不坚守岗位准备迎敌,回家来做啥。李易就回答说,领导打发自己来把您老人家转移到安全地方。深明大义的李妈妈,一听就火了,她厉声斥责儿子道:“作为一个政府官员,你怎么能这样不明事理呢?难道别人就没有父母吗?我如果听你的话躲了,会被天下人耻笑不说,也会让你分心,干扰你坚守到底的意志和决心。得了,啥也别说了,你赶紧回到自己的岗位上去吧。我老婆子已经横下一条心,坚决和你共生死,与城池共存亡。”

孝敬父母，天经地义。舐犊之情，人皆有之。但在危难关头，人们的取舍却各有不同，情操高下立判。当国家民族利益与个人利益发生冲突的时候，最能反映出一个人的精神境界。都说巾帼不让须眉，这位李妈妈真是一位令人肃然起敬的老太太。她的言行，一点也不逊于鼓励儿子精忠报国的岳母，羞煞无数七尺男儿。应该说，这都是中华优秀传统文化熏陶教化的结果。也就是李易不如岳飞名气大，不然的话，李母的事迹也会传遍天下、名扬中华，而不会像如今这样少为人知。向您致敬，李妈妈！

被妈妈一通教训之后，羞惭万分的李易返回到自己的工作岗位，决心跟大家一起坚守城池到底，为国尽忠。同事们在听说了李妈妈教育李易的经过之后，无不感动落泪，情绪大为激昂。这样，李妈妈等于又为大家进行了一场效果显著的战前动员。就在大家群情振奋、摩拳擦掌，准备跟金兵决一死战的时候，传来了金兵不战自退的消息。至于金兵撤退的原因，可能是由于兵力不足、准备不够充分，也可能是忌惮于城中守军血战到底的气势和意志。

李易中状元之后，只为政府工作了十四年，便因病去世。也许是因为这一点，史料没有关于他政绩、经历的太多记载。离开江阴之后，李易又担任过扬州知州、工部员外郎、太常寺少卿等职务，最后官至中书舍人。至于他在这些位子上都干了些啥，不得而知。

李易品格高雅，酷爱读书学习。他为官清廉，不贪不占，洁身自好，不近声色犬马。因而，他在朝野的官声颇佳。这一点，也许是得益于李妈妈教导有方。

傲骨卓然张九成

绍兴二年(1132)壬子科状元,乃钱塘(今浙江海盐)人氏张九成。张九成祖籍原为开封府,后来迁居海盐定居。他们家的搬迁,不知是否与躲避战乱有关。

年轻时期,张九成是个"京漂",待在京城求学于理学家杨时。那时北宋还没有灭亡,张九成是在大宋首都汴梁做"京漂",而非南宋小朝廷的都城临安。

在做"京漂"时,张九成就已经比较有知名度了。有个权贵为了培植个人势力,曾慕名找到张九成,游说他追随自己。这个权贵提出,只要张九成同意投靠自己门下,他就可以出一大笔钱资助其读书求学,并许诺在科举功名方面提供全力帮助。面对这种常人难以拒绝的诱惑,有骨气的张九成却微微一笑,从容淡定地说:"要想取得成功,要靠自己的努力,怎么能依靠别人的扶持呢?"

在本科考试中,忧国忧民的张九成在试卷中痛陈国家面临的危局,深刻针砭时弊,提出要想挽狂澜于既倒,必须下大力气整顿吏治,匡正官场风气,重用德才兼备的官员,使奸佞小人在朝中没有市场。张九成的观点,得到了有正义感考官的赞赏,因而将他推荐为状元人选。

张九成是个大龄状元,金榜题名时已年过四十。参加工作后,他被任命为镇东军判官。到任后,张九成发现顶头上司张宗臣为政不仁,不但漠视民间疾苦,还时常滥捕无辜百姓。很有正义感的张九成,便经常同张宗臣发生争执。一来二去的不见效果,张九成一气之下撂挑子不干了。辞官之后，张九成在家开办书院，招生讲学，一时间求学者门庭若市。他所办的书院，是海宁地区历史上的第一所书院。

赵鼎出任宰相之后，十分敬重张九成的人品才学，就大力举荐他出山重新做官。士为知己者死，面对这番盛情，张九成自然却之不恭。再度为官后，张九成历任太常博士、著作郎等职务，一度代行过两个中央政府部门副部长职务（权礼部侍郎、权刑部侍郎）。在宋代，官员正式职务加“权”字前缀的，大体就是代理、代行的意思。

在刑部工作期间，思维缜密、善于观察推理的张九成，力主平反了一起重大冤假错案。此事，在朝野引起了很大反响。为了表彰张九成的工作，朝廷决定对他进行嘉奖。但张九成坚辞不受，他说：“依法办事，秉公断案，是我的职责所在。我只是做了我该做的事情，怎么能以此来邀功请赏呢？”如今有不少官员，在做了一些自己该做的事情之后，就想方设法地要奖励、求表彰。有的人在诉求得不到满足的时候，还要闹个情绪、发个牢骚什么的。看看人家张九成，一个古代官员都能有如此境界，有些官员不该脸红么？

赵鼎被撤销宰相职务以后，主和的奸臣秦桧多次拉拢张九成，想让他支持自己的投降主张，但都被张九成严词拒绝。对于不听话的人，奸臣的对策自然是修理没商量。于是，张九成便受到了降级的不公正处理，被打发到邵州（今湖南邵阳）做了知州。

即使是这样，睚眦必报的秦桧仍然不依不饶。他不但自己不断在皇帝面前告张九成的黑状，还指使自己的党羽罗列种种罪名弹劾检举张九成，比如依附权贵、结党营私这类皇帝最忌讳的行为。张九成被这帮人攻击的另外一点是，他特别喜欢佛学理论，爱跟一些和尚高僧交往清谈。而这一点，却与当时政府倡导的主流价值观相左。在秦桧等人的极力打压之下，张九成被一撸到底，成了个只能享受最低生活补助标准的散官(谪居南安军,今江西大余)。

在江西,张九成一待就是十四年。张九成是个心胸豁达之人,从不计较个人的官场得失。在谪居江西期间,他痴迷于学术研究,天天抱着书本苦读不止。顺便解释一下,宋代谪居散官的生活条件是很艰苦的,不能住官方宿舍、寺院,只能自己租房子住不说,领取的生活费也很微薄。比方说,"苏门四学士"之一的张耒,在谪居做散官期间竟然一两个月都吃不上一顿肉。

在谪居期间,张九成的生活也十分艰苦窘迫。大约是为了节省灯油钱,他天天站在院子里光线最好的地方读书。天长日久,张九成经常站的那个地方,坚硬的地砖都被他踩出了清晰可见的脚印("每执书就明,倚立庭砖,岁久,双趺隐然")。在这种情况下,一身傲骨的张九成也没有向秦桧之流低头屈服。心如止水的他,甘于清贫,洁身自好,自称"无垢居士"。专注于学术研究的张九成,写下了不少文章著作,创立了被后人称为"横浦学派"的学术流派。

直到秦桧死了,张九成才被重新起用,出任温州知州。在任期间,关注民生的张九成,认为中央政府的军粮征集数量、管理办法不够人性化,给地方政府和民众造成了沉重负担。为此,他多次同主管部门户部发生激烈争执。多次历陈己见不见效果后,心灰意冷的张九成,对政府失去了信心,便提出了退休回家养老的申请。

对于张九成这样一个爱提意见、不合群的"另类",一些政府官员大约也乐得让他赶紧走人,以图个耳根子清净。于是,就顺水推舟地同意了张九成的退休申请,让他回家抱孙子去了。

坎坷的仕途,多难的生活,拖垮了张九成的身体。退休回家只有几个月,他便与世长辞,享年六十七岁。

神童状元汪应辰

绍兴五年(1135)乙卯科状元,乃信州玉山(今江西玉山)人氏汪应辰。关于汪应辰的籍贯,还有浙江龙游一说。但从同时代人称他为"玉山先生"的情况来看,前一种说法的可信度更高一些。

汪应辰是个典型的小神童,五岁就能识文断字。稍微大些以后,他就已经读了很多书、识了很多字。尤其是他能识不少难住大人的生僻字,让人啧啧称奇。汪应辰的家境一般般,他的老爸在县政府做保安(弓手),收入微薄。酷爱读书学习的汪应辰,在买不起灯油的情况下,就捡来柴火,点燃就亮看书学习。

天资聪颖,再加上勤学不辍,汪应辰的科举之路一帆风顺。中举人的时候,他只有十六岁。夺得状元桂冠之时,他刚满十七周岁,堪称南宋最年轻的状元得主。当考官们把他确定为状元人选,并把他的策论试卷观点见解之成熟、修辞笔法之老到汇报给宋高宗的时候,皇帝大人还以为这是出自一个中年人之手笔。待到他亲自接见新科状元时,才发现竟然是个翩翩少年。惊奇之余,宋高宗不由大为赞赏,并钦赐将他的原名汪洋改为汪应辰。汪应辰的策论试卷,得到了人们的高度评价,有人将其称为"吏治宝典"。这话说得虽然有点过,但也说明其水平确实不一般。

发布正式任职命令的时候,宋高宗想把汪应辰留自己身边工作。但大臣赵鼎认为,汪应辰虽然有才,但太过年轻,缺乏基层经验。如果让他到基层历练一番,对他将来的发展成长有好处。就这样,汪应辰被任命为镇东军判官。但是宋高宗实在忘不下这位少年状元，没多久还是把他调入京城，出任秘书省正字。

跟北宋时代变法派与保守派争斗不休一样，主战主和两派的党争也基本贯穿了整个南宋时期。在南宋，使用干部的根本标准是主战还是主和。在这种用人思路主导之下，南宋造就了一代大忠大奸的官员。在两派的争斗中，大奸总是能占得上风。宋高宗之所以留下那么多的骂名，一个很重要的原因就是听信秦桧等奸臣的谗言，害死一代名将岳飞。其实宋高宗这么干，也有他自己的苦衷。对于一个封建皇帝来说，最为看重的东西是什么？当然是屁股底下坐的那把椅子。悠悠万事，唯此为大。宋高宗保住龙椅、苟且偷安的心态，是南宋初期主和派占上风的一个重要因素。

应该说，宋高宗的皇位坐得很不踏实。他最大的心病，就是远在北方的徽钦二帝。尤其是宋钦宗，在金国活了接近三十年。倘若金人当初图省事，把宋徽宗、宋钦宗父子二人拖出去"咔嚓"砍了，也就没这些麻烦了。岳飞是个直肠子，老是把"迎回徽、钦二帝"挂在嘴边，宋高宗听了怎么能不生气上火？跟金国开战，打不打得赢还得两说。即使当真打赢了，徽、钦二帝也迎回来了，那他宋高宗又往哪里摆？更有甚者，岳飞还冒冒失失地就皇帝的接班人问题发表意见，气得宋高宗斥责他"此事卿不当与"。在古代，带兵大将干预皇家私生活，是最为皇帝忌讳的事情。岳飞一再去戳宋高宗的痛处，不把他惹毛才怪。而没有皇帝点头，秦桧、万俟卨之流是搞不死岳飞的。在这里，笔者没有为宋高宗和秦桧之流辩解平反的意思，只是为岳飞说话办事不注意策略和方式方法以至于枉丢了性命而感到惋惜。

在政治上，汪应辰是个坚定的主战派。这样，他对于国家事务的一些意见建议，自然跟秦桧等人格格不入。因而，他受到秦桧等人的排挤打压也就是不可避免的事情了。在京城干了没几年，汪应辰就被打发到地方任职，在福建、广东等地转了一大圈、颠沛流离十几年，担任通判这类的地方小官。直到秦桧死了，汪应辰才被调回京城，出任吏部员外郎。此后，汪应辰以母亲年老体衰需要照顾为由，主动申请下派任职，到婺州做了知州。

母亲去世服丧期满之后，汪应辰再度进京，一度坐上了正部级高官的位子（吏部尚书）。但在工作中，因为与一些权贵政见不合，汪应辰又一次被降级安排到地方任职，出任平江府知府。汪应辰是个很正直的官员，《宋史》称他“刚方正直，敢言不避，中贵多侧目”。有件事情，很能说明汪应辰的性格。在平江府任职期间，有个名叫韩玉的宠臣受皇帝委派到各地挑选御马。路过平江时，韩玉暗示汪应辰打点破费一下，并要求提供特殊照顾服务。一身正气的汪应辰不吃他那一套，只是按政策规定标准提供了食宿服务。

在官场上，得罪了小人尤其是为高官所信任的小人，后果很严重。感到受了轻视的韩玉怀恨在心，回到京城后到处说汪应辰的坏话。尤其是在皇帝面前，韩玉说自己到了那么多地方，就没见过像平江那么脏乱差的城市。这说明汪应辰治理无方，是个庸官、懒官。不注重调查研究的宋孝宗赵昚，听信了韩玉的谗言，对汪应辰丧失了好感。在这种情况下，汪应辰被一贬再贬（“连贬秩”）。已经厌倦了官场争斗的他，无奈提出了退休申请。

汪应辰是个重情重义的人。少年时期，他曾跟自己的状元学兄张九成一起求学，两人志同道合，是忘年交。张九成被秦桧排挤打压，贬官到邵州以后，几乎没有人敢跟他来往。而汪应辰则经常给他写信，致以问候安慰。张九成的父亲去世之后，汪应辰不远千里亲自前往吊唁。大家在暗暗钦佩他的重义之举的同时，也替他担着一份心，怕他因此而招致秦桧等人的打击报复。

退休回家之后，身心俱疲的汪应辰一病不起，不久便病逝于家，享年五十八岁。

惆怅"悲秋"黄公度

绍兴八年(1138)戊午科状元,乃兴化莆田(今福建莆田)人氏黄公度。

黄公度是位大龄状元,金榜题名时已经三十九岁。至于他中状元之前都干了些啥、又有哪些读书学习、进京赶考的趣闻经历,笔者没有查到相关记载,自然也就无话可说。

中状元之后,黄公度被任命为平海军节度判官。这个平海军的辖区是哪里,笔者费了一番周折,也没有查到出处,姑且偷个懒略去交代。过了一段时间后,黄公度被调回京城任职,做了从事文字秘书工作的低级官员(秘书省正字)。此时,正是秦桧权势熏天之时。

黄公度跟一个纪检干部(御史)比较熟悉,两人之间说话不太有顾忌。在给这位纪检干部的书信中,黄公度表达了自己对时局的一些看法,其中一些观点与秦桧的主张相左。另一方面,黄公度跟秦桧的政敌赵鼎走得比较近。而此时朝廷的御史们,已经沦为秦桧排斥异己的工具。他们的注意力,已经不在弹劾检举违法乱纪官员方面,而是纷纷投秦桧所好,一旦发现为其所忌讳的言论,便争相告密,以图邀功请赏。在这样一种情况下,黄公度便被那位熟人给出卖了。在官位的诱惑下,亲情友情往往都是被出卖的筹码。于是,黄公度便被以妄议朝政、攻击中央政府既定方针政策的罪名,发配到岭南锻炼改造去了(肇庆府通判)。在那里,黄公度一待就是多年,没人管没人问。

应该说，秦桧虽然是个大奸臣，却也是个有才的人。在古代，如果一个有才的奸臣把持朝政，其危害性往往就会大得令人特别可怕。比如北宋的蔡京、明代的严嵩等。有才的奸臣，在整人玩人方面特别有心得、有手腕。唯其如此，秦桧才能把那些以敢于说话而著称的御史们整治得服服帖帖、不敢炸刺儿。

直到秦桧死了以后，黄公度才被调回京城任职。宋高宗在接见他的时候，问他岭南一带的政务治理方面，都存在一些什么问题。黄公度回答说，那里的问题主要出在干部管理上。比方说，有些小县的官员多年不交流调整。有的地方位置出缺后，又多年不予补充。长此以往，官员们都没有了工作的积极性，一个个尸位素餐，满足于守摊子混日子，更有人不作为乱作为，百姓深受其害。

在宋初，赵匡胤为了便于对官员进行监督管理，地方官的流动性很大，一般“三年一替”，大体相当于如今的干部任期制。到了后来，这项制度执行起来就没有那么严格了。黄公度反映的那些问题，各地时有发生。宋高宗一看黄公度对于官员管理工作很在行，就委派他去做官员甄选考核工作（考功员外郎）。遗憾的是，还没等在这个位置上施展出才干，黄公度便因病去世，年仅四十七岁。屈指算来，黄公度中状元之后，只为政府工作了不满十年。而其中绝大部分时间，是在岭南锻炼改造。黄公度任职的地方，离他的家乡不算很远。在那里工作，他应该没有语言不通、水土不服、饮食不习惯之类的烦恼不便。但作为一个众所瞩目的状元郎，被排挤到这样一个天高皇帝远的偏僻之处，坐了多年冷板凳没人理睬，他心中的失意怅然是可以想见的事情。

黄公度是个文学家，诗和词写得都不错，留下了一些传世之作。比方说，他的一首题为《悲秋》的七律，艺术水准很高，至今还被不少古代文学爱好者时常提及，并撰文进行研究评介。该诗全文如下：“万里西风入晚扉，高斋怅望独移时。迢迢别浦帆双去，漠漠平芜天四垂。雨意欲晴山鸟乐，寒声初到井梧知。丈夫感慨关时事，不学楚人儿女悲。”

“悲秋”是唐宋诗词的一个重要题材。诗人们往往借此以诉离情，写别恨，寄愁思。但多数作品的主题，就像黄公度在诗中所言，大都局限于抒发感叹“儿女悲”上面。其中虽然不乏名篇佳作，但像黄公度这样借悲秋抒发忧国忧民之情思的，却并不多见。

这首诗，应为黄公度在一种郁郁不得志的惆怅情绪中写就。他以虚实相间的手法，借深秋之种种景物，抒发自己忧于国家面临之危局、一腔抱负无法得以施展的情怀。同时，对满足于歌舞升平、偏安一隅之徒，又进行了巧妙的讽刺鞭挞，表达了一种不肯与之同流合污的高雅格调。此诗读来给人一种悲壮而不凄凉、忧伤又不哀戚的感受，充分展现出了作者老道的艺术手法和高远的思想抱负。

黄公度的词作艺术水准也很高，作品中传世名句叠出。比如“愁绪促眉端，不随衣带宽”（菩萨蛮），“薄宦各东西，往事随风雨”“愁共落花多，人逐征鸿去”（卜算子）等，无不具有强烈的艺术感染力，被后人誉为达到了一种“词浅意深”的不凡境界。

“文采飞扬”陈诚之

绍兴十二年（1142）壬戌科状元，乃福建仙山（今福建长乐）人氏陈诚之。

在南宋时期，福建取代山东、河南等地，成了当之无愧的状元大户。在本书后面的篇章中，状元得主的福建籍贯出现的频次极高。之所以出现这种情况，一方面，福建民间有重视教育、崇尚读书学习的良好风气。另一方面，也与大宋北方大片国土沦丧，福建学子没有了山东、河南等地有实力的考生竞争有关。山东、河南等地的教育文化事业，于北宋灭亡之后，在少数民族政权的统治下，开始大大落后于江、浙、闽等地区，是一个不争的事实。

陈诚之是个高龄状元，金榜题名时已经年近半百。据传，根据善于看风使舵的考官们的意见，本科状元头衔，原本打算授予手握重权的奸臣秦桧之子秦熺。虽然是个大奸臣，但秦桧有时也是想要点颜面的。有句话不是说，又想当婊子又想立牌坊吗？秦桧大约也是出于这种心态，就对假惺惺地对考官们说："我觉得让我的儿子当状元不大合适，还是避避嫌吧。"就这样，原被列为第二的陈诚之，便幸运地被拔到了第一的位次上。

陈诚之的状元称号，秦桧也不是白给的。在陈诚之的策论试卷中，表达了赞同秦桧主和政见的观点。在主战主和两派争斗不休的情况下，秦桧一贯秉持凡是赞同主和主张的，就是我们的朋友，凡是坚持主战立场的，就是我们的敌人的原则，"顺我者昌，逆我者亡"。在秦桧说了算的时候，主张跟金国开打的人，休想拿状元。因为个人政见或喜好决定取舍，是困扰中国科举史始终的一个顽症。从这个意义上说，中国古代科举制度的公平公正性，也只能是相对而言的。不过话又说回来，有一些相对的公平公正，也总比没有强。科举制度的形成，是历史进步、文明发展的结果。对于这一点，不应该有任何的异议。

陈诚之在年轻时，经常在现今福州市区的一座小山上读书。此山原名小钟山，山顶被当地人称为"鳌顶"。因为陈诚之中了状元，明代一个徐姓官员兼书法家就在山石上题写了"状元峰"三个遒劲有力的大字。此后，小钟山便被人们称为"状元峰"。如今，"状元峰"是福州市区一处比较有名的旅游景点。一些想讨个"独占鳌头”彩头的人们，时常光临此处。

参加工作后，陈诚之被任命为镇东军节度判官。不久，奉调进京，历任秘书省正字、校书郎、秘书郎这类低级文官。由于得到秦桧赏识，陈诚之晋升速度很快，几年后便官升副部级高位（礼部侍郎兼泉州知州）。

在中状元之前，陈诚之已经很有名气，诗词文章写得很好。“文采飞扬”，是同时代人对他作品的评价。比方说，文豪陆游曾写过一首题为《寄题太和陈诚之秀才远明楼》的诗，该诗全文如下：“宦游再有江西役，南望庐陵每慨然。未见高楼出云雨，但惊妙语杂风烟。诸公何止元和盛，独我初非正始贤。笔力深知太辽绝，此诗它日勿同编。”

由于跟秦桧政见相同，陈诚之曾两次被委派出使金国。有说法称，陈诚之过人的学识见解给金人留下了深刻印象，使他们对其甚为佩服。此后，南宋只要有使者前往金国，该国官员们都会打听询问陈诚之的情况。笔者以为，金人之所以这样做，大约也是因为对陈诚之的主和政见比较感兴趣。所谓“道不同不相为谋”嘛！

陈诚之最后官至正二品大员，主持全国最高军事机构枢密院的工作（知枢密院事）。枢密院的最高长官为枢密使，是大宋的副宰相级官员。而“知枢密院事”，就是代行枢密使职权、主持工作的意思。可以这么说，这个职位大体相当于副宰相级别。

虽然很有文才，陈诚之却更爱钱财。他为政不廉，有比较严重的贪污受贿行为，官声很是不佳。比方说，宋高宗因为陈诚之的不法行为曾做过这样一番批示：“国家屡次禁止官员收受贿赂以及与商人勾结、以馈赠名义搞利益输送等行为。而陈诚之却多有违反，屡教不改。在地方任职的时候，他还有搜刮民脂民膏、谋取不正当利益的行为。主管国家军事事务的时候，竟然还克扣军饷喝兵血。作为高级官员，如果心中怀有私欲，人们自然会想方设法地投其所好、变着花样请托送礼，以谋取不当利益。对于这种歪风邪气，决不能听之任之，必须坚决予以整治。胆敢以身试法者，不论是谁，都要依法严惩不贷。陈诚之的所作所为，已经构成了严重违规违法，应当交由纪检监察部门调查处理。”

皇帝大人生了这么大的气，没了保护伞的陈诚之，自然也就没的官做了。政府只是发了一张纸的通知，就让他卷铺盖回了家。

在大宋状元中，陈诚之的寿命算是比较长的，他活了七十七岁。

他给皇帝做过老师

绍兴十五年(1145)乙丑科状元，乃衢州龙游(今浙江龙游)人氏刘章。

在青少年时期，刘章就以聪颖过人而著称。他学习十分刻苦，每天都要背诵数千字的经书。对于一般人而言，这种事情枯燥乏味、无趣得很。但心无旁骛的刘章乐在其中，数十年如一日，从未有所懈怠。这种坚韧的意志力，令人敬佩不已。

虽然为人聪慧，也很用功努力，但刘章的科举之路比较艰辛坎坷。为了博取科举功名，他为之奋斗了接近三十年。其中所经历的酸甜苦辣、风霜雨雪，可想而知。中状元的时候，刘璋已经四十八岁，是名副其实的大龄状元。

中状元之后，刘章先是被任命为镇东军判官。不久，就被调回京城，担任秘书省正字。一年后，刘章被宋高宗选中，出任普安、恩平两王府教授。也就是说，他成了皇子的专职家庭教师。任教期间，刘章恪尽职守、传道授业，勤勤恳恳地一干就是四年。在明清两代的状元中，担任过皇家教师的人不少。而在大宋的状元当中，有刘章这样经历的人却没有几个。

刘章的学识人品以及良好的师德，受到了两位皇子学生的好评。特别是日后接班做了皇帝的赵昚（宋孝宗），对这位敦厚忠良的刘老师印象尤其好。这也为刘章日后受到赏识重用埋下了伏笔。

在政治上，刘章是个主战派。因此，自然不能见容于奸臣秦桧。结束了皇家教师生涯之后，刘章被打发到地方坐冷板凳，在筠州（今江西高安一带）担任知州的副手。秦桧死了以后，刘章开始受到重视，二度进京担任了员外郎、秘书少监等职务。秘书少监是个五品官，系秘书省的实际负责人，掌管古今图书典籍、国史实录、天文历数等事务。在此期间，刘章被政府委派率团出使过金国。由于任务完成得比较出色，刘章被提拔为代理工部侍郎。刚刚上任不久，有个部下因为个人诉求没有得到满足就迁怒于顶头上司刘章，串通御史对他进行诬告陷害。而这样的小人，在官场之中并不少见。

掌握刘章升迁大权的大员们，听信一面之词，不分青红皂白地给了他一个很重的处分，将其贬官为崇道观提举。在宋代，专门设有一种“提举宫观”的官名，用以安置那些老弱病残、罪误庸错的闲官冗员。这些人，只能领取一点生活补助而没有任何理事职能。有人将这种官职说成是“管理道观寺庙”，其实是一种误解。对于朝廷的这个处理决定，满朝文武为之惋惜不已。他的状元学弟王佐，因为为他喊冤鸣不平，也遭到了贬官的处理。

宋孝宗接班后，感念于当初的师生旧情，再度重用了自己的老师刘章。在宋孝宗的任用下，刘章先后出任过信州、漳州知州，礼部侍郎等职务。有一次，宋孝宗召集大臣研究经略中原事宜。散会后，心中有些发虚的宋孝宗深夜召见刘章，问他道："我听说咱们开完会之后，有些官员笑话我不懂业务，老说外行话？"如果刘章是那种睚眦必报的奸佞小人，此时借机添油加醋地打一些小报告，那相关人等就有麻烦了。但刘章是个厚道人，面对皇帝的发问，他从容淡定地说："您是一个开明贤达的皇帝，大家怎么会取笑您呐？至于在具体方式方法上有一些不同看法，那也是很正常的事情。"宋孝宗也是个明白人，听刘章这么说，他也就没有继续往下深究。

虽然在军事谋略、对金作战方面没有太大的作为，但宋孝宗总体而言还是个不错的皇帝。史界比较一致的看法是，他是南宋最好的一任皇帝。在任期间，宋孝宗专心政务、生活简朴，没有声色犬马之好。他还大力整顿吏治，严打贪官污吏，重视发展农业生产。在宋孝宗的治理下，社会安定，经济繁荣，百姓安居乐业，史称"乾淳之治"。特别值得一提的是，宋孝宗对死去的奸臣秦桧做了总清算，为忠臣岳飞冤案进行了平反昭雪，此举大快人心。

刘章最后官至正部级高位（礼部尚书兼给事中）。在掌管全国文化教育事业期间，作为正人君子的刘章，狠抓扫黄打非工作，严厉查禁色情出版物，致力于匡正社会风气。在这个过程中，由于认识的局限，刘章也有些过分之举。比方说，他对于道教、佛教学说也一概予以排斥。在他的坚持之下，删除了《三朝史》中关于道教、佛教的所有内容。

刘章是个很懂规矩的人。为朝廷打工接近三十年的他，因为在皇室教书、在皇帝身边工作的关系，掌握了很多皇家的秘事逸闻。但是嘴巴极严的他，从未向外人包括自己的家人透漏过一星半点。嘴严，是对一个官员的基本素质要求。大嘴巴的人在官场上混，迟早要出乱子。

刘章生活简朴，品格高洁。他曾对人说："我这人没啥别的优点和长处，唯有一点可以自慰，那就是在生活上甘于清贫，始终坚持以勤俭节约为本。”他还曾对宋孝宗说：“晏婴一件皮大衣穿了三十年不换，别人也许觉得这事做起来很难，但对我来说一点也不难。”对刘章的品德操行，朝中百官无不钦佩，宋孝宗也极为赞赏，曾多次以各种方式对其进行表彰奖励。

正因为有这样的品格，刘章一点也不贪恋官位。年龄大了以后，他不顾宋孝宗的一再挽留，坚决要求退休回家。刘章也是位高龄状元，享年八十岁。

有个状元叫王佐

绍兴十八年(1148)戊辰科状元，乃浙江山阴(今浙江绍兴)人氏王佐。王佐是绍兴地区历史上的首位状元得主。他这个头开得很好，日后这个地方接二连三出了三十余位状元郎。

这位王状元，跟《说岳全传》中那个家喻户晓的砍断自己一条胳膊、跑到金营上演苦肉计反间计搞策反的王佐不是一个人。他是一个不折不扣的白面书生，读书考学做官干了不少事情，但从未有过深入敌营玩潜伏的经历。

儿时的王佐，是个小神童。据传他七岁时，有一次老爸给他讲解《孟子》。讲了一遍之后，就让他自己去温习。当隔天老爸检查给王佐布置的家庭作业时，发现他已经一字不错地背诵如流。这说明，王佐不但学习用心，而且记忆力超好。

中状元的时候，王佐只有二十二岁，刚刚跨过青年的门槛没多久。在接受皇帝接见时，王佐彬彬有礼，言行有规有矩，深得皇帝和大臣们的喜欢。步入政坛后，王佐先是被任命为平江军(辖区为今江苏苏州一带)判官。还没去报到上班,就又被改任为秘书省校书郎,成了一个京官。

秦桧的儿子秦熺,当时也在秘书省上班,并且是王佐的顶头上司。因为秦熺有个权势熏天的老爸,王佐的同事们纷纷逢迎巴结,把他捧得云里雾里。王佐是个有骨气的人,很看不上秦桧父子那一套。因而,除了工作上的事情之外,王佐不论在任何场合从不跟秦熺说一句话。对于秦熺工作中的一些不当言行,王佐也会不留情面地予以反驳纠正。对于王佐的这种不合作态度,小肚鸡肠的秦熺怀恨在心,就利用老爸的权势,找茬将王佐赶出中央政府机关,做了一个最低级的散官(提举宫观)。

秦桧死了以后,没了后台的秦熺,也被打发卷铺盖回了家。遭受秦家父子打压的王佐被重新起用,出任秘书郎一职。后来,他又在中书门下省、吏部等部门任过职。由于性格的原因,王佐得罪了不少势利小人。在这些人的作祟下,王佐仕途很不顺畅,几次被起用、贬官,再起用、再贬官,折腾得够呛。

笔者发现,在宋代有这样一个规律。状元们在踏入官场之后,没被贬过官、降过级的人几乎没有。这说明,在宋代,官员的升升降降是一种常态,真正做到了能上能下。这其中,除了有派系斗争、个人恩怨的因素外,主要是宋代的官吏管理理念所致。大宋王朝出于维护皇家统治的考虑,十分重视对于官员的管控约束。让官员们不时地上上下下,一方面可以敲打提醒他们老实听话、不要瞎胡来,另一方面也能防止他们培植个人势力、尾大不掉。除了秦桧等个别人之外,宋朝极少出现大臣把持朝政、一手遮天多年的情况。

虽然对官员管制比较严格,让他们的位子坐得很不安稳,但宋朝极少发生滥杀大臣的情况,也基本不搞株连九族、杀人如麻的文字狱。别的不说,在明清两代,像岳飞那样被冤杀的大臣多了去了。一杀一大批的文字狱,也时有发生。比如朱元璋,死在他手里的官吏高达数万人,几乎相当于明清两代录取的进士总人数。由于杀的人太多,大家也就麻木了。不管什么人被杀,都难以引发岳飞之死那般强烈的社会反响。因而,对于官员和知识分子来说,大宋王朝还是一个比较人性化的朝代。大批量杀人包括杀官,绝不是文明进步的表现,无论是以什么样的理由。

虽然屡遭贬斥,王佐的任职经历却十分丰富。他先后担任过八个州、四个府的知州或知府职务。在宋代,有这样经历的状元也不多见。王佐曾官至正部级高位,先后干过两个中央政府部门的一把手(工部、户部尚书)。王佐是个很有能力的官员,每到一地任职,都取得了不俗的政绩,留下了很高的声望。

在任建康知府期间,一个名叫朱端明的邪教头子串联了一帮对政府不满的军人,准备造反闹事。王佐得知消息后,周密安排,亲临现场沉着指挥,将朱端明等为首分子当场击毙,其他骨干分子被依法判处重刑,很快平息了事态。在任潭州知州期间,在平息广西边民骚乱过程中,王佐应对果断,行动迅速,处置得当,受到了朝廷的嘉奖。

王佐关注民生,颇具人文关怀精神。在担任临安知府期间,有一年当地遭遇了比较大的灾荒。有些灾民无奈之下只好把牲畜农具等生产资料抵押给地主,以借粮度日。王佐了解到这一情况后,限令地主们在开春前必须把相关生产资料还给农户,以使他们按时进行春耕。所欠粮米,待秋收后再予结算归还。如有违背,严惩不贷。此举,使受灾农户无不感激涕零。

王佐是个自我要求很严格的人。他的母亲去世后,坟墓被一个盗墓贼盗挖,掠走了墓中随葬品。此案破获后,王佐的弟弟王公衮对于官方没将盗墓贼判处死刑很有意见。依法申诉不成,愤愤不平的他就决定自己动手伸张正义。王公衮像《水浒》中在飞云浦截杀武松的杀手一样，埋伏在盗墓贼发配充军的路上，待那厮路过之时，冲上去将其一刀砍翻，随后投案自首。王佐知道此事之后，主动申请朝廷免去自己的官职，一来是为弟弟赎罪，二来是为自己教弟不严担责。朝廷认为，一人犯法一人当，不能搞株连，因而没有批准他的辞职请求。

王佐先后为宋高宗、宋孝宗、宋光宗三位皇帝打过工，始终恪尽职守，忠心耿耿。这样一点，倒是跟小说中那个断臂的王佐很像。六十五岁时，王佐病逝于工作岗位上。临终前，他给家人留下遗嘱，要求他们把自己安葬在父母的墓旁，以便在阴间继续伴随二老尽孝。王佐去世三年后，文豪陆游为他撰写了墓志铭。

著名理学家朱熹，是王佐的同榜进士同学，不过名次不太理想，只考了个类似“相当于”的“赐同进士出身”。

“小东坡”赵逵

绍兴二十一年(1151)辛未科状元，乃资州(今四川资阳)人氏赵逵。

赵逵在青少年时期，酷爱读书学习。他的记忆力超好，看书一目十行，过目不忘。在苦读之余，赵逵还特爱藏书，有点闲钱就去买书收藏。对他来说，不吃肉可以，没有书不行。经过年深日久的积累，赵逵学富五车、满腹经纶。所谓开卷有益，勤于阅读、善于阅读，是一个人得以充实提高的必由之路。在文化日益快餐化的今天，还有多少人保持着良好的阅读和藏书习惯？

中状元那一年，赵逵三十有四。主管本科考试事务的官员姓王，他没有按照秦桧的意图把秦桧喜欢的考生推荐为状元人选，而是推荐了学识过人的赵逵。这样一来，就惹得秦桧很不高兴，结果导致被其找茬贬官，不再让他管科举了。在接见新科状元进士时，宋高宗就政府面临的形势任务、应采取的对策方针等问题，同他们进行了座谈讨论。结果，只有赵逵一人的见解观点让他满意。因此，赵逵给他留下了比较深刻的印象。

由于不是自己线上的人，秦桧看赵逵很不顺眼。在他的运作下，赵逵被打发到四川剑南这样一个偏远地区担任了判官一职。因为对赵逵印象很好，有一次宋高宗专门问秦桧："那个赵逵被安排到哪里去了?"秦桧装聋作哑，没有正面回答。过了一段时间，宋高宗又向秦桧问起赵逵的去向，秦桧迫于压力，只好安排赵逵进京任职，担任校书郎。

在进京途中，赵逵又遭到了刁难。沿途一些想讨好秦桧的官员，里里外外地仔细检查赵逵的行李包裹，试图抓到他偷税漏税、走私贩卖或者夹带违禁品等方面的把柄。结果，在赵逵携带的物品中，除了几件换洗衣物就是书籍资料，其他啥也没有。而赵逵身上的现金也很微不足道，勉强够他路上吃饭的。无奈之下，他们只能将赵逵放行。

进京上班之后，赵逵没有像其他人那样，唯唯诺诺地前去拜见秦桧，使秦桧对他的成见更深。秦桧也曾试图拉拢赵逵，有一次他对赵逵说："你的工资收入比较低，要把父母接来京城供养，是不是有困难呀?"赵逵答："他们年老体衰，家乡距离京城路途又十分遥远艰险，我还没有将他们接来的打算。"秦桧又许以重金利诱："如果你经费有困难的话，我可以资助你一百两黄金。"不肯与其同流合污的赵逵，婉拒了他的笼络。秦桧还不死心，又派亲信跑到赵逵家中，连哄带吓，想让赵逵就范。但是，做人很有原则的赵逵还是没有低头。这下，秦桧彻底恼了，打算往死里整赵逵。但还没来得及出手，自己先就一命呜呼了。

赵逵以自己的人格赢得了宋高宗的尊重。有一次，宋高宗要接见他，赵逵来到金銮殿之后，宋高宗竟屈尊起身迎接，并对他说："你知道吗？我可是始终记挂着你啊。你中了状元以后，一些人千方百计地打压你，不让我见到你。比如那个死了的秦桧，成天在我面前推荐干部，但一次都没提到过你的名字，说明你是一个不肯依附权贵，名副其实、堂堂正正的天子门生啊！"

还有一次，宋高宗对赵逵说："在秦桧权势熏天的时候，不去逢迎巴结的，大约只有赵逵你一个了。"宋高宗这话有点不够实事求是，敢跟秦桧抗争的官员并不少。可贵的是，听了皇帝的这番溢美之词，赵逵并没有顺杆爬唱高调，抬高自己压低别人。他很实在地说："我不敢说自己有古时忠臣冒死抗争奸臣那样的觉悟和勇气，但我能做到洁身自好，不和他们同流合污。所以，我跟秦桧也不是没有交往，但那只是限于工作层面，毕竟他是宰相嘛。即便他位高权重，我也绝不会去卖身投靠。况且我拿的是皇家俸禄，不敢也不忍心再去依附权贵给自己找其他后路。"

由于深得宋高宗信任，赵逵中状元后只有六年，就出任给事中、中书舍人等重要职务。对一个状元来说，这样的提拔速度和重用程度，是南宋政权从未有过的。对于自己这样的人事安排，宋高宗对大臣们解释说："赵逵是个正直淳厚、纯洁清廉的人。在四川籍的官员学子中，虽说人才也不少，但我还没见过能和他相提并论的。并且赵逵极有骨气，从不依附权贵。这样的安排，是他应该得到的报偿。"顺便说一下，秦桧看四川人特别不顺眼，千方百计予以打压排挤。因而宋高宗曾数次拿赵逵的四川籍说事，也有安抚四川官员学子的意思。

受政府委派，赵逵还担任过一届科举主考官。在工作中，他办事公道，慧眼识人，唯才是举，选拔出了不少优秀人才。其中不乏像王十朋、阎安中这样杰出的文学家和政治家。对于他的工作,朝野给与了很高的评价。历史名人王十朋,可以说是赵逵选拔出来的状元,此人本书后面还要专门介绍,此刻暂且按下不表。

赵逵严于律己,为官清廉。他曾说:“前贤司马光品格高雅,不近声色犬马,丝毫不取不属于自己的财物。跟他相比,我虽然是个无名之辈,但并不妨碍我向他学习看齐。”不但赞赏赵逵的人品操行,宋高宗对他的文章才学也很钦佩。赵逵“小东坡”的雅号,就是宋高宗钦赐的。赵逵生病的时候,宋高宗特派御医为他治疗。这样的待遇,不是一般官员能享受到的。

然而御医也无回天之妙手。不久,赵逵便一病归天,年仅四十岁。对于他的英年早逝,宋高宗很是悲痛惋惜,史载“帝为之拉泪叹息”。

著名词人张孝祥

绍兴二十四年(1154)甲戌科状元,乃历阳乌江(今安徽和县)人氏张孝祥。

宋金对峙期间,处于战区的一些大宋子民,纷纷南迁以避战乱。在这种情况下,张孝祥一家就迁移到了明州鄞县(今浙江宁波)。张孝祥是唐代诗人张籍的七世孙,其家学渊源比较深厚。但迁至鄞县之后,他家举目无亲,无钱无地无房产,日子就过得很窘迫了。因而,张孝祥是在一种贫苦艰难的生活环境中长大。“故宋中书舍人奋起荒凉寂寞之乡”,后人如此评价张孝祥。

张孝祥自幼聪明好学,读书一目十行,过眼不忘,被人誉为天才少年。他家乡的族谱志有这样的记载:张孝祥“幼敏悟,书再阅成诵,文章俊逸,顷刻千言,出人意表”。张孝祥的科举之路也很顺畅,十五岁就考取了举人身份。中状元的时候,张孝祥只有二十二岁。以这样的年华,站在最高领奖台上,怎能不英姿勃勃、意气风发!

在本科考试头一年的“锁厅试”中,发生了一件科举公案。秦桧的孙子秦埙,与文豪陆游一起参加了考试。所谓“锁厅试”,是宋代为现任官员和享受国家爵禄人员组织的一种进士资格考试。考试的主考官没有按照秦桧的意图办事,把陆游取为第一名,秦埙只列第二。这让秦桧很不高兴,再加上陆游是个主战派,所以在秦桧的指使下,陆游在本科考试中竟然被取消了录取资格。

按照秦桧的想法,本科状元应该由自己的孙子秦埙来当。行将就木的秦桧,此时连假惺惺的避嫌姿态都懒得做了。而考官们也确实提出了让秦埙做状元的意见,但已经对秦桧不耐烦的宋高宗出面进行了干预。这样,状元归了张孝祥,秦埙落到了第三的位次上。

跟多数状元得主一样,张孝祥中状元之后,先是被任命为镇东军判官。张孝祥是个有正义感的主战派,参加工作之后,他做了两件大为得罪秦桧的事情。其一是给皇帝写了一份意见书,要求为岳飞平反昭雪。其二是当众拒绝了秦桧党羽曹泳的提亲,他想把自己的女儿嫁给这位万众瞩目的青年才俊。张孝祥这样的行为等于是公开把自己划入了秦桧的敌对阵营,也自然会被秦桧看作是对自己的挑战。

心黑手辣的秦桧,当然不会容忍一个无名小辈如此蔑视自己的权威。于是,他便指使手下,诬告张孝祥的老爸张祁“杀嫂谋反”,将父子俩一起抓进了监狱。在古代,“谋反”是最重的罪名。秦桧此举,显然是不想让张家父子再活下去了。秦桧那么聪明的人，却把“杀嫂”“谋反”两个罪名罗织在一起，也太有些无厘头了。好在还没来得及下手杀他们，秦桧先就一命呜呼了。

因为秦桧死了，张孝祥才重获自由身。此后，他被快速提拔起来。只用了五六年的时间，便官居中书舍人要职。有才又有位置，张孝祥不免要遭人嫉恨。一个御史一纸无中生有的弹劾状，就让张孝祥丢了官，回家赋闲两年多。位卑未敢忘忧国，古代很多有良知的知识分子都有这样的境界。尽管遭受了不公正处理，但远离朝堂的张孝祥依然关心国家政局大事，密切关注宋金双方军事形势，并向有关将领提出了不少好的意见建议。

张孝祥的同榜进士同学虞允文，在到江防前线劳师期间，适逢金兵大举来犯。而此时驻防主将刚刚被免职，新人尚未到任。在群龙无首的情况下，一介书生虞允文挺身而出，督军大破金兵，导致金主完颜亮被部下所杀。此役，即为史上著名的采石矶之战。

张孝祥闻讯大为振奋，前往建康拜访抗金名将张浚，要为抗金大计出谋划策。张浚专门设宴款待慕名已久的张孝祥，张孝祥即席赋词一阕，这就是著名的《水调歌头·闻采石矶战胜》。奇文共欣赏，不妨将该词转录于此：“雪洗虏尘静，风约楚云留。何人为写悲壮？吹角古城楼。湖海平生豪气，关塞如今风景，剪烛看吴钩。胜喜燃犀处，骇浪与天浮。忆当年，周与谢，富春秋。小乔初嫁，香囊未解，勋业故优游。赤壁矶头落照，淝水桥边衰草，渺渺唤人愁。我欲乘风去，击楫誓中流。”

这阕词壮怀激烈，慷慨激愤，同岳飞的《满江红》有得一比。张浚听罢，深受感染，当即罢席，起立向张孝祥致敬。在张浚等人的举荐下，张孝祥得以复出，先后担任过抚州、建康、平江、潭州、荆南等地的地方主官（知州、知府），并再次出任过中书舍人一职。其间，也曾遭遇过起落升降的官场折腾。

张孝祥是个有胆有识、勤奋敬业的官员。在抚州，当一伙军人制造骚乱时，他亲临一线，匹马与乱兵对峙，凛然气势让乱兵心生畏惧，使事态很快得以平息。在平江，他严惩奸商的囤积居奇行为，将没收的粮米赈济灾民。浙东发生重大水灾之时，他建议政府免除当地税赋以及往年积欠粮款，使灾民得以度过饥荒、恢复生产。在潭州，他夙夜在公，重视农业生产，善待民众，使得当地“狱事清静，庭无留滞”。他还把自己家中的三百亩土地捐给家乡政府，用以修造湿地，疏通水源。

三十八岁那年，深感理想抱负不得施展、厌倦了官场倾轧的张孝祥，辞官返回家中。此时，他们家已经定居芜湖。回家只有几个月，便不幸因为中暑而去世。张孝祥的英年早逝，让朝野深为痛惜。张浚的儿子、著名理学家张栻专门撰文悼念张孝祥。

张孝祥是南宋著名文学家、书法家，在他的文学作品中，词作的艺术水准最高，风格豪放雄健、瑰丽爽朗，在文学史上有自己的一席之地。

除了虞允文和秦埙，在张孝祥的同榜进士同学中，还有一些名人，比如范成大、杨万里等。秦埙当然也应该算是个名人，毕竟他有个那么出名的奸臣爷爷。

一代名家王十朋

绍兴二十七年（1157）丁丑科状元，乃温州乐清（今浙江乐清）人氏王十朋。

王十朋少时即以好学有才而闻名四乡。进入青年以后，他的诗文在浙东一带已经有了很高的知名度。比方说，王十朋在十八九岁时，就写出了“北斗城池增王气，东瓯山水发清辉”这样的名句。

虽然勤奋好学、才华过人，但王十朋的科举之路却很不顺畅。他为科举功名奋斗了二十多年，屡次赶考不第。虽然屡遭挫折打击，但王十朋并没有灰心放弃。他一边开办私立学校传道授业、顺便赚取一点攻读赶考的经费，一边坚持学习备考，终于在四十五岁那年大魁天下。

在一些介绍王十朋的文章中，把他多次科举落榜归结于“政治腐败、科场黑暗”。其实这话有失偏颇，一个人科举不顺，原因是多方面的。除了考官的因素，还有学习的方法是否正确、文章的观点风格是否对路、适应考试的能力如何等。只及一点不及其余，是不少人论事评人时常犯的毛病。为了突出一个人的事迹，就把别的人、别的事说得一无是处，这种思维方式很不可取。在王十朋前边录取的那些个南宋状元，比如张九成、汪应辰、刘章、王佐、黄公度、张孝祥等，都是一些杰出的人才，也是一身正气、政绩突出的好官。一概而论地说“科场黑暗”，那他们中状元又作何解释？再者说，王十朋不是最终也得了状元吗？难道科场此时变得不再黑暗了？看待历史问题应当持一种冷静客观、一分为二的态度，而不应当情绪化，根据自己的喜好妄下断语。

中状元之后，王十朋先是被任命为承事郎，同时兼任皇家小学校教师。所谓承事郎，是宋代的一种低级文职官员的名称，级别为正八品。王十朋是个坚定的爱国主义者，政治上力主抗战、收复失土。此时，虽然投降派的总头子秦桧已经死了，但朝中苟且偷安、满足于偏安一隅小日子的官员很多，主和派的势力还很大。王十朋的政治主张，自然与他们格格不入。在主和派的打压排挤下，王十朋上班没多久就被免官回家了。

宋孝宗接班后，王十朋得以复出，先后被任命为员外郎、国子监司业、御史等职务。担任御史后，正直敢言的王十朋大胆履行职责，毅然弹劾举报权臣史浩，最终使其被撤职免官。此事使王十朋名声大震。张浚北伐失利之后，朝中主和声调又占了上风。王十朋力排众议，建议皇帝不能以一地之得失、一战之胜败而动摇意志，应当放眼长远谋划光复大业。

在一片主和的声浪中，王十朋的意见没有被采纳。他自己也因此而主动申请外放任职，历任饶州、湖州、夔州、泉州等地知州职务。饶州一带原本治安形势很不好，盗贼蜂起，百姓深受其害。王十朋到任后，在为百姓多办好事、实事的同时，狠抓社会治安，严打刑事犯罪。摄于王十朋的高压态势，盗贼或就擒或外逃，几乎绝迹于饶州地面。

王十朋为人刚直，不畏权贵。时任宰相的洪适是饶州人，他曾要求王十朋把当地公立学校的地基划拨给自己，以建造私家园林。虽然洪适位高权重，但王十朋毫不客气地拒绝了他的这一无理要求。他说："那是供青少年学习科学文化知识、为国家培养人才的地方，怎么可能划给个人修建享乐场所呢？"

当上级决定调王十朋到夔州任职时，当地百姓集体到政府请愿，要求留下这位勤政爱民的好官。挽留不成，百姓们想出了一个天真的办法，拆了饶州与外界联系的唯一一座大桥，想让王十朋走不成。王十朋只能绕道而行，方才离开饶州。那座桥被修复后，当地百姓将其称为"王公桥"，以表达对王十朋的纪念之情。

由夔州调任湖州之前，皇帝召王十朋进京谈话。一个官员建议皇帝："王十朋是个人才，不如留在京城任职。"皇帝说："难道我还不知道王十朋是个什么人吗？只是湖州发生了比较严重的水灾，没有王十朋这样的人，无法安抚好当地百姓、战胜灾荒恢复生产。"到了湖州之后，王十朋没有辜负皇帝的信任，在出色完成赈灾任务的同时，也为湖州百姓做了很多事情。比方说，他积极建议朝廷免除当地百姓积欠的税款，还曾捐出自己的工资收入，在湖州兴办了一所公立学校。

调任泉州知州后，王十朋的所作所为同样受到了百姓的拥戴。在泉州，他也捐款办了一所学校，校舍规模、建筑质量等方面比湖州那所还要大、还要好。当泉州百姓得知他要调离的时候，仿照饶州百姓的做法，拆了他必经之路的一座桥，试图挽留这位一心为民的好官。当王十朋绕道离开泉州时，很多百姓自发将他礼送到泉州地界之外。分别时，不少人痛哭流涕。如今有些沽名钓誉的官员，在离任时搞所谓群众夹道相送的闹剧，到头来却沦为笑柄。原因何在？“天地之间有杆秤，那秤砣是老百姓。”老百姓，不是那么好忽悠的。

王十朋为官清廉，生活十分俭朴。虽然在公益事业方面出手大方，但他家的日子过得很拮据。王十朋的夫人在泉州病逝后，因为没钱雇人运回家乡安葬，灵柩在泉州停放了两年多。“臣家素贫贱，仰禄救啼饥。”王十朋曾在自己的诗中如此描述自己的生活状态。

王十朋一心为公，不恋权位。因为身体有病，他几次三番申请提前退休。朝廷挽留不成，批准他以龙图阁学士身份退休养病。不久，王十朋便病逝于家，时年五十九岁。泉州百姓知道他去世的消息后，很多人聚集在开元寺，为他举行了隆重的悼念仪式。

王十朋是南宋著名的文学家，一生著作颇丰，以诗作的艺术成就最高。他的诗多为忧国忧民之作，著名学者朱熹称其诗“浑厚质直，思恻条畅，如其为人”。

南宋的首位状元宰相

绍兴三十年(1160)庚辰科状元,乃泉州晋江(今福建晋江)人氏梁克家。

跟多数大宋状元得主一样,小的时候,梁克家也是个聪明好学的孩子,读书过目不忘。在青年时期,梁克家多方求师问教,同著名学者朱熹来往密切。因而,梁克家在学习上提高很快,科举考试成绩十分出色。他先是在解试中拿了第一,随后又勇夺状元桂冠,是南宋为数不多的"两元"得主。中状元的时候,梁克家三十有二,刚过而立之年。

中状元之后,梁克家被任命为平江判官,不久调入京城从事文字秘书工作(秘书省正字)。此时,正值名臣虞允文在采石矶大败金军。朝中那些事后诸葛亮式的官员们,一改以往胆怯畏战的态度,纷纷建议皇帝乘胜追击,一鼓作气收复故土。头脑清醒的梁克家,给兵部侍郎陈俊卿写信说:"金人虽然吃了败仗,但我们的兵力不足,各方面准备也不充分,收复故土的时机条件还不成熟。如果贸然行事,必定招致后患。"陈俊卿对当朝宰相说:"这个梁状元深谋远虑,很有战略眼光。"

由于成熟稳重,思虑周全,善于协调人际关系,梁克家很受新任皇帝宋孝宗的欣赏。在宋孝宗的提携下,梁克家进步很快,中状元只有五年的时间,就被提拔到了中书舍人的重要位置上,不久又兼任给事中一职。在此期间,梁克家曾受命出访金国。金人见他是个白面书生,大约是想看他的洋相,就非要让他表演射箭。不料梁克家毫不在乎，操弓就射。连射数十箭，无一虚发，看得金人目瞪口呆。再加上他学识渊博，言行有礼有节，很快赢得了金人的敬重。

在担任中书舍人、给事中期间，梁克家尽职尽责，敢于担当，凡是认为不当之事，他必定直言相谏，从不有所隐瞒。他的这种工作态度，很得宋孝宗欢心，因而被一路提拔，四十二岁时便官居副宰相高位（参知政事）。随后，又代行全国最高军事机关一把手职权（知枢密院事）。此时，距他中状元只有十年的时间。这样的飙官速度，足够惊人。

两年后，宋孝宗颁布指示，将原相当于宰相的左右仆射官职名称，更名为左右丞相。同时，任命虞允文为左丞相、梁克家为右丞相。这样，梁克家就成为了南宋首位担任宰相职务的状元郎。此时的梁克家年仅四十四岁。

史学界一般认为，梁克家是个稳健派，在战和两派之间有些偏和。而虞允文，则是个不折不扣的主战派。宋孝宗分别让主战主和的两个人出任左右丞相，这样的人事安排意味深长。大约这也是出于让他们俩互相牵制，以便于把握掌控的考虑吧。在历史上，因为皇帝的这类小九九从而影响国家大政方针制定实施的事例不胜枚举。

由于政治主张不同，虞、梁二人之间出现矛盾，就是不可避免的事情了。虞允文多次建议宋孝宗出兵伐金，收复中原，此时朝中附和虞允文意见的声音也占主流。拿不定主意的宋孝宗，就多次私下里找梁克家征询意见。梁克家劝宋孝宗戒急用忍、从长计议，他说，一个国家要打仗，归根结底比拼的是国家战争潜力，也就是财力物力。咱们的那点家底，您是清楚的。一旦打起来，能支撑多长时间啊？当务之急，是发展经济，集聚财力，而不是贸然出兵打仗。反复思考之下，宋孝宗采纳了梁克家的意见。

因为北伐主张不被皇帝认可，郁郁不得志的虞允文便撂挑子不干了。当时，他曾极力推荐梁克家出任要职。因为这一点，梁克家也曾遭到了一些人的非议，认为他是个胆小畏战的投降派，辜负了虞允文对他的信任。其实，梁克家只是个比较务实的官员而已。他虽然在军事方面有短板，却懂经济、会管理，明白打仗需要何等巨大的财力物力支持。当年，日本军国主义分子狂妄地要跟美国开战时，日本有一个明白人曾打了一个形象的比喻：如果把战争潜力换算为以万元为单位的货币数量的话，那么美国人手里就有一百万，而日本只有一千元。所以，在实力对比如此悬殊的情况下，一旦开打，日本必输无疑。

当国与国之间发生矛盾争执的时候，主战的意见自然会得到民意的支持。在民众群情激奋的时候，能坚持冷静思考、客观分析局势的官员尤其难得，因为这样的人很容易被认定为汉奸卖国贼。以当时南宋的国力而言，要想恢复中原，无异于镜花水月的事情。所以，梁克家不是什么投降派，而只是个务实的明白人而已。比方说，在南宋和金国谈判的时候，梁克家极力维持国家主权利益，拒绝金人无理要求，并曾因为自己的主张没被采纳而提出过辞职申请。主管军事工作期间，梁克家积极巩固长江江防，大力加强水军建设。由于他卓有成效的工作，金人不敢轻举妄动，“边赖以安”。

有件事情比较能说明问题。作为恢复中原的坚定主战者，文豪陆游曾慕名拜访梁克家，并献上题为《投梁参政》的长诗一首，表达了自己投笔从戎、随军北伐，为国建功立业的雄心壮志。试想一下，如果梁克家是个秦桧、史弥远那样彻头彻尾的投降派，陆游还会这样做吗？

梁克家虽然善于协调人际关系，但并不是一个没有原则的人。据史料记载，他为人正直，从不依附权贵，也不拉帮结伙、恶意整人，官声还算不错。五十九岁时，梁克家因病逝于任上。

名师高徒木待问

隆兴元年(1163)癸未科状元,乃浙江永嘉(今浙江温州)人氏木待问。

木待问在少年时代就是个勤奋好学的好孩子,为了使自己提高得更快一些,他多方延师问教,并曾在一些名家手下读书求学。比方说,他曾是著名学者洪迈的学生。因为赏识他的才华学识,洪迈还让他给自己当了女婿。另一位著名学者郑伯熊,也曾是木待问的老师。

严师出高徒,名师也是这样。在名家的点拨下,木待问在学业上进步很快。二十三岁时,便一鸣惊人,成了万众瞩目的状元郎。据宋人有关资料记载,南宋自咸平年间之后,每逢皇帝居丧期间,则不组织殿试,省试第一即为状元。而本科考试的时候,恰逢宋孝宗服丧期间。因而木待问没有经过殿试程序,以省试第一的身份直接成了状元。在一定程度上讲,木待问也是个科举考试的幸运儿。

关于木待问的科举经历,有个野史段子流传。这个段子虽然有些迷信色彩,却比较有趣,在此不妨介绍一下。木待问在中举之后,做了一个梦。他梦见自己穿着一件紫袍,站在旷野之上。有上千个读书人,簇拥着一口棺材,从他身边快速跑过,边跑边齐刷刷地回头看他。醒来之后,不解其意的木待问就请自己的同学潘柽帮自己解梦。潘柽为之解析道:"看来你要中状元了。'棺'字从官从木,你小木要做官是确定无疑的事情了。而上千读书人都向你看齐，说明你的考试成绩在大家之上，独占鳌头。”这个潘柽，是比较有名的永嘉诗派的开创者和代表人物。为别人掐算前程头头是道的他，也报名参加了本科考试，但不幸名落孙山。潘柽虽然很有才，但文运不佳，屡试不第，最后只能享受封建世袭制度的有关规定，依靠父荫混了个小官。学问高、名气大，科举考试成绩未必佳的悖论，在潘柽身上再次得以验证。

木待问的官运，也算比较亨通。中状元后，他先是被任命为平江节度判官，后来出任洪州通判。进京后，做过校书郎、著作郎、太子詹事等文官。再往后，他出任过宁国（今安徽宣城）、福州、婺州等地方主官（知府、知州），期间几次起起落落，最后官至正部级大员（礼部尚书）。

在历史上，木待问应该算是个毁誉参半的人物。他很有才，工作上也很有一套，在不同的岗位上取得了一些不错的政绩。比方说，他在担任宁国知府时，当地遭遇饥荒。木待问关心民众疾苦，全力赈灾，所作所为深得百姓称颂。再比方说，木待问不仅诗写得很好，颇受杨万里等名人推崇，文字工作水平也很高。他为政府起草的很多文稿，笔力雄健、逻辑严密、说理透彻，堪称朝中一支笔。

虽然取得了一些成绩，但木待问也存在一些缺点和不足。比方说，有一次他为皇帝开办专题讲座，竟然读了错别字。这说明，年少成名的他有些托大，放松了对自己的要求，备课不够仔细认真，以致于犯下这样低级的错误。这让宋孝宗有些生气，就追问起他木姓的起源由来。这就有点考察其知识储备的意思了，而木待问却支支吾吾，无言以对。

因为这件事，宋孝宗在一次见到洪迈之后，就对他说，作为一个堂堂的状元郎，不仅读错别字，还不知道自己的祖姓起源，成何体统。看来你老先生还得下些功夫，教导自己的女婿好好读书、认真学习啊！中国人要面子，知识分子尤甚。被最高领导这样一番数落，作为大名人的洪迈，估计面子上会很挂不住，回家少不了要教训木待问一通。学无止境，对于学子们来说，船到码头车到站的放松心态要不得。放松，意味着落伍的开始。

关于木待问，还有一桩历史公案在身。据宋人有关著作记载，他身居高位之后，有一次为了扩建自家的庄园，侵占了别人的地皮。而被侵权者，恰恰是木待问老师郑伯熊的弟弟、他应该称之为师叔的郑伯英。郑伯英在找木待问理论的时候，言语不和之下，一时没能控制住自己的情绪，就动手打了木待问。木待问的部下和弟子们也不是吃素的，把郑伯英好一顿爆揍。并没有吃亏的木待问，却跑到司法机关报了案。有关官员拉偏架，就不由分说地把郑伯英抓进了局子。此事虽然以木待问作出让步、郑伯英未被追究刑事责任而告终，但木待问却因此而坏了名声。

有人就此公案进行过考证，认为有些时间节点对不上，断定这是一起冤假错案。但是无风不起浪，作为木待问的同时代人，其说法很难说是无中生有。而且木待问在有些事情的处理上确实不够检点，也从侧面印证了这桩公案的可信度。比方说，他在有的地方担任主官期间，对几个亲信随从管教约束不力，致使他们胡作非为，欺压百姓。当地受害百姓称这几个家伙为“五鬼”、木待问为“木贼”。在对于家人的要求上，木待问也失之于“松”“溺”二字，致使“子弟宠妾纳赂，颠倒是非”，家风很成问题。因为这些事情，木待问几次遭人弹劾检举，受到贬官降级的处分。

木待问的经历再次证明，对于一个官员来说，管好家人和身边的工作人员是一件很重要的事情，也是一个永恒的课题。古语说，城门失火，殃及池鱼。在这个问题上稍有不慎，就会影响到自己的名声前程。曾经取得的一些政绩荣誉，也有可能因此而被一笔勾销。

五十六岁时，木待问病逝于任上。

多行善举有福报

乾道二年(1166)丙戌科状元,乃福建永福(今福建永泰)人氏萧国梁。

永福也就是如今的永泰,这个地方堪称人杰地灵。从萧国梁开始,这里的考生连获三届南宋科举状元。这在古代科举史上是很不得了的一件事情。在1300多年的中国科举史上,一个县能出三位状元已属不易,毕竟古代科举总共才出了六百多位状元。一个县的考生连续三届拔得头筹,更是极小概率事件,比买彩票中千万上亿元大奖的概率还要低。一个地方发生了这样罕见的事件,自然会随之产生一些趣闻传说。

在萧国梁中状元之前,他的家乡一带就流传着一段民谣:“天宝石移,状元可期。龙爪花红,状元西东。”意思是说,当地有座天宝山,山上的一块巨石如果发生横移,就预示着这个地方要出状元了。而在巨石上要是开出龙爪花,则山的东西两边还要各出一位状元郎。有一年,天宝山果然发生了巨石横移现象。当年,萧国梁就中了状元。而在巨石上盛开了龙爪花之后,先是山西边的郑侨大魁天下,接着山东边的黄定又独占鳌头。对于这样的事情,真的不好简单地以迷信二字概之,因为确实是有民谣流传在先。而巨石横移等自然现象发生之后,萧国梁等三人随后中了状元也是确定无疑的。笔者只能说,这样的巧合也太让人匪夷所思了些。

在本科考试中,萧国梁原本是被定为第二名人选的。原定为第一的考生,试卷拆封后发现是皇族成员赵汝愚。按照宋代科举的惯例,状元称号一般不授予皇室成员和已有官职的人员。因而,萧国梁便幸运地成为了状元获得者。这样的事情,在北宋末年发生过一次,宋徽宗的三儿子赵楷,报名参加科举考试,一不小心考了个第一。但政府也没有让他当上状元,而是把这一称号授予了平民考生沈晦。大宋科举,可圈可点之处真是不少。

萧国梁是个很谦虚的人。在被授予状元称号之后,他给皇帝写了一封感谢信(谢恩奏章)。其中说:“豫龙飞之选,淮安序次已当先;无汗马之劳,酂侯何功而居上。”他以汉代韩信功高而屈居其次、萧何功低却擢居首位的典故,表达了自己原属第二却高居榜首,有些感恩又有些受之有愧的心情。这段话用典恰当,对仗工整,流传至今。

相传萧国梁的妈妈在怀着他的时候,有一次去山上做活。有个猎人当时也在山上打猎,一只梅花鹿在即将成为他的猎物之时,心地善良、不忍杀生的萧妈妈从猎人手中救下了这头美丽的生灵,将其放归山林。至于在这个过程中,是她以理服人使猎人动了善心,还是付出了一定的经济代价,不得而知了。

在萧国梁满周岁的时候,他家的亲朋好友来到萧家祖宅,为幼小的萧国梁庆生。按照当地习俗,小寿星要乘坐一种当地人称为“椅轿”的家什,由大家抬着为之“祝周”庆贺。正当众人准备抬起“椅轿”的时候,突然蹿出一头梅花鹿,用犄角挑起“椅轿”,向对面山下飞速跑去。大家在吃惊之余,群起狂追不舍,毕竟“椅轿”上还坐着刚满周岁的一个小娃娃,多危险啊!

奇怪的是,那头梅花鹿跑到对面山下田地里以后,轻轻地放下“椅轿”,不慌不忙地独自走了。惊魂未定的萧妈妈,赶紧抱起自己的宝贝儿子仔细观察,却发现毫发未伤。正当众人暗自庆幸之际,猛然听到山崩地裂般的一声巨响。大家往发出响声之处一看,却原来是萧家祖宅后面的一座山发生了严重的山体垮塌。垮塌之后，萧家的祖宅被全部埋没在了岩石泥土之下。众人这才明白过来，原来是那头知恩图报的梅花鹿在灾难即将发生的危急关头救了萧国梁全家人的性命。而萧家之所以能有这样的福报，都是善良的萧妈妈当初积下的阴德。这还不算，如果萧国梁在泥石流中丧生，也就没有日后的萧状元了。从这个角度讲，也是萧妈妈成就了萧状元。

这段故事只是在当地民间流传，其真实性如何，已经无法考证了。也许有人会说，这里边有一些因果报应的不科学成分，但其中蕴含的劝人向善、珍爱生灵的积极元素，倒是值得予以肯定的。

史料关于萧国梁的记载很少。笔者只知道，萧国梁中了状元以后，做过著作郎、礼部郎中、广东通判、漳州知州等官职。但在任上都做了哪些事情、取得了什么样的政绩，却不得而知。就连他的生卒年，也查不到相关记载，因而无法给读者一个交代。

失之东隅，收之桑榆。没有留下太多史料记载的萧国梁，却给世间留下了几段科举趣闻，倒也颇能使人得以教益。如此，足矣。

重情重义郑状元

乾道五年(1169)己丑科状元，乃福建永福(今福建永泰)人氏郑侨。关于郑侨的籍贯，还有福建莆田、仙游之说。这几个地方相距倒是不太远，因为名人效应，各地对此有些争议，可以理解。本书之所以从永福说，是由于该地连出三位状元的说法流传甚广，也比较有看点。

郑侨是南宋著名史学家郑樵的侄子,想来其家庭必定有着深厚的家学传统。在良好家风的熏陶下,聪明过人的郑侨自幼便勤奋好学。二十五岁时,郑侨一举夺得状元桂冠,也算是出道比较早的人物。

郑侨是个重情重义的人。相传他在县学读书时,县里一个管教育的汪姓科级小官(教谕)十分喜欢聪明懂事的郑侨,对他关爱教导有加。在家里,也常对夫人夸这孩子乖巧又好学,将来一定很有出息。汪夫人就说:“既然你把他夸成了一枝花,又那么喜欢他,不如把咱闺女许给他算了。”汪教官一听连称有理,便主动托人前去作伐说媒,同郑家定下了这门亲事。

郑侨是个有志向的青年,秉持先立业后成家的原则,决定取得科举功名之后再来迎娶汪小姐。好在他科举之路还算顺利,不然像李常宁那样得让人家汪小姐苦等多少年啊。即使是这样,郑侨也算是个晚婚的大龄青年了。当郑侨金榜题名、衣锦还乡之时,进入县城后,乘坐的轿子与迎面而来的一辆灵车发生了拥堵。他的随从和轿夫连喊晦气,呵斥对方快快避让。郑侨闻讯赶紧下轿,一边制止随从轿夫的不礼貌行为,一边彬彬有礼地请对方先过。谁知死者遗属却迟迟不肯露面,原来这灵车拉的死者正是郑侨的未来老泰山汪教官。汪夫人和汪小姐深感双方处境已有天壤之别,便躲着不想与郑侨见面。

尽管左躲右闪,郑侨还是认出了师母和未婚妻。得悉恩师已逝的他,悲痛万分,立即在路边设祭,痛哭祭奠自己的老师兼未来的岳父大人。在帮助师母和未婚妻操办完葬礼之后,忌日一过,郑侨就托人前往师母住处,提出按约迎娶汪小姐。汪小姐觉得自己跟贵为状元的郑侨身份条件已经很不般配,起初死活不肯答应这桩婚事。痴情的郑侨数次亲临汪家求婚,坚称非汪小姐不娶。被他这番真情所感动,汪小姐终于成了郑夫人。对于郑侨的重情重义之举，知情者无不称颂敬佩。

中状元之后，郑侨被任命为镇南军（辖区在今江西南昌一带）节度判官。当时正逢该地粮食严重歉收，饥民饿死的事情时有发生。而时任地方主官能力有限，面对这种情况，只知一味抓耳挠腮，却束手无策，拿不出解决办法。郑侨没有那种不在其位不谋其政的消极想法，他在身临一线赈灾的同时，提出了十多条切合实际的救灾措施。这些措施不仅被中央政府予以采纳，还被归纳整理成政策规定的形式向全国进行推广，要求各地遵照执行。

此后，郑侨被调入京城担任京官，连续二十年在中央政府机关工作，出任过校书郎、代理给事中等职务。在此期间，郑侨曾奉命出使金国。在递交国书时，金人以国君患重病为由，要求郑侨从王宫旁边小门进入，而不让他走正门。对这种有辱国格的无礼之举，郑侨当即予以严词拒绝。任凭金人多次威胁逼迫，郑侨正义凛然，毫不退让。金国国君知道这事以后，很是感叹，对手下说："这是个有骨气的忠臣啊，你们就不要为难他了。"

赵汝愚、韩侂胄拥立宋宁宗之后，郑侨被任命为参知政事并主持枢密院的工作（知枢密院事）。朱熹因为弹劾检举韩侂胄擅权，遭到贬官降级的不公正处理。很有正义感的郑侨，为朱熹鸣不平，四次上书皇帝，要求为其平反恢复待遇。郑侨的行为，惹恼了韩侂胄，在工作中屡遭其掣肘刁难。无奈之下，郑侨只好主动申请下派地方任职。

离开京城后，郑侨先后出任建宁（今福建建宁一带）、福州、建康等地知府。每到一处，他都尽职尽责，以民为先，为百姓办了不少好事、实事，比如申请减免税负、争取中央财政支持救灾、发展商贸文教事业、修建运输河道之类基础设施等，官声政绩颇佳。后来，他又进京担任过吏部尚书、参知政事等职务。

郑侨很有经济头脑，十分善于理财，堪称南宋时期屈指可数的经济名臣。俗话说，常在河边走，哪能不湿鞋。长期跟金钱打交道，颇能考验一个人的意志力。虽然经手钱财无数，但为官清廉的郑侨两袖清风，不贪不占，从不利用职权敛取不义之财。

郑侨一身正气，不肯依附权贵。在从事官员管理工作的时候，对于皇帝、权臣的一些任人唯亲要求，他也敢于坚持原则，坚决说不。为官堂堂正正，从不搞阳奉阴违、阴谋诡计，处理政务完全出于公心、不带个人偏见，是郑侨的同事们对他的一致评价。

郑侨心胸豁达，对个人的进退去留问题看得很开。上了年纪以后，他曾三次提出退休申请，但都未被批准。在他的一再坚持下，五十七岁那年被批准提前退休。在古代的大臣中，以这样的年龄主动退出权力中枢者，并不多见。七十一岁时，郑侨病逝于家。

郑侨工于书法，一生笔耕不辍，著述颇丰。

百姓送他“万民伞”

乾道八年(1172)壬辰科状元，乃福建永福(今福建永泰)人氏黄定。

黄定的家世，名声比较显赫。南宋初年不顾个人安危、四次毅然决然地弹劾奸臣秦桧，并因此而名震朝野的御史黄龟年，是黄定的堂叔爷爷。因为有着比较深厚的家学渊源，黄定从少年时期就受到了良好的教育。由于学习成绩出色，黄定曾被选拔推荐到国立最高学府(国子监)进修深造。

在本科殿试中，忧国忧民的黄定，有感于南宋面临的危局，在试卷中建议皇帝克服沾沾自喜、自以为是的骄傲自满毛病，虚心听取有识之士的意见，振作精神，奋发进取，重振大宋之雄风，实现民族复兴之伟业。应该说，这样给皇帝提意见，是很需要一种勇气的。把皇帝大人惹毛了，可不是闹着玩的事情。历史上，因为在科举考试中给皇帝提意见而吃亏倒霉的考生大有人在，比如明代名臣于谦。

好在宋孝宗对黄定的直言相谏没有生气，反而对他的拳拳赤子之心、满腔爱国之情大为赞赏。高兴之下，就把状元头衔赏给了黄定。这说明，宋孝宗还是很有些见识和度量的。此时的黄定，年已四十二岁。关于黄定的出生年份，有两种说法。按照晚一些的说法，他中状元时则为三十九岁。不管哪种说法为准，黄定总之是个大龄状元。

参加工作之后，黄定没有像宋代多数状元一样被安排到地方任职，而是直接做了京官。他先后担任过秘书省校书郎、工部员外郎等职务。工作十年后，出任国立最高学府副校长（国子监司业）。在这个位置上只干了一年，黄定得到上级重用，外派地方担任主官，做过温州、潮州等地知州。

黄定是个很有责任心、勤政爱民的官员。在温州任职期间，他为政清廉、兴利除弊，大力扶持农业生产，鼓励商贸流通，促进了当地的经济和社会各项事业的发展，所作所为深受民众好评。在潮州任职期间，黄定采取有效措施，鼓励民众复垦荒田，既增加了群众收入，也使地方财政收入状况得以改善。从这些为政经历看，黄定是个善于观察思考、工作讲究针对性与实效性的官员。下车伊始，指手画脚，新官上任三把火，是不少官员容易犯的毛病。脚踏实地、以功成不必在我的心态，扎扎实实地为一方百姓解决一些实际问题，才是为官一方的应有之义。

黄定在担任潮州知州期间，当地野象肆虐。这些庞然大物践踏庄稼，毁坏植被，百姓深受其害。当时没有《野生动物保护法》，整治驱除这些野象,也是深得民心之举。传说黄定来到此地之后,为一座寺庙题写了一块无象匾额,字中点划不着人字。这样一来,镇住了狂放不羁的野象们,使它们纷纷远遁。这样的说法,有些迷信色彩,可信度不高。笔者以为,应该是善于调查研究的黄定弄清了野象的生活习性和活动规律,据此想出了应对办法。

黄定是个特别重视教育文化事业的官员,他深知教书育人、功在千秋的道理。在潮州知州任上,他在关心支持教育事业的同时,力主将州政府所有的一些地产划拨给了当地的公办学校。目的是让学校以地产收入开展勤工俭学,资助扶持更多的贫寒子弟读书求学,使百姓深得其益。搞教育办学校,是一项耗时长、花费大的工作。一些急功近利的官员,认为这样的事情费力不讨好,一般是不太情愿下大力真心去做的,嘴上喊喊也就完了。黄定能在这方面有这样一些举措,说明他不是那种只关心眼前利益的官员。

在黄定之前,担任过潮州地方主官的历任官员,以丁允亢、陈宏规官声最佳,被当地百姓称为"贤守"。黄定在赴潮州上任之前,就对这两位前辈十分仰慕,决心向他们学习看齐,以自己的实际行动造福一方百姓。黄定没有辜负自己的诺言,他的所作所为也被百姓看在眼里、记在心里。当黄定奉调离开潮州的时候,百姓向他敬献"万民伞",以表达感激和难舍之情。黄定离开潮州之后,当地百姓又集资修建"贤守祠",以纪念他的功绩。做一个地方官,能做到这个份上,黄定可以问心无愧了。

在黄定的故乡一带,关于他的传说很多。比方说,南宋抗金名臣陈俊卿是他的启蒙老师,而陈俊卿则被大家朱熹评价为"始终全德"之人。黄定从教于这样的正人君子,也为他走好后头的人生之路奠定了良好的基础。人们常说,育人重于教书,比如陈俊卿、黄定师生之所为。再比方说,黄定的前两届状元学兄萧国梁,据传是他的岳父。萧国梁的生卒年不可考,因而不好推断此说的真实性。

如果此说当真，那么翁婿二人时隔六年夺得状元桂冠，也不失为科举史上的佳话一桩。据黄定家族的族谱记载，黄定中状元后，萧国梁曾赋诗祝贺，其中有这样的句子：“云顶峰前分玉带，礼闱名上探金笼。”由此看来，他们两人有些交集瓜葛，是没有什么疑问的。

黄定只为政府工作了十几年，便不幸因病去世，年仅五十三岁。

状元论文成了国家机密

淳熙二年（1175）乙未科状元，乃浙江遂安（今浙江淳安）人氏詹骙。关于詹骙的籍贯，还有会稽（今浙江绍兴）一说。

詹骙中状元之时，年方而立。他之所以能中状元，是因为在策论试卷中开头的两句话：“只要认真去做，世间就没有难以办到的事情。作为一国之君，则不能没有坚忍不拔的意志。”这两句话，深深打动了当皇帝不久的宋孝宗，于是，就将状元头衔授予了詹骙。詹骙的科举考试经历告诉我们，要使自己的文章吸引人、打动人，开宗明义、直奔主题很重要。那种啰里啰唆、云里雾里俗称“皮厚”的文章，很容易让人望而生厌。

史料关于詹骙的记载过少，因而他的事迹难以独立成篇，只能简略带过。

淳熙五年（1178）戊戌科状元，乃庆元府鄞县（今浙江宁波）人氏姚颖。据《慈溪县志》记载，姚颖则是他们那儿的人。这又是名人效应惹的祸，好在这两个地方都在宁波市的管辖范围内，跟笔者没有什么关系，也就没必要费力替他们考证评判了。

姚颖聪明过人，五岁时就能读书写字。并且他成熟比较早，少年时代便“嶷然已有成人风”。参加本科考试的时候，姚颖虽然只有二十八岁，但对国家面临的形势有自己深入独到的观察思考。作为一介书生，他对于军事谋略也并不陌生。他在自己的科举考试论文（策论试卷）中，对宋金两国的军事形势进行了详细分析，并据此对加强国防建设问题提出了一些很具体、很有参考价值的意见建议。

姚颖的见解，受到了宋孝宗的高度重视。他不仅决定将状元称号授予姚颖，还指示有关部门做好保密工作，不要将姚颖的试卷向社会公布，以免被金国了解掌握南宋的军事布防策略。就这样，一份状元的论文就被列为了南宋政府的国防机密材料。这真是，国家机密，无处不在。敌方间谍，无孔不入。不得不防啊！

姚颖中状元之后，被任命为宁国军节度判官。到任后，他积极配合知府的工作，与自己的上司相处得十分默契。知府是个雷厉风行的人，对工作要求很严格。在处理政务的时候，难免失之过严。无形之中，伤害民众的事情不可避免地会有所发生。姚颖根据自己的观察，认为出现这种情况的根源在于上级在财政收入等方面催逼过急，与实际情况不相符合。因此，他建议知府，一方面主动向上反映情况，争取支持，另一方面对民众宽严相济，不能逼之过甚，以免激起民变。知府倒是个从善如流之人，不仅没有生姚颖的气、给他小鞋穿，反而愉快地采纳了他的建议。自此，“治民再无苛峻之政”。对于姚颖的恩德，百姓无不感恩称颂。

在地方任职三年后，姚颖奉调进京，出任秘书省校书郎一职。秘书省是个主要从事文字工作的单位，文牍主义倾向比较严重。久而久之，一些工作人员就有些应付公事了。对一些无关紧要的文字材料，他们从不仔细校对，有些数字甚至随意填写。也许他们觉得,这些东西认真弄了也没人会看,何必白费工夫呢。姚颖是个对工作要求一丝不苟的人,凡是他经手的文字材料,都要反复斟酌核对,文字有瑕疵或数字不准确的,决不上报或存档。在他的感召下,秘书省散漫随意的工作作风有了很大改观。

秘书省虽然是个没啥实权的清水衙门,但由于整天在皇帝面前转悠,对地方官员说好道坏的机会和能量还是有的。如今有人评价这类人员,常用的说法是“成事不足,败事有余”。正是忌惮于这一点,地方官员们利用逢年过节、进京汇报工作等机会,向这个单位工作人员送个红包礼品什么的,也就成了约定俗成的潜规则。姚颖是个对自己要求很严格的人,始终坚持廉洁从政的原则,不肯随大流。对于地方官员送给他的红包,他从不收受,甚至连包都不拆,直接用纸封好,如数退回。在秘书省工作的那些日子,姚颖清廉的名声逐渐为大家所知。

据传,姚颖是南宋宰相王淮的女婿。岳父大人荣登宰相高位后,不愿拼爹的姚颖为了避嫌,主动要求下派任职。这个王淮,也是个任人唯贤、一身正气的好官,为官期间发现举荐了很多人才,比如辛弃疾、朱熹、陆游等。宋孝宗称他“不党无私,刚直不阿”。这样一个岳父,自然会支持女婿靠真本事打拼出自己的天地。于是,姚颖就被任命为平江府通判一职。

到任后,上级委派姚颖去处理一件影响比较大的陈年积案。姚颖本着对工作高度负责的精神,排除种种干扰,全力以赴地投入到了破案工作中。他以法律为依据、以事实为准绳,经过缜密调查分析,很快使案子真相大白。那些一直逍遥法外的犯罪分子,也全部被抓铺归案,受到了法律的严惩。这个案子的迅速侦破,为姚颖在当地民众中赢得了很高的声望。

姚颖在平江府任职期间,当地遭遇严重旱灾。面对灾情,姚颖忧心如焚。出于对工作、对民众的负责,他没日没夜地投入到了抗旱救灾之中。由于积劳成疾，姚颖一病不起，不久便以身殉职，年仅三十三岁。

打虎状元黄由

首先声明一下，本篇所说的这位状元之打虎事迹，并不是像武松那样亲自赤膊上阵，乱拳打死一只老虎，而是雇用专业人士来操作灭虎。至于这位状元为啥要打虎，暂且先卖个关子不表，后面再作介绍。

淳熙八年（1181）辛丑科状元，乃平江长洲（今江苏苏州）人氏黄由。苏州这个地方，文化发达、教育传统深厚，出了很多状元进士。但是在黄由之前，科举考试成绩却不太理想，基本没出过状元，进士也不多。当地人都认为，黄由为家乡开了个好头。自此以后，这一带状元进士辈出，风头无限。为了纪念表彰黄由，当地政府主官专门为他修建了一座状元坊。

黄由的老爸，是一个地方负责酒类专卖的官员，家庭条件不错。因而，他自幼便接受了良好的教育。聪明好学的黄由，学业进步很快。十二三岁的时候，他就能协助老师带领辅导比自己小的孩子读书学习了。用如今的话说，人家孩子有出息，小小年纪就当上了助教。有人说，打小当干部的学生，长大了未必优秀。笔者以为，这话有失偏颇。一个人自小就经受一些领导能力的锻炼，总归不是一件坏事。

黄由中状元的时候，刚过而立之年。他先是被任命为南安军（辖区在今江西大庾一带）判官，任满后出任绍兴府通判。到绍兴任职后，适逢当地大旱。在抗旱救灾工作中，黄由表现十分抢眼。他不仅亲力亲为，辛苦奔波在救灾一线，而且提出了一些切实可行、颇受上级首肯的意见建议，对于尽快度过灾荒、恢复生产起到了很好的作用。因为赈灾有功，黄由被选调为京官。

进京后，黄由先后担任过著作佐郎、秘书郎、考功郎官等职务。由于比较有才，黄由被宋光宗赵惇选拔为自己儿子嘉王赵扩的贴身服务人员兼辅导教师（赞读）。在此期间，黄由服务到位、工作认真，让嘉王很是满意。

嘉王就是后来的宋宁宗。宋宁宗接班后，黄由因为服务有功，被提拔为副部级高官（吏部侍郎），并代理主持一个部门的日常工作（权礼部尚书）。朝中有人好做官，一朝天子一朝臣。一个新皇帝上台后，提拔使用一些自己熟悉、信得过的官员，是大家心照不宣的事情。对此，其他官员只能眼红嫉妒加羡慕。除此之外，没啥话好讲。

宋宁宗对程朱理学那套东西不是很感冒，上台不久就在韩侂胄等人怂恿下，搞了一个“伪学逆党”大案。这个案子涉及有名有姓的大臣，达五十九人之多。而这些官员，都是信奉朱熹学说、追随过韩侂胄对立面赵汝愚的人。这起案子的根源，说穿了就是官员们的派系斗争。不幸的是，黑名单上也有黄由的名字。因为站错了队，黄由先是被贬为成都知府。但韩侂胄的亲信不依不饶，告个没完，黄由再遭降级，成了一个不管事的散官。

毕竟黄由有恩于宋宁宗。过了一段时间之后，宋宁宗又重新起用了自己曾经的老师，让他官复代理礼部尚书原职。在主管人才选拔工作期间，黄由在严格选拔程序、控制选拔数量、提高选才质量等方面，做了一些卓有成效的工作。后来，黄由被再度下派地方任职，出任绍兴知府、浙东安抚使。

黄由是个体恤民情、关注民生的官员。在绍兴府任职期间，当地又遇灾荒。为了救灾,政府拨出一批粮食,平价供应给灾区民众。黄由经过调查认为,很多饥民连平价粮都买不起。如果机械地按这种办法赈灾,有人就可能会被饿死。在他的积极争取下,上级同意将五万石救济粮改为向灾民无偿发放。此举善莫大焉,使很多灾民免遭成为饿殍之厄运。

好了,现在可以说说黄由打虎的事情了。在担任浙东安抚使期间,管区内有老虎出没。根据活动地域分析,这些老虎可能是华南虎,如今老珍贵了,比东北虎还稀缺。在没有《野生动物保护法》的当时,它们却被人们视为害虫,所到之处捕杀牲畜、伤害民众生命。而在恐惧之下,人们把这些老虎传得神乎其神,称它们有神灵附体,是轻易动不得的。为了安定民心,黄由先是煞有介事地祭祀神灵,恳请其容许自己消除虎害。随后,雇请专业人士,猎杀为害老虎,为民除害。《水浒》中的猎户解珍、解宝兄弟,就是这种响应政府悬赏、捕杀老虎的专业人士。在专业人士卓有成效的工作下,当地虎患很快得以根除。在今天,如果有谁胆敢去杀一头华南虎,恐怕就要把牢底坐穿了。

赈灾、灭虎忙了一通之后,黄由再次进京任职,最终官至正部级高位(刑部尚书)。

黄由有个很有才的老婆。他的夫人姓胡,是个高官的千金。黄夫人多才多艺,不仅会弹琴、唱歌、下棋,书法、绘画、诗文也样样精通。比方说,黄夫人有多幅梅、竹、水仙等题材画作存世。在随黄由前往成都赴任时,曾以行书在旅馆墙壁上题写《赤壁赋》,观者无不叹服。黄由虽然擅长写作诗词,但水平未必比得过自己的夫人。黄由同时代的人都认为,他有个李清照一样的老婆。黄夫人有首百字令传世,读来确有李清照之雅韵。

黄由算是个高寿状元,享年七十五岁。当然,这是以古人的寿命水平而言的。

卫泾险些被淘汰

淳熙十一年(1184)甲辰科状元,乃平江昆山(今江苏昆山)人氏卫泾。说起来,这位卫状元跟山东还有些关系。据有人研究考证,卫泾的祖先原系齐人,唐朝末年为了避乱迁居嘉兴华亭(今上海松江)。到了他爷爷这一辈,又移至昆山定居。

在孩提时代,卫泾就以勤奋好学而受人称道。青少年时期,为了拓宽视野、全方位提高自己的学业水平,卫泾来到京城临安,拜永嘉学派名家李去智为师。卫泾是个重情重义之人,他在对李去智执以师礼的同时,还把他当做自己的父亲一样敬重。李去智去世后,卫泾像亲儿子一样披麻戴孝,为其发丧送葬。卫泾的行为,深受人们称道,都认为他是个忠厚孝义的好人。

在昆山,流传着一句“潮过夷亭出状元”的古谶语。昆山虽近江海,但县城以西三十多里的夷亭,却从未有过潮汐。这一年,江中潮汐涌过夷亭。人们见到这一奇观后,有好事者就报告了县太爷。县太爷也认为这是个吉兆,就在江边修建了一座问潮馆以讨彩头。此后不久,卫泾果然大魁天下。此事《吴郡志》有载,这样的巧合很有些意思。

据陆游有关文章记载,卫泾参加本科省试的时候,阅卷结束后已被列入淘汰名单。在放榜之前,一个名叫蒋继周的考官在淘汰考生试卷中无意中发现一篇文章写得很出色。他认为这样高水平的考生如果被淘汰,那就太可惜了。蒋考官本着对考生高度负责的态度,找到考试负责人据理力争,坚决要求补录这位考生。而这位起死回生的考生，就是后来殿试夺魁的卫泾。之所以出现这种情况，笔者以为，应是考官们的个人喜好不同所致。而这一点，也确实反映出了科举考试的主观随意性缺陷。

卫泾中状元的时候，只有二十五岁。然而此后他的仕途却不是很顺，起初只是被任命了个“添差”镇东军判官。按照宋代官制，官员分“添差”“差遣”两大类。前者是虚职，只领工资没有事情干而后者才是真正握有权力的实职官员。在宋代的状元当中，像卫泾这样的职务安排法是不多见的。不管级别高低，好歹要安排个实职啊。

在这个位置上闲待了三年之后，卫泾本应被重新任命为实职。按照当时不成文的惯例，他应当给当朝宰相写感谢信，意思是向宰相大人报告自己任期已满，该重新考虑职务安排问题了。卫泾是个很有原则的人，他认为这样的做法不是一个臣子应有的举动。食君之禄，忠君之事。臣子应当效忠皇帝，怎么可以私下里向某个大臣表忠心呢？因而，坚持不写这样的效忠感谢信。

当时的宰相是王淮。总体而论，王淮是个正直爱才的好官。但好官难免也会有小肚鸡肠的时候，对卫泾的一根筋行为，王淮有些生气，就把他晾在了一边。即使政府确定卫泾另行任用的通知已下，王淮也迟迟不提出具体安排意见。就这样，卫泾在六和塔附近的一家小旅馆里一等就是三个多月。有一回，比卫泾早几届的状元学兄郑侨到六和塔散心游玩，巧遇闲待此处的卫泾。郑侨此时已是管干部的大员（吏部侍郎），他见卫泾闲着没事干，很是吃惊。回去后，就去找了王淮，认为这样对待一个状元不公平。在郑侨的催促下，卫泾被任命为秘书省正字职务。

此后，卫泾先后出任中央政府机关和地方政府低、中级官员。因为性格刚直，敢提意见，卫泾得罪了不少人，曾受到过降级甚至免官赋闲的处理。直到宋宁宗上台后，卫泾才开始受到重用。此时，他已经为宋孝宗、宋光宗两任皇帝打工多年了。

在宋宁宗手下，卫泾先后出任中书舍人、吏部尚书、御史中丞、参知政事等重要职务，官拜副宰相级。在此期间，卫泾干了一件大事，参与了史弥远等人暗杀南宋重臣韩侂胄的密谋。关于韩侂胄这个人，史学界有两种看法。一种认为他是个奸臣，专权误国。另一种认为他是个抗金名臣，他的死是南宋最大冤案之一，堪比岳飞被害。其实韩侂胄这个人，既干了一些事情，也很遭人嫉恨。他很想建功立业、光复中原，主张武力灭金，并积极为之身体力行。但同时，他擅权独断，任人唯亲，排挤打击政敌，生活奢靡腐化，也做了一些坏事。总而言之，他是死于官场派系权力斗争，谈不上有多冤，跟岳飞根本没有可比性。把韩侂胄同岳飞相提并论，实在是过于抬举他了。

因为性情刚直，卫泾后来跟史弥远闹掰，从而被驱逐出权力中枢，并提前退休回家。因为权力斗争而走到一起的人，不可能成为真正的战友，这又是一个很好的例证。

清代名家沈德潜曾这样评价卫泾："其人之挺然独立，百折不回，泾有如金石之坚贞者，而《宋史》不为立传，可怪也。"值得一提的是，卫泾跟朱熹关系不错。朱熹对他曾有知遇之恩，知恩图报的卫泾在担任要职之后，数次建议朝廷召回朱熹重用。直到朱熹去世，方才作罢。六十七岁那年，卫泾病逝于家。

归隐田园余状元

淳熙十四年（1187）丁未科状元，乃湖南湘乡人氏王容。对于古今没有什么变化的地名，笔者不再加括号予以注释。史料关于王容的记载甚少，无法独立成篇，因而只能存目。

绍熙元年（1190）庚戌科状元，乃福建宁德人氏余复。关于这位余状元的籍贯，还有福建古田一说。笔者写作此书，并不是基于史实考证的考虑，因而在此不予评判真伪。

宋代奉行重文轻武国策，在历代封建王朝中，属于一个十分重视教育的朝代。在宋代，科举制度不仅得到了完善发展，还出现了“学校之设遍天下”的盛况。在这种情况下，即使是贫寒子弟，也有机会进入学校求学，还有可能得到政府的资助，所谓学童“日给官食”嘛。比起那些实行愚民政策的朝代，大宋纵有千般不是，也算得上是一个相对文明、开放、进步的王朝。

余复的家族，就深受这种社会风气的熏染。余复有个祖先名叫余仁椿，曾经做过县太爷。退休之后，余老先生倾其积蓄，在家乡办了一所蓝田书院，以让子孙和乡亲们的孩子能够接受到必要的启蒙教育。为了使学校能够办得有可持续性，余老先生还拿出自己的田产七十余亩，以“岁入谷八十余石”，维持学校的日常开支，并资助贫困子弟求学。家族中人，也都大力支持余老先生的善举，将这些田产称为“灯油田”，意思是田产收入是为子孙后代读书学习添加灯油所用，只许轮流耕作，不许变卖。同时，这些田产实行滚动式经营，只能增加，不能减少。余氏家族重视教育、劝人向学的境界，令人敬仰。

有如此良好的家风，余复所受到的熏陶教化自不必说。在本科殿试中，余复答卷见解深刻、观点切中时弊，但又不借机攻击贬低别人以抬高自己。这种中肯谦恭的态度，让皇帝大为赞赏，因而光荣摘得状元桂冠。此时的余复，已是三十八岁的大龄之人。

宋光宗在接见新科状元进士时，对稳重大方、谦恭有礼的余复很是满意，当场赋诗一首以示祝贺：“临轩策士岂徒然，嗣守丕基务得贤。尔吐忠言摅素蕴，我縻好爵副详延。爱民忧国毋终怠，厚泽深仁赖广宣。赐宴琼林修故事,朕心期待见诗篇。”对于这首诗的艺术含量,笔者就不做评价了。有点古代文学基础的人,一看就明白是怎么回事。

虽说艺术水准让人不敢恭维,但皇帝亲自题诗祝贺,毕竟是一种荣誉和待遇的象征。余复作为新科状元,又享此殊荣,心中的感激之情自不必说。于是,便也赋诗一首,以表忠心:“风虎云龙岂偶然,信知盛世士多贤。虞庠教育蒙深泽,汉殿咨询愧首延。释褐遽沾琼宴宠,赐诗齐听玉音宣。爱君忧国平生志,敢负周王宴乐篇。”这首诗的水平,同皇帝大人的那首一比,高下立判。

在自己的诗中,余复表达了不负皇恩、忠心为国的一腔热情。同那些说一套、做一套的官员不同,余复是这样说的,也是这样做的,没有辜负自己的诺言。拍拍胸口、说说豪言壮语很容易,但真要一步一个脚印、踏踏实实地去做,那就是另一回事情了。有些官员之所以让老百姓瞧不起,就是因为他是个天桥把式——只说不练。

中状元之后,余复被任命为洪州判官。到任后,他勤奋敬业、工作认真,为民众办了很多好事、实事。比方说,他积极建议地方主官大力开展农田水利基本建设,促进了当地农业生产的发展,增加了农民收入。再比方说,他多方奔走,争取各方面资金支持,开办整修了一些学校和历史遗迹,为当地教育文化事业的发展做出了应有的贡献。

因为工作得到了上级和民众的认可,余复不久后受到重用,调任镇南军节度判官。随后又奉调进京,成了一名编写皇家史志的官员(诏入史馆)。干了一段时间后,余复主动提出了辞职申请。被批准后,他在家乡买了一块地,修造了一处小型私家园林别墅,在其中吟诗作赋,过上了“采菊东篱下,悠然见南山”的归隐田园之逍遥日子。

至于余复辞官回家的动机，是理想抱负不得施展，还是厌倦了官场的争斗倾轧，抑或是身体有病难以适应繁重的工作任务，不得而知了。史料没有关于余复的去世年份记载，在此笔者也不能给读者一个交代。

当年余仁椿老先生开办学校，鼓励子孙和乡里子弟读书学习的善举，为余氏家族可谓造福长远。自余复开始，余氏家族在历朝历代名人辈出，比如做过工部尚书的余靖、做过丞相的余深、做过礼部尚书的余象等。因为重视学习，余家的后代总共出了五十多名进士，这是一个很了不起的数字。

余复的堂兄余天迪，跟他是同榜进士同学。

陈亮命运太悲催

绍熙四年(1193)癸丑科状元，乃婺州永康(今浙江永康)人氏陈亮。

陈亮的家史比较光荣。他的老爷爷(曾祖父)陈知元，是大宋国防军的一个低级军官(武弁)。在跟随大将刘元庆抗金作战时，牺牲在了战场上。这样的家史，决定了陈亮成年后的政治态度和价值取向。

史料载，陈亮“生而目有光芒，为人才气超迈，喜谈兵，议论风生，下笔数千言立就”。也就是说，他很有才，而且是个铁杆军迷。十八岁那年，陈亮写了三篇文章，讨论分析了十九位历史风云人物用兵成败的经验教训。当地政府主官周葵看了他的文章后，大为惊讶，感叹这小伙子日后必成国家栋梁之材。

陈亮二十五岁时，南宋跟金国签订了停战协议。这使很多朝廷官员松了一口气，觉得以后有太平日子过了。陈亮认为，这种倾向很危险，有可能为国为民带来大的灾难。他以一介布衣身份，给朝廷写了五份意见书，这便是史上比较有名的《中兴五论》。二百多年后，著名学者方孝孺在读了陈亮的这些文章后，大为称赞道："士大夫厌厌无气，有言责者不敢吐一词，况若同甫（陈亮字同甫）一布衣乎！人不以为狂，则以为妄。"作为一个无名之辈，陈亮的这些意见如石沉大海。

周葵担任参知政事后，特聘陈亮为自己的私人顾问，很多事情都要征询他的意见。周葵是个文人，希望陈亮多研习一些古籍经典。而陈亮的兴趣，则完全在军事战略方面，志在抗金大业、驰骋沙场。道不同不相与谋，一段时间后陈亮离开了周葵。

三十五岁那年，陈亮给宋孝宗上书，痛斥朝廷偏安一隅、不思光复的政策取向，鞭笞大臣们苟且偷安、贪图安逸的混日子行为。他的满腔爱国之情，深深打动了宋孝宗。于是，宋孝宗打算破格任用他。此时，皇帝身边的一个宠臣主动跑来跟陈亮套近乎，说是皇帝之所以对陈亮感兴趣，完全是因为自己的推荐介绍。他的意思很明白，就是想把陈亮培植成为自己的个人势力。而陈亮恰恰不愿同这种人搅在一起，情急之下，居然跳墙跑了（"逾垣而逃"）。后来，政府想委任他个小官，但陈亮没看上眼。他说："我是为了国家的千秋大业而来，哪里会在乎这一官半职？"

回到家乡后，喜欢喝个小酒的陈亮经常和一帮朋友聚饮。酒后多失言。陈亮在喝大了以后，说些醉话的事情是不可避免的。以陈亮的志向兴趣，这些醉话又大多同国家的大政方针有关。祸从口出，一个想捞政治稻草的酒肉朋友，很不厚道地出卖了陈亮。他向司法机关高官（刑部侍郎）何澹告发说，陈亮妄议国事，对皇帝和朝政不满。

这个何澹，跟陈亮结下过梁子。有一回他做科举考官的时候，把陈亮给淘汰了。直脾气的陈亮，嘴上没个把门的，讥笑嘲讽何澹的事情时有发生。何澹可不是什么心胸宽广的人物，一直记着陈亮的仇。好不容易逮着了报复的机会，岂会轻易放过。于是，陈亮就被抓进了局子。在何澹的指使下，办案人员使用了刑讯逼供手段，陈亮被打得体无完肤。

严刑拷打之下，何澹从陈亮嘴里挤出了一些口供。随后，提出了重判陈亮的建议。啥叫人心险恶，请看何澹和那个告密者。因为个人成见和一己私欲，就要置人于死地，用心何其毒也。都说得罪小人的后果很严重，这就是一个典型的例证。

判决建议报到宋孝宗那里之后，对陈亮有印象的他很生气，就对何澹等人说："这不过是一个书呆子喝高了以后说的大话、醉话，至于把人家往死里整吗？"说罢，把建议书狠狠地摔到了地上。陈亮算是命大，遇上了宋孝宗这样一个比较有人情味的皇帝。如果何澹为他罗织的那些罪名落到朱元璋、雍正那样的皇帝手里，陈亮就是有八条命也不够他们杀的。

被司法机关释放不久，陈亮再遭劫难。他家的一个书童与人发生争执之后，没能控制住情绪，从而"激情杀人"了，而被害者恰巧与陈亮的父亲有矛盾。这样，陈亮似乎就有雇凶杀人的犯罪动机。在被害者家人的告发下，陈亮二进宫，和老爸、书童一起被抓捕归案。由于案情严重，陈亮等人被移交最高审判机关（大理寺）审理。在时任宰相王淮以及辛弃疾等人的大力斡旋下，陈亮方才得以不死。

在中状元之前，陈亮就有了二进宫并险些被处以死刑的经历。在历朝历代的状元得主中，这样的人生际遇真是够奇葩、够坎坷的。

陈亮中状元的时候，已经轮到宋光宗执政了。在本科考试中，陈亮原本被定为第三名,但他的策论试卷观点很对宋光宗的心思,皇帝最终确定录取名次时,就把陈亮提到了第一的位次上。试卷拆封后,宋光宗发现状元得主是陈亮,心中很是高兴,因为他久闻此人之名,比较欣赏他的性格为人。

陈亮以五十岁高龄中状元,随后被任命为建康军判官。他在报恩诗中如此表达了自己忠心报国的雄心壮志:“复仇自是平生志,勿谓儒臣鬓发苍。”但是壮志未酬,陈亮还没来得及到任,就因病去世,时年五十一岁。这位陈状元,命运实在是太悲催了。

大凡性格豪放之人,一般都不怎么爱财,比如陈亮。虽然他的家境并不很宽裕,但经常施舍财物、粮食,接济那些衣食无着之人。他的这种优良品质,很受人们称道。

一身正气邹应龙

庆元二年(1196)丙辰科状元,乃福建泰宋(今福建泰宁)人氏邹应龙。

邹应龙出身草根阶层,家境比较贫寒。贫贱不坠青云之志,邹应龙自幼志向高远,勤奋好学。邹应龙学习有个好习惯,那就是他喜欢抄写一些自己认为比较重要的文章典籍。这样做,有助于加深对相关知识的记忆和理解,进而对取得好的考试成绩大有裨益。

为了排除干扰,潜心学习,据传邹应龙十八岁时,在家乡一座陡峭的山崖上,开凿出一千多级石阶,寻得一处幽静的岩洞,在此埋头苦读五年多。人们常说,一个人要想取得成功,必须耐得住寂寞、抵得住诱惑,而邹应龙就达到了这样的境界。

付出总会带来回报。二十三岁那年,邹应龙一举夺得解试第一。次年,又荣登殿试榜首。如此,邹应龙也是一个连中二元的牛人。这样的科举考试成绩,羡煞无数士子。

中状元之后,邹应龙历任秘书郎、秘书省正字、校书郎等职务。因为有才肯干,几年后他被选拔为起居舍人。所谓起居舍人,主要负责皇帝的日常活动、最高指示以及国家大事的记录整理工作,有点皇帝贴身文字秘书的意思。因而,这个职位级别虽然不是太高,但位置十分重要。

邹应龙性格刚直,一身正气,是那种不肯摧眉折腰事权贵的人物。在一些重大原则问题上,他敢于坚持自己的意见。当时权臣韩侂胄把持朝政,有些好大喜功、急于求成的他,主张举全国之力北伐金国。对此意见,朝臣一片附和之声。而邹应龙则清醒地看到,以当时南宋之国力,难以支撑同金国旷日持久的战争。因而,他坚决反对不切实际地贸然对金宣战。

韩侂胄不是那种能够容人的官员,对于同自己政见不合者,他是打击排挤没商量。在这种情况下,邹应龙就被挤出京城,外放赣州(今江西赣州)出任知州一职。不久,又改任提点江西刑狱。

正如邹应龙所预料的那样,韩侂胄的伐金行动以惨败而告终。韩侂胄被史弥远等人密谋暗杀后,他的党羽也遭到清算。邹应龙曾被韩侂胄排挤打击,自然算是他的对立面。在接掌大权的史弥远看来,凡是韩侂胄反对的,就算是自己的朋友,就该笼络使用。因而,邹应龙便被调回京城,先后担任中书舍人、礼部侍郎、给事中等职务,并兼任过皇室子弟的辅导教师(太子詹事、左庶子)。

史弥远虽然比较有才,但也不是善类。他跟韩侂胄一样,专权擅权,不能容忍跟自己意见不同的人,正直的邹应龙自然跟这样的人搞不到一起。看邹应龙不顺眼的史弥远,很快就找借口再次把他排挤出京城,让他去遥远的泉州做了知州,后来又调任池州知州、广西经略使等职务。

虽然屡遭权臣倾轧，邹应龙却没有闹情绪，更没有破罐子破摔。在地方任职期间，邹应龙勤奋敬业、一心为民，取得了颇为不俗的政绩。比方说，在泉州任职期间，当地士绅针对教育事业落后的情况，向邹应龙建议开办石井书院。从善如流的邹应龙，不仅拨出一笔专款用于书院建设，还说服有关方面给予赞助，并指示通判朱在（朱熹的三儿子）专门负责督办这项工作。

为了改善当地交通条件，邹应龙主持在泉州南门修建了一座新桥，大大便利了民众出行。在池州任职期间，当地发生了比较严重的饥荒。在救济粮紧缺的情况下，邹应龙果断决定裁减当地驻军兵饷和口粮，以赈济灾民。邹应龙此举引起驻军长官不满，他煽动手下士兵围攻邹应龙。邹应龙临危不乱，镇定自若地平息了事态。对于邹应龙的善举，民众交口称赞。从这件事上看，邹应龙是个敢于负责、勇于担当的官员。

在广西任职期间，当地少数民族部落发生暴乱。在平乱过程中，邹应龙处置果断，措施得当，很快恢复了地方的安定。邹应龙是个很有人文情怀的官员，在平乱善后处理过程中，他坚持只办首犯，不问胁从，不像有些人那样大开杀戒、滥杀无辜。在朝廷对平乱有功人员进行奖励表彰时，高姿态的邹应龙一点荣誉都没要，全部让给了自己的部下和一线的将士们。

在地方，邹应龙一干就是十几年。因为工作出色，皇帝再次调邹应龙进京，出任工部尚书职务，随即又转任刑部尚书。但干了没几个月，邹应龙又同史弥远发生了激烈冲突。一贯排斥异己的史弥远，因故要把名望很高的大臣魏了翁、真德秀逐出京城，贬官地方任职。对此邹应龙坚决反对，不惜跟史弥远彻底闹翻。其实邹应龙跟魏了翁、真德秀并没有什么私交，他这样做，完全是出于公心。自己的意见被朝廷否决后，邹应龙主动申请下派，再次出任赣州知州。

到了赣州之后，史弥远一伙依然不肯放过邹应龙。他们唆使一些谏官，以邹应龙在地方任职时擅自挪用军款、越权惩治皇室宗亲等理由，对他进行弹劾，以图将他彻底扳倒。邹应龙一气之下，主动辞职回家，在家乡闲居八年之久。

赋闲在家期间，赣、湘、闽等地相继发生农民暴动，波及邹应龙的家乡。政府军前来镇压暴动时，邹应龙担心他们劫掠百姓、为害地方，就自己出资买酒买肉犒赏士兵，并说服带兵的将领约束好部下，不要侵害百姓，确保地方安宁。

史弥远死了以后，邹应龙被再度起用，曾经官至礼部尚书、参知政事。但邹应龙并不是一个恋栈权位之人，不久便辞官归隐田园。邹应龙为官清廉，不事奢华。在家乡，他建了一座简陋的小房子，住在那里过着淡泊宁静的日子，直至与世长辞。

七十二岁时，邹应龙病逝于家。为了表彰邹应龙的功绩，宋理宗赵昀追授他文官最高头衔太子太保称号。

一龙不行从龙行

庆元五年(1199)己未科状元，乃泉州晋江(今福建晋江)人氏曾从龙。

在曾从龙居住的这座城中，三十九年前出过一位状元梁克家。梁克家住在城里的东街，而曾从龙则住在西街。一座城中东西两条街各出一位状元郎，也是巧事一桩。在中国科举史上，这样的巧合不少。比方说，在清代，山东的济宁、潍坊两地，在一条街或者一条巷子里，也都先后出过两位状元郎。

曾从龙出身于名门望族，他的一个祖先是北宋名臣曾公亮，曾经官居宰相高位。曾从龙是家中长子，自小稳重懂事，不仅自己勤奋好学，还督促指导三个弟弟读书学习，为人行事很让大人省心。这样的孩子，日后取得好的考试成绩，也是情理之中的事情。

进京赶考之前，曾从龙做了一个梦，梦见一个神仙拿着一块黄牌给他看，上面写着“两爵并耀在今秋，一荐独行于天下”两句话。曾从龙觉得这话挺吉利，就写成条幅挂在了书房里。巧的是，曾从龙一个名叫谢次山的同学也做了一个梦，梦见一个神仙对他说，如果想知道科举考试的结果，可以去问一个姓曾的学生。谢次山就想，这个姓曾的莫非就是曾从龙？于是就跑到曾从龙家，想问个究竟。一进曾从龙的家门，谢次山就看到了这张条幅，便赶忙问曾从龙其来历，老实的曾从龙就实话实说了。谢次山一听，心中不由暗自欢喜，这条幅上的话，分明预示自己有金榜题名之兆啊！但是他多了个心眼，没有把自己的来意说破。从这一点上看，他没有曾从龙厚道。当年秋天，两人一起进京赶考，果然一个高中状元、一个进士及第。

在本科考试中，二十四岁的曾从龙文采飞扬、见解深刻，又兼之仪表堂堂、气宇轩昂，就很得同龄人宋宁宗欢心，从而被钦定为状元得主。但在正式授予状元称号之前，出了一点小状况。曾从龙原名曾一龙，宋宁宗大约做如是想：一龙一龙，龙之第一之谓也。皇帝才是真龙天子，你都是一龙了，我又往哪里摆？所以，新科状元叫一龙是不行的。略一沉吟，宋宁宗钦赐其曾从龙之名。中国汉字，魔力无穷。就是这一字之改，意思全变。所谓从龙，乃老老实实地跟从真龙天子服务之意也。这个宋宁宗，有些个小聪明。

中状元后，曾从龙被任命为奉国军（辖区在今浙江宁波一带）

判官。任满后，进京担任过兵部员外郎、左司郎中、起居舍人等职务。曾从龙是个有事业心的官员，也是个明白人。针对自己缺乏基层经验的短板，他在做了一段时间的京官之后，主动要求下派锻炼，以丰富自己的阅历。他知道，一个只想做太平官、舒服官的人，是不会有大出息的。

上级批准了曾从龙的请求，委任他为信州知州。甫一到任，曾从龙就办了一件大事。当地驻军的一些老兵油子，经常于月黑风高之夜，闯入民宅侵害百姓。他们不仅抢劫民财，还强奸妇女，无恶不作。对这些家伙，地方官员一般都忌惮三分，不敢深究。曾从龙不听那一套，他在深入民间调查的同时，下令突击搜查了嫌疑分子的住处，结果搜出了受害妇女的衣物等铁证。为了平息民愤，曾从龙建议上级从重从快判决这些害群之马，以儆效尤。结果，几个首恶分子很快被判处死刑，押赴闹市斩首示众。此举，极大地震慑了不法之徒，民心为之大快。使用这样的铁腕打击犯罪，没有一些担当精神，是难以做到的。

在处理其他政务方面，曾从龙的作为也可圈可点。比方说，他在担任湖南安抚使期间，大力整顿吏治，关注农业生产，除暴安良，严打黑恶势力。心存感激的百姓，把他的事迹刻在石碑上以资纪念。因为能力政绩出众，曾从龙屡获重用，先后出任礼部侍郎、刑部尚书、礼部尚书等重要职务，最后官至副宰相级别（参知政事兼知枢密院事）。

针对一些地方主官出缺后长期得不到补充，副职就把一些重要工作委托低级官员去做，从而影响工作质量和效率的问题，曾从龙建议，中央政府应当预先选择储备一些官员，以备地方政府补缺之需。这样的做法，有点类似于如今的遴选后备干部。曾从龙堪称有想法，有远见。

曾从龙曾经负责过科举考试工作。他经过调查发现，当时的考生们普遍存在文风不正、学业根底不扎实的问题。大家为考试而考试，竞相模仿，抄袭成风。针对这些弊端，曾从龙推出了一些改进措施，对端正学风、提高考试质量起到了积极的促进作用。

曾从龙是个正直清廉的官员。这样的人，自然也跟权奸史弥远搞不到一起。比方说，史弥远的一个心腹贪污受贿、为非作歹，曾从龙毫不客气地对其进行了弹劾。当时，史弥远炙手可热，势力大得很。曾从龙受其排挤，曾遭受过贬官降级的不公正处理，由参知政事外放福建建宁知府。

曾从龙官复参知政事兼知枢密院事原职后，就加强国防建设、防御蒙古军队入侵问题提出了一些中肯的意见建议。在一些人的干扰下，这些意见却没有得到朝廷的重视。深感壮志难酬的曾从龙，忧愤之下一病不起，六十一岁时病逝于任上。

说一龙不行，是叫这名字不行。说从龙行，是他的所作所为真是很行。

毛自知丢了状元头衔

嘉泰二年（1202）壬戌科状元，乃庆元府鄞县（今浙江宁波）人氏傅行简。

傅行简的生卒年不详，因而他多大岁数中状元不得而知。仅仅做了几年低级官员之后，傅行简便辞官归隐田园，做起了自由自在的闲云野鹤。所以，关于他的为官经历，也没有太多的话可说，只能存目。

开禧元年(1205)乙丑科状元,乃衢州西安(今浙江衢县)人氏毛自知。毛自知祖籍原系广西富川,到了他爷爷那一辈,迁至衢州定居。因此,他也被广西有关史料视为该地区历史上的第二位文状元。

毛自知是个官二代。他的老爸毛宪,比自己的儿子早三十年中进士,担任过中书舍人、长沙知府这样比较显赫的官职。毛自知参加本科考试的时候,正值权臣韩侂胄主政之时。毛自知在策论试卷中旗帜鲜明地表达了"出兵抗金,恢复中原"的政治主张,而这样的观点,很受宋宁宗和韩侂胄欣赏。于是,状元头衔就归了毛自知。此时,他年方二十八岁,正当有为之年。

当时,南宋朝廷主战主和两派官员争斗依然十分激烈,几乎是水火不能相容。这很让人为之感慨,不管你是于公于私,只要政见不同,对立面就会把你看作是自己的敌人。在这种情况下,大家怎么可能团结一致,共同对敌?党争永远高于国家利益,这是历代封建王朝的一个死结。不少封建王朝,其实都是死于内斗。毛自知是个坚定的主战派,这样的态度,自然会被划归韩侂胄线上的人,这也为他日后的不幸遭遇埋下了一个伏笔。

中状元之后,毛自知被任命为镇东军节度判官。这个官职虽然不高,但也能参与到韩侂胄出兵北伐的具体筹备工作之中。第二年,在韩侂胄的策动下,朝廷追封抗金名将岳飞为鄂王荣誉称号,并对奸臣秦桧进行了总清算。随后,开始了轰轰烈烈的北伐行动,这就是历史上有名的"开禧北伐"。为了弥补军费之不足,韩侂胄还把个人财产二十万金拿出来用于伐金作战。

由于指挥能力有限、用人失误,以及宋军将领各怀鬼胎、出工不出力等原因,南宋军队连吃败仗,北伐以惨败而告终。无奈之下,南宋只能向金国求和。但金人狮子大开口,提出了异常苛刻的和谈条件。咽不下这口气的韩侂胄,策划再度出兵伐金。但此时,朝中主和派的势力已开始占上风，连宋宁宗都不能左右局势了。当然了，宋宁宗也不是那种意志特别坚定的人。

在权奸史弥远、杨皇后的密谋指使下，韩侂胄被暗杀。为了讨好金国，史弥远还做出了把韩侂胄的脑袋割下来，用盒子密封起来送到金国乞和这样丧权辱国的恶行。作为善于弄权之人，韩侂胄活着的时候，拉帮结伙的事情自然没少干。为了斩草除根，彻底消灭敌对势力，史弥远又建议朝廷彻底清除“韩党”。在这种情况下，毛宪、毛自知父子也被当做“韩党”分子，被清理出局。毛宪被罢了官，毛自知则被剥夺了状元称号，降为最低等进士身份。此时，距毛自知中状元仅仅过去了三年的时间。

关于毛自知被剥夺状元头衔这桩历史公案，南宋名人叶绍翁在其《四朝闻见录》中给出了另外一种说法。南宋名臣真德秀在参加科举考试时，其答卷被考官评为“宏而不博”。而另一位考生留元刚的卷子，则被评为“博而不宏”。但是，这样的评语，并没有影响真德秀和留元刚被定为优等考生。毛自知在自己的殿试卷子中，也谈到了此事，认为当时考官们录取考生不够客观公正。既然“宏而不博”“博而不宏”，又怎么可以将他们定为优等呢？后来，真德秀又让人翻查毛自知的试卷，从中还发现了赞同附和“逆贼”韩侂胄主张的一些言论。所以，叶绍翁认为，是记了毛自知仇的真德秀首先提出了剥夺毛自知状元称号的建议。并且在真德秀当政的多年中，朝中多次有人为毛自知被剥夺状元称号鸣不平，但真德秀始终未予纠正。如果此说属实，那么一代名臣真德秀就也有小肚鸡肠的时候。这件事还说明，得罪人往往是在无意之中。

像毛自知这样，因为党争而被剥夺了状元头衔的情况在科举史上极为罕见。因而，毛自知也算是创造了科举史上的一个另类纪录。遭到了这样的挫折打击，毛自知心中的郁闷不满可想而知。

长期处于这样的一种心态之下,身体的免疫系统难免会出问题。被剥夺状元称号的五年之后,毛自知一病不起,病逝于家,年仅三十六岁。

真德秀的学生、南宋著名诗人刘克庄,对毛自知的人生际遇也深表同情。在毛自知去世后,他曾赋诗悼念:“至尊殿上主文衡,岂料台中有异评。垂二十年犹入幙,后三四榜尽登瀛。白头亲痛终天诀,丹穴雏方隔岁生。策比诸儒无愧色,只缘命不到公卿。”

宽宏大量郑性之

嘉定元年(1208)戊辰科状元,乃福建侯官(今福建福州)人氏郑性之。关于这位郑状元的籍贯,还有福建闽清、长乐等说法。

郑性之原名郑自诚,因为宋理宗曾经用过“贵诚”这个名字,作为臣子必须避讳,郑性之做官后只能把自己的名字给改了。郑性之出身贫寒,家境十分窘迫。但他志向远大,勤奋好学,并曾求学于名家朱熹门下。

在郑性之的家乡,有这样一个传说。说是郑性之因为家贫,好久没有吃上一顿肉。很想打打牙祭而又没钱的他,就到一家肉铺去赊肉。正好肉铺老板不在家,老板娘比较心软一些,就赊了一点肉给他。吝啬的老板回来之后,大发雷霆,把老板娘臭骂一通。然后跑到郑性之家,要把肉讨回去。此时,郑性之刚把肉炖好。老板不由分说,把熟肉端了就走。目瞪口呆的郑性之,只能闻着肉的余香干咽口水。羞惭之余,郑性之画了一匹马,并在旁边题诗一首:

“一匹乌骓一只鞭，送君骑去上青天。玉皇若问人间事，为道文章不值钱。”然后，在灶王爷像前焚化了。

郑性之中状元之后，衣锦还乡。路过那家肉铺的时候，老板认出了他，有些惊讶地说：“这不是那个郑书生吗？”心存报复之念的郑性之，就以“睥睨大臣”的罪名，把那老板给杀了。从此，邻里见到郑性之就赶紧躲避，“自是出入巷无行人”。因而，大家就把郑性之家住的那条巷子叫做“急避巷”。到了明代，人们为了讨个吉利，将其更名为吉庇巷。这个段子，见于《闽都记》关于吉庇巷来历的介绍。

编这个段子的人，显然不具备古代官制和法律的基本常识，要不就是跟郑性之有过节，故意丑化他。一个新科状元，虽然风光无限，但绝对没有随便杀人的权力。在多数情况下，古代皇帝和官员都信奉遵循人命关天的理念，杀个人不是一件简单的事情。有些戏文里青天大老爷对贪官污吏杀无赦、斩立决的桥段，看着很过瘾，但并不符合实际情况。

还有一种说法称，正是受了卖肉老板的羞辱，郑性之才更加发愤读书学习，决心混出个样来给人看。中了状元之后，他还专门到那老板家致谢，说是没有他的激励刺激，就不会有自己后来的出息。从郑性之为官之后的所作所为看，这个说法倒是更为可信一些。

郑性之中状元的时候，已经三十六岁了。他先是被任命为奉国军节度判官，后来又历任秘书郎、袁州（今江西宜春）知州、赣州知州、建宁知府、吏部侍郎等职务，最后官至副宰相级别（参知政事）。

郑性之是个知恩图报的人。他对自己的老师朱熹，始终心存感激之情。为官初期，郑性之不遗余力地为解禁朱熹理学奔走呼号。担任要职之后，他更是利用手中的权力，将朱熹学说上升到国家理论的高度,从此影响了中国历史几百年。从这件事情上看,郑性之也不是那种睚眦必报的小人。不过他对于朱熹学说的处理,倒是有点公权私用的嫌疑。

郑性之是南宋名臣之一,在一些问题上颇具远见卓识。比方说,他曾向皇帝进言说,南宋最危险的对手不是已经走向衰落的金国,而是新兴的蒙古。政府必须早做应对,制定出有针对性的、切实可行的国家战略。郑性之的预言,若干年后不幸成为现实。再比方说,他建议皇帝广开言路,巩固边防,安抚人心,发展生产,积蓄国力,然后再图恢复中原大业。他不仅是这样说的,也是积极地为之身体力行的。

有件事很能说明郑性之的胸怀。朝廷曾动议让一个名叫吴渊的地方大员进京担任要职,御史唐鳞坚决反对这一人事安排,他认为吴渊野心很大,不能重用。唐鳞同时认为,身居高位的郑性之,在这个问题上态度暧昧,不敢担当。因而,一并弹劾郑性之过于宽容,没有原则,胆小怕事,为自己考虑过多。其实唐鳞不知道,郑性之已经秘密向皇帝建议,吴渊此人不可用。但是郑性之并没有因此而为自己辩解,唐鳞是郑性之的学生,知道了事情的原委之后,他对自己的唐突之举懊悔不迭。郑性之对此倒是并不介意,他认为唐鳞对自己的评价很准确地切中了自己的弱点。

郑性之胸怀大度,不是那种恋栈权位之人。有一次,因为出了一桩小事故,郑性之认为自己应对此负责,便主动引咎辞职。这事说起来有些迷信色彩,一座皇家建筑物落成后,天公不作美,雷雨大作,导致建筑物受损。郑性之认为可能是自己的行为惹怒了上苍,便辞职以示对此负责。

宋理宗很看重郑性之,便亲笔批示予以挽留,但郑性之坚辞不就。郑性之辞去参知政事一职后,宋理宗感觉很是有些不舍,又提出让他以资政殿大学士身份出任绍兴知府兼浙东安抚使。对宋理宗的这番好意,郑性之在表示感谢之余,还是坚决不予接受。他认为自己年事已高,体力精力都难以适应繁重工作任务的需要。与其尸位素餐,不如早早让贤,让年轻有能力的人来接替自己。这样的境界,非一般人可比。其实此时的郑性之,并不算太老,也就六十五岁而已。再干上个三五年,一点问题都没有。

退休回家之后,郑性之心无旁骛,过了将近二十年淡泊安然的田园生活。在宋代,郑性之算得上是个高龄状元,享年八十三岁。

一心为民袁状元

嘉定四年(1211)辛未科状元,乃两浙东路温州(今浙江温州)人氏赵建夫。令人有些费解的是,赵建夫官至正部级(工部尚书),算是个大官了,但关于他生平事迹的史料记载很少,生卒年也不详,故而只能存目。

嘉定七年(1214)甲戌科状元,乃庆元府鄞县(今浙江宁波)人氏袁甫。还有人考证说,袁甫是舟山群岛的岱山人。这两个地方相距不远,隔海相望,袁甫分别留下一些遗迹,也是可以理解的事情。

袁甫的老爸袁燮,是南宋时期著名的教育家、哲学家,曾做过温州知州、宝文阁直学士。受良好家风的影响,袁甫自幼勤奋好学,并曾拜著名学者杨简为师。由于史料关于袁甫的生卒年记载不详,他多大岁数中状元不得而知。中状元后,袁甫先是被任命为建康军判官,四年后升任湖州通判。再后来,又担任过起居舍人、中书舍人等职务以及多个地方的政府主官。

虽说是个官二代，但袁甫不是个纨绔子弟，而是个踏实肯干、勤奋敬业之人。在湖州任职期间，初出茅庐的袁甫就主持抓了不少利国利民的工作。比如，清理土豪大户隐瞒资产，打击偷税漏税行为，增加财政收入。又比如发展社会慈善事业，设立婴儿局收养孤儿等。在其他地方，袁甫也多有类似善举。例如为了应对瘟疫，他主持创办过医院。袁甫还曾决定由政府出资购买二百亩良田，所得收入用于维持慈善机构（义庄）日常开支。在宋代的状元中，像袁甫这样重视社会慈善事业的并不多见。

袁甫深知教育的重要性，高度重视发展教育文化事业。在徽州、衢州、鄱阳等地担任政府主官期间，袁甫为当地教育事业的发展倾注了大量的心血。比如修复扩建白鹿洞书院、创建贵溪象山书院等，为青年学子能够接收到正规的教育创造了良好的条件。同时，袁甫还决定拨出专款，用于资助贫困生求学。

袁甫是个爱民如子、关注民生的好官。针对徽州民众负担过重的实际情况，袁甫申请上级政府为当地减免了一定额度的绸绢、茶叶税。辖区内发生大旱之时，袁甫下令各地清查政府库存，发动富户主动捐助钱粮，严打囤积居奇不法行为。在他的主持下，政府筹集了四万两千多石粮食以及一大笔款子，用于赈济灾民。他要求，赈灾工作要做到饥者有饭吃、病者有药治。家庭缺乏劳动力的以及失业的市民，政府也都要给予必要救济。这些措施的实行，保持了社会的安定，使百姓得以顺利渡过难关。

袁甫是个勇于担当、直言敢谏的官员。他曾多次上书宋理宗，力陈时弊，主张加强国防建设，巩固边防，有效抵御外敌入侵。他还曾对皇帝建议说，一定要选准选好知府知州这种地方主官，如果选不对人，无论是贪污腐化还是瞎指挥蛮干，都会成为地方一害。在代理吏部侍郎职务期间，袁甫数次弹劾权臣史嵩之，但未引起宋理宗的重视。在这种情况下，袁甫先后八次提出辞官申请，但未被批准，上级只放了他一个月的公休假。休完假之后，袁甫改任兵部侍郎。他在给皇帝的信中说："危亡之祸，近在旦夕，君臣同心，共赴国难。"其忠肝义胆，可见一斑。

关于史嵩之这个人，历史评价毁誉参半。他很有头脑和远见，在抵御金国、蒙古入侵方面，颇有建树，功绩不凡。在南宋、蒙古联合灭金过程中，南宋这边的主要指挥者，就是史嵩之。如果在对付蒙古威胁的问题上，史嵩之的意图得以实现，南宋未必会灭亡那么快。但是史嵩之心机太重，过于迷恋权力，处事比较独断专横，又是奸相史弥远的侄子，因而为很多史弥远的对立面所不容。于是，史嵩之在不少事情上多遭牵制。一些有利于国家安全的设想，也不能得以顺利实施。跟中国古代的不少王朝一样，南宋的灭亡其实也与内斗有着莫大的关系。当然了，为人正直的袁甫弹劾史嵩之未必会考虑到这些问题。起码在他自己看来，弹劾史嵩之之举，完全是出于公心。

虽然在对待史嵩之的问题上宋理宗没有完全听取袁甫的意见，但他对忠心耿耿的袁甫信任有加。宋理宗曾经这样对袁甫说："你长年在地方任职，工作勤恳，敬业爱民，十分辛劳，但无怨无悔。每次看到你的工作报告和意见书，都能感受到你的一片忠心，很是让人感动。"一个大臣，能得到皇帝的这般好评，很不容易。因而，袁甫担任兵部侍郎不长时间，宋理宗便进一步委其以重任，让他主持兵部工作（权兵部尚书），并临时兼任吏部尚书。遗憾的是，壮志未酬的袁甫，履任不久便因病去世。

袁甫是南宋一代名臣。南宋末年学者王应麟如此评价袁甫："近世夺魁而有益于世道者，袁甫一人而已。"袁甫学问广博，一生勤于笔耕，著述颇丰。有《蒙斋集》四十卷及《孝说》《孟子解》《后省封驳》《信安志》《江东荒政录》《防拓录》《乐事录》等传世。

死于谋杀的状元郎

嘉定十年(1217)丁丑科状元,乃宣州宁国(今安徽宁国)人氏吴潜。

吴潜自幼聪颖过人,才华出众。少年时期,其诗文就在家乡一带享有很高的知名度。获得状元称号之时,吴潜只有二十二岁,堪称年少成名。

跟宋代的多数状元相比,吴潜的为官之路还算顺畅,没有遭受过什么起起落落的折腾,尤其是在他从政生涯的中前期。中状元后,吴潜先是出任镇东军节度判官,后来又担任过秘书省正字、校书郎、吏部员外郎、兵部侍郎、工部尚书、参知政事兼知枢密院事等职务,最终官拜左丞相兼枢密使。其间,还出任过镇江府、平江府、庆元府等多个地方的政府主官(知府)。

吴潜是个很有能力的多面手,不论在什么岗位上干,都能把工作搞得有声有色。比方说,吴潜在担任兵部侍郎期间,正值蒙古兵大举南犯。兵锋所到之处,南宋许多战略要地或失陷,或危在旦夕。在举朝惊慌失措、局势面临崩溃之虞的危急关头,作为一介书生的吴潜,义无反顾地组织义军夜渡长江,积极配合主力部队作战,打乱了蒙古军队的战略部署,使其首尾不能相顾,只好全线撤退。

吴潜在浙江东南沿海一带任职期间,辖区海岸饱受倭寇侵扰之苦。为了有效打击倭寇,针对政府水军装备不足、力量薄弱的实际情况,吴潜主持制定了“义船法”,规定当地船运经营大户,要多造或者购买船只,每户至少以三艘船随时听候政府调用,其余的用来经营谋利。在吴潜的调度下,政府共征用了五千余艘船只,用于沿江沿海巡逻防守。同时,设立水军"海上十二铺",同民间巡防力量一起,构成了一个严密的防御体系,对倭寇形成了极大的震慑,保证了江防海防的安全,致使"环海肃然"。对于这种严密的军民联防体系,明代作家冯梦龙给予了这样的评价:"海上如此联络布置,使鲸波蛟穴之地,如在几席,呼吸相通,何寇之敢乘?"吴潜跟戚继光一样,堪称一位抗倭英雄。

位于宁波境内的它山堰,是中国古代的四大著名水利工程之一,系全国重点文物保护单位。吴潜于此地任职期间,在重视整修维护它山堰的同时,又主持为其修建了一系列配套水利工程,使之能够更加充分地发挥整体效能。这些水利工程,有些至今还在发挥作用,造福着当地民众。善于观察总结的吴潜,还拥有一项中国水利史上的重要发明专利——水利工程蓄水、放水、正常三条水位线。因为有了这三条线,水文观测站才随之得以出现。吴潜,又是一位顶尖的水利专家。

对于一位国之重臣来说,是否具备临危不乱、镇定自若的能力素质,是极其重要的。因为只有这样的人,在国家有事的时候,才能冷静判断形势,正确应对危局。在蒙古铁骑进逼临安之际,奸臣贾似道竟然建议宋理宗迁都四明(今浙江宁海)。慌了手脚的宋理宗,在贾似道的忽悠下,也打算一跑了之。吴潜认为,形势还没到那么糟糕的程度,如果应对得当,是有可能击退蒙古军队的。轻易迁都,是对国家民族极不负责的做法,假如这么做了,将使民心尽失,局面一发不可收拾。因而,极力劝阻宋理宗不要这么干。在吴潜的坚持下,宋理宗打消了迁都的念头,转而积极调度力量备战,南宋的半壁江山得以暂时保全。

吴潜是南宋时期的重要词人,词作题材广泛,主要是抒发经世济民的远大抱负。吴潜的词风以激昂雄劲为主,但于豪迈中又寓婉约之色彩,艺术手法丰富多样。比如下面这首《南柯子》,就写得很有味道:“池水凝新碧,栏花驻老红。有人独立画桥东,手把一枝扬柳系春风。鹊绊游丝坠,蜂拈落蕊空。秋千庭院小帘栊,多少闲情闲绪雨声中。”

吴潜这样的人,自然不能为奸臣贾似道所容。在贾似道的多方使坏下,宋理宗渐渐对吴潜有了看法。比方说,宋理宗打算将忠王(后来的宋度宗)确定为接班人(太子),为此曾秘密征求过吴潜的意见。吴潜说:“我没有史弥远那样的本事,忠王也没有陛下您那样的福气。”话里的潜台词很清楚,您选的这位接班人不称职,我实在是不敢恭维。吴潜因此而彻底得罪了宋理宗,于是就被免去丞相职务,发配到岭南锻炼改造去了(授化州团练使,循州安置)。

有一种说法称,虽然吴潜遭到断崖式降级处理,但贾似道仍然不放心。他担心有德有才的吴潜有朝一日东山再起,就会对自己形成威胁。于是,便派自己的心腹刘宗申出任循州(今广东惠阳)知州,寻机害死吴潜,以绝后患。为了对主子有个交代,刘宗申想了不少坏法子。比方说,他曾往吴潜用水的井中投毒,结果毒死了几个无辜的人,逼得吴潜只好自己另行打井取水。刘宗申还曾多次宴请吴潜,但都被吴潜谢绝。有一天,刘宗申以为吴潜祝寿为名,要设宴款待吴潜,并把酒席安排在了吴潜的住所。已经无法拒绝的吴潜,只能接受了这样的鸿门宴。在喝了刘宗申下过毒的酒之后,当夜毒发身亡,时年六十七岁。

据《宋史》记载,吴潜在赴宴之前,已知自己必死无疑。于是,便对身边人说:“吾将逝矣,夜必雷风大作。”在吴潜去世的当夜,果然电闪雷鸣,暴雨如注。

中国古代法医学鼻祖、《洗冤录》作者宋慈,也就是那位因为电视剧《大宋提刑官》而广为人知的宋提刑,是吴潜的同榜进士同学。

蒋重珍倡导强力反腐

嘉定十三年(1220)庚辰科状元,乃婺州金华(今浙江金华)人氏刘渭。关于这位刘状元,史料只有中状元后被授予建康军节度判官的记载,其他便以“余事不详”四字了之,因而只能存目。

嘉定十六年(1223)癸未科状元,乃常州府无锡(今江苏无锡)人氏蒋重珍。无锡这个地方,教育文化传统深厚,出了不少状元这类文化名人。但是这个头,拜蒋重珍所开。也就是说,无锡出状元,时间要比山东、河南的一些地方晚很多。

蒋重珍是个很有性格的人,上班不久就撂了一回挑子。蒋重珍三十五岁中状元,之后他先是被任命为建康军判官。不久母亲去世,他回家为母守丧。服丧完毕后,蒋重珍改任昭庆军判官。上班不长时间,因为在一些工作的处理上意见不能跟同事们达成一致,蒋重珍就闹开了情绪。已是成熟之年的他,一气之下,竟然向上级提出了请长假回家为母亲守墓的申请。

协调是一种能力,退让是一种胸怀。在官场职场讨生活,不懂这两条,就会感到诸事不顺、举步维艰。如今有些年轻人很任性,与老板同事一言不合,就意气用事甩手不干,这很不可取。天下又不是咱家的,哪能事事都由着咱的性子来啊?即使在自己老爹老妈办的公司里,这样干也是不成的。作为一个社会人,总要跟方方面面打交道。总想以自己为中心,时时处处受到别人的重视,那怎么可能嘛。

重新上班之后,蒋重珍有一次被皇帝招进京城征询意见。蒋重珍本着知无不言、言无不尽的态度，就一些问题提出了一些合理化建议。比方说，他建议政府强力反腐倡廉。他认为，当朝官员的腐败程度、方式前所未有，因而民众遭受了前所未有的祸害。那些贪官污吏的贪腐欲望，已经到了欲壑难填的程度，因而民众遭受侵害也会无休无止。长此以往，国将不国。在反腐败问题上能有如此清醒深刻的认识，蒋重珍在宋代状元之中也算是有些别具一格了。

此次征求意见不久，京城发生了一场特大火灾。蒋重珍抓住机会，以天怒人怨为由头，给皇帝写了一封有名的意见书。其中，性格刚直的蒋重珍在指斥权臣史弥远独断擅权的同时，提醒皇帝不要过于信任这样的人，致使朝中百官只知道对他趋炎附势，而不知道还有皇帝在上头。朝廷发布个政策文告什么的，大家竟然都在谈论宰相的意见如何如何，而闭口不谈皇帝的作用，这又怎么能行！蒋重珍建议，对于那些有功的大臣，可以让他们享受荣华富贵，但绝不可以赋予过大过多的权力，以免形成尾大不掉之势。

蒋重珍对于朝廷的一片忠心，使宋理宗大为感动，便任命他为宝章阁直学士，让他留在京城为自己服务。为了提醒宋理宗防止再次发生大权旁落的事情，蒋重珍经过认真思考，仔细整理出了六条对策建议，以“为君难”为题进献皇帝参考。

由于没有从事过太多的实际工作，蒋重珍留给历史的政绩记载主要以建言献策为主。比方说，他极力举荐真德秀、魏了翁二人，积极建议朝廷委其以重任。而真德秀和魏了翁，也确实是具有真才实学、能力出众的人才，担任要职后取得了不凡的政绩。针对蒙古南犯的潜在威胁，蒋重珍建议朝廷选择合适将领，承担边疆防务重任，以保证边防安全。但这一建议，没有得到上级的重视。在相关官员的举荐问题上，蒋重珍讲大局、识大体，选人用人完全出于公心。

蒋重珍为人严谨，做事一丝不苟。比方说，他每当接到为政府起草政策文告之类的任务之后，都要使自己做到心情宁静淡然，然后穿上正规的服装（“斋心盛服”），正襟危坐，认真撰写。他认为，只有这样，才能使自己的文字严谨无误、准确到位。蒋重珍对待工作的这种态度，受到了皇帝的高度评价。

蒋重珍具有很强的保密意识，口风极严。每当起草一些涉及国家或皇家机密的文稿，正式呈文上报之后，他都要亲自把草稿逐一销毁，以防机密外泄。对于涉密事项，蒋重珍从未向外人包括家人吐露过半个字。一个人能否适合做某项工作，性格如何是个重要参考因素。比方说，那些具有大嘴巴、长舌妇性格的人，绝对不适合做涉密机要工作。一些泄密事件，往往发生在无意之中。

在中央政府机关，蒋重珍后来又担任过著作佐郎、著作郎、起居舍人等职务。大约还是在人际关系协调方面出了问题，自感个人意见不受重视、抱负不得施展的蒋重珍，在上级准备委他以重任之际，以身体有病为由，提出了提前退休的申请。此时，政府已经作出了蒋重珍以代理刑部侍郎（权刑部侍郎）的身份出任安吉州（今浙江湖州）知州的人事安排。但对仕途已经心灰意冷的蒋重珍，三次力辞不就。最后，政府只得同意他以刑部侍郎官职退休。

六十一岁那年，蒋重珍病逝于家。

又一位疑似死于谋杀的状元郎

宝庆二年（1226）丙戌科状元，乃台州临海（今浙江临海）人氏王会龙。史料关于王会龙事迹的记载过少，无法独立成篇，只能存目。

绍定二年(1229)己丑科状元,乃福州侯官(今福建闽侯)人氏黄朴。跟王会龙一样,黄朴的事迹也难寻记载,只好简略带过。

绍定四年(1231)辛卯神童科状元,乃福建闽县(今福建福州)人氏林壮行。在明代学者朱希召的《宋历科状元录》中,虽然把林壮行列为南宋状元得主,但根据相关情况分析,林壮行中状元的这一科,应当不是南宋科举的正科考试,况且也查不到他的相关史料记载,故而也只能存目。

绍定五年(1232)壬辰科状元,乃信州上饶(今江西上饶)人氏徐元杰。

徐元杰自幼聪慧过人,才思敏捷。在少年时代,徐元杰就善于舞文弄墨,写文章屡有警句名言。尤其是他的记忆力超强,读书过目不忘。为了提高自己的学业水平,徐元杰很注意向高水平的专家学者讨教。比方说,他曾拜朱熹的学生陈文蔚、名家真德秀等人为师。虽然聪明好学,又有名家点拨,但是相比之下,徐元杰的科举功名,却来得比较晚一些。中状元的时候,他已经三十有六。

步入官场之后,徐元杰先是被任命为镇东军节度判官。几年后,奉调进京,历任秘书省正字、著作佐郎、兵部郎中等职务。又过了三年,徐元杰被下派锻炼,出任南剑州(今福建南平)知州。当时,该地盗匪四处出没,劫掠侵害百姓。到任后,徐元杰经过一番微服私访、缜密调查,很快破获了多数主要犯罪团伙。徐元杰是个很有人文情怀的官员,他根据审理结果,依法判处八名罪大恶极的为首分子死刑。对那些犯罪情节轻微的胁从分子,则经过一番惩戒教育之后,通通予以释放,给他们一个改过自新、重新做人的机会。徐元杰此举,深受当地民众好评。大家都说:“要不是徐大人来此当官,我们这些平头百姓不知道还要给这些盗匪做多久的鱼肉呢。”

徐元杰十分重视教化之功效。南剑州有所延平书院，只要有空余时间，徐元杰都会亲临书院，为学生们开办讲座、传道授业。民众之间发生了民事诉讼案子，徐元杰也常常现身说法，以道理和礼仪说服他们。在他的调解之下，多数人都心悦诚服，自愿息诉罢访。但此后还没来得及多做些事情，徐元杰的母亲就去世了。按照制度规定，他只能回家为母守丧。在离开任所之时，很多民众跪在徐元杰经过的街道两旁，泪眼目送这位心系民众的好官。

服丧期满后，徐元杰重回京城做官。由于为人正直，能力出众，徐元杰在朝廷重臣杜范等人的提携举荐下逐步得到重用。他先后出任给事中、国子监祭酒、代理中书舍人、工部侍郎等职务。但还没等到他为国为民做出更大的贡献，就死在了一个疑似谋杀的事件之中。

身居丞相高位的史嵩之，在父亲死了以后，不想按规定回家守丧。他的理由不外是国家内忧外患、皇帝离不开他云云。对于手握重权的史嵩之此举，很多大臣都噤若寒蝉，不敢吭声。但是知识分子们不吃这一套，四百多太学生之类的读书人，或联名抗议，或集体上访请愿，坚决反对这种破坏干部人事制度、不讲孝义节操的行为，从而掀起了一场声势很大的政治风波。

关于史弥远、史嵩之叔侄俩，历史评价不高。他俩迷恋权力，独断专行，打压政敌。史弥远又一味媚外求和，因而颇受朝野非议。但不少人都有两面性，比如史家叔侄。这两个人能力超强，还比较爱惜人才，善于识人用人。比如史弥远，曾提拔重用了真德秀、魏了翁、杨简、李心传等二十多个干才，使朝政为之一新。史嵩之也曾向朝廷举荐了三十多位有识之士，其中包括董槐、吴潜这样的能臣。他俩处理政务的能力，也使皇帝感到离不开他们。特别是史嵩之，在应对北方强敌金国、蒙古方面，颇有心得和建树。但是擅权弄权之人，人缘一般都不好，例如史家叔侄。

徐元杰是一个忧国忧民,很有责任感、讲原则讲规矩的官员。比方说,他在给皇帝起草意见书等材料的时候,每当论及国家安危、民众疾苦之时,常常情不自禁、涕泪交加。但在正式成文之后,他都会把草稿销毁,以至于其家人弟子都不明白他的情绪何以会如此激动。因此,对于史嵩之这种明显违反制度规定的行为,徐元杰也是坚定的反对者之一。他数次力谏皇帝,绝对不能让史嵩之这么干。

这场政治风波发生后不久,徐元杰有一次应邀到丞相范钟的官邸吃午饭。回家后,就感到肠胃不适,浑身忽冷忽热。到了半夜,竟然"指爪爆裂",大叫数声而死。这样的症状,极其疑似被人下毒。联系到杜范担任丞相只有八十天就暴病身亡,户部侍郎刘汉弼也是参加了范丞相的饭局之后一命呜呼,大家便都认为他们是死于政治谋杀。幕后主谋的黑手,非史嵩之莫属。被称为"淳祐三贤"的杜范、徐元杰、刘汉弼,都是史嵩之的对立面。而范钟又是史嵩之线上的人,众人这么想,倒也在情理之中。于是,太学生们便聚集在皇宫前集体情愿,要求政府查明真相,给社会一个交代。事情最后虽然不了了之,成了一桩无头公案,但史嵩之的官也做不下去了,只好退休回家。有人讲,如果不是史嵩之因此而赋闲在家十几年,南宋就不一定会灭亡得那么快。但是,历史不容假设。

去世的时候,徐元杰年仅五十岁。

性情耿直吴叔告

端平二年(1235)乙未科状元,乃莆田莆阳(今福建莆田)人氏吴叔告。

吴叔告也是位大龄状元,中状元时已经四十有二。据传,吴叔告的状元卷观点独到、见解深刻、辞采华丽、文笔优美,颇受皇帝赏识。政府将他的卷子向社会公布发行后,立马就成为了畅销书。从王公贵族到草根百姓,无不争相传阅,几乎到了洛阳纸贵的程度。

关于吴叔告中状元,还有个有趣的段子流传。在阅卷过程中,吴叔告的卷子被一个考官作为备取卷放在桌子上准备稍后处理。谁料突然刮来一阵风,吴叔告的考卷被吹到了正在聚精会神、埋头阅卷的主考官真德秀的桌子上。真德秀感到有些奇怪,就打算把这份卷子拿起来看一下。还没来得及看,真德秀突然感到头痛难忍,不得不赶回家去吃药。临走前,顺手把这份卷子交给了副主考官。副主考官是个多心人,他误认为这张卷子的主人必定与主考官大人有着比较特殊的关系。而狡猾的主考官不好表态,就找借口回避,暗示自己予以关照。于是,抹不开面子的副主考官,就提出了将吴叔告作为第一名人选的建议。这个段子,颇有些不合常理之处,权作花絮。况且吴叔告的答卷水平确实不错,夺得状元桂冠也在情理之中。

中状元后,吴叔告被任命为威武军节度判官。在一次平乱事件中,由于认为上级奖罚不公,一些下级军官和士兵发生了骚乱争斗事件。当时那个地方的官员们都怕引火烧身,没人敢出面说话调解。关键时刻,只有吴叔告挺身而出,一面劝解说服众人不要闹事,一面劝说地方主官适当提高奖金发放额度,很快平息了事态。这说明,吴叔告是个不怕事、敢担当的官员。

任职三年后,吴叔告奉调进京,先后担任秘书省正字、校书郎、秘书郎等职务。由于直言敢谏,办事公道,吴叔告很受宋理宗赏识。在有一年的官员考评中,吴叔告因为表现出色,上级准备将他提拔重用。吴叔告知道这个情况后,主动对上级说:“徐元杰比我早一届中状元，而且他的品德操行也很优秀。在没有提拔他之前，先提我不合适。”根据吴叔告的建议，上级给徐元杰升了职。吴叔告这种不计个人得失的品质，受到了大家的一致称赞。

做了一段时间的京官之后，政府委派吴叔告出任地方主官。他先是担任抚州知州，期间曾回京任职，后来又做过漳州、衡州、常州、严州（今浙江建德）等地最高长官。在地方任职期间，吴叔告勤奋敬业，廉洁奉公，为民众做了不少事情。比方说，他重视发展教育事业，大力支持地方办学；他狠抓社会治安，严打刑事犯罪；积极为民众争取减免税负，多方申请救济粮款。在任期间，吴叔告还严格控制政府开支，大力纠正铺张浪费行为，较大幅度地降低了政府机关行政成本。所到之处，吴叔告均取得了不俗的政绩，官声还不错。

吴叔告不仅自己清廉做官，对家人要求也很严格。当他赶回家为老母亲拜祝八十大寿时，发现家人把祝寿场面弄得很大，邀请的人也很多，就发了脾气。他批评家人，不该因为家中有人做官，条件好了，就忘记了过去的穷日子，搞摆阔气、讲排场这一套。他嘱咐家人，做人要低调，要树立勤俭过日子的良好家风，不能让人家说三道四。

吴叔告官至副部级（刑部侍郎）。有人撰文称，因为他性情耿直，不善于拍马逢迎、依附权贵，所以屡遭权臣排斥，没有被提拔到更高的位置上去。后来，还因此而提前退休，无奈结束了自己的政治生涯。其实，这只是问题的一个方面。在介绍吴叔告的史料中，有五个字很关键：“性狷介寡合”。也就是说，吴叔告虽然为人正直，但有自己的性格缺陷。他是那种说话办事直来直去、不考虑别人感受的人，很不合群。这样的人，人际关系很难搞好。

作为一个政府官员，自然少不了要与人打交道，包括自己的管理服务对象、上司、下属、同事等。因而，是否善于同别人沟通协调，对一个官员来说十分重要。笔者这里所说的人际关系沟通协调，并不是巧言令色、油嘴滑舌的市侩哲学。它不仅是一种技巧，更是一种能力、一种胸怀。这方面能力强的人，一方面善于使别人理解自己的意思、接受自己的意见，另一方面也善于倾听别人的意见，从中汲取对自己有益的东西。像吴叔告这种说句话噎死个人的人，自然很难为多数人所接受，人缘当然不会好。

还有人说，吴叔告生不逢时，在南宋小朝廷风雨飘摇之际才中状元、当了官。不然的话，以他的能力水平，也许会有更大的作为。笔者不这样看，即使生逢盛世，以吴叔告的性格，在官场上也不好混。在各个朝代的状元们当中，像吴叔告这样的情况并不少见。从吴叔告的经历，我们可以得出一个结论：不善于与人沟通协调的人，不适合做官。即使做了官，也难以做大。

吴叔告辞官回乡后，倒是能做到心境淡然，安于朴素的田园生活。他在家乡修了一座“叔告书楼”，收藏了一大宗书籍，在此专心教育辅导子孙读书学习。

七十二岁时，吴叔告病逝于家。

状元周坦趣闻多

嘉熙二年(1238)戊戌科状元，乃浙江永嘉(今浙江温州)人氏周坦。

周坦是个农民的儿子，自幼生活在一种艰苦贫困的环境之中，但人穷志不短，在替人放牛打小工之余，也时刻不忘读书学习。因为没钱上学，周坦常常挤出时间跑到一些学校里蹭课听。他天资聪颖，读书过目不忘。勤奋好学的周坦，学业水平提高很快，年纪不大就以有才而闻名乡里。著名学者杨简，见周坦很有培养前途，就把他收为关门弟子。

在周坦的家乡一带，流传有不少关于他的有趣故事。有一次，他在放牛的时候，大约是因为看书太专注，从而走失了一头牛。害怕受罚的他，在没找到牛之前不敢回家，就在村外的一座桥下露宿。正睡得迷迷糊糊间，一伙人提着灯笼从桥上走过，有人大叫道："哎呀呀，不得了啊！在这桥下边，睡着个状元呢！"被喊声惊醒的周坦，睁眼一看，方知夜色已深。而那伙人，却早已不知所踪。也就是说，那些人根本不是凡人。

在进京赶考前夕，周坦有一次在路边全神贯注地背书迎考。此时，恰好有个瞎子算命先生由此路过。他听到周坦的朗朗背书声之后，大为吃惊，赶忙寻声过来作揖致礼，说道："鄙人在此巧遇状元郎，实乃三生有幸，这厢有礼了！"周坦以为这算命先生是在忽悠他，不禁哑然失笑。笑过之后，也没有拿这当回事。

有个名叫邵泽的考生，跟周坦同时参加了本科殿试。邵泽大约是个富家子弟，因为他携带的京墨比较名贵，并且数量还不少，一些喜欢这种墨的考试工作人员就向他讨要。邵泽是个大方人，来者不拒，谁要给谁。吃了人家的嘴短，拿了人家的手短。一个在皇宫服务的考试工作人员（内侍）得了邵泽的好处之后，就悄悄讨好他说："最近皇家花园里刚刚建成一座亭子，名叫'定一'亭，皇帝大人很喜欢。我曾听到他老人家说，谁要在殿试的时候好好论述一下'定一'的含义，就让谁当状元。"邵泽一听，不由大喜，心想这墨还真不是白给的。于是，就在答卷中揉进了"定一"的内容，并好好论述了一番。

那个内侍是个帮人帮到底的主儿。回宫见到皇帝后，就向他报告说："皇上啊，我这次被抽调去帮助组织科举考试，还真就看到有个考生的卷子论述了'定一'的意义，那文采相当不错呢。"皇帝一听，来了兴趣，就想找这份卷子来看看，把作者定为状元。无奈周坦的水平还是高出一筹，最后只好让邵泽得了榜眼。考官们也会拍马屁，录取结果公布以后，纷纷向皇帝祝贺道："恭喜陛下本科取得周坦、邵泽两位贤才。"

作为一个农民的儿子，周坦虽然经历了"朝为田舍郎，暮登天子堂"之人生巨变，但天性善良、本色纯真的他，并没有像有些人那样，演变成为一个贪官。周坦三十七岁中状元，此后先是出任镇东军节度判官。任满后回京做官，历任秘书省正字、校书郎、著作郎、工部郎中等职务。由于官位不显，周坦没有太多的政绩可说。史料关于他的事迹记载，主要是在直言敢谏、勇斗奸臣方面。

周坦曾经做过一段时间的纪检监察干部(御史)。一身正气、铁面无私的周坦，敢于履行职责，对于贪官污吏毫不留情，坚决检举弹劾没商量。比方说，他弹劾过杨栋、包恢等人的贪腐渎职行为。最为令人称道的，是周坦不怕引火烧身，毅然弹劾宋理宗最为信任的太监董宋臣。这个董宋臣，依仗皇帝的宠信，索贿受贿，陷害忠良，无恶不作，被人们称为"董阎罗"。对于周坦"舍得一身剐"的勇气，同僚无不敬佩有加。

果然，周坦的弹劾不仅没有结果，反而因此遭到了皇帝的冷落，但无怨无悔的周坦，依然不屈不挠。当董宋臣勾结奸臣丁大全罗织罪名陷害打击丞相董槐时，周坦联络了一些有正义感的官员，大力声援董槐，弹劾丁大全、董宋臣，建议皇帝对这两个家伙予以严惩。周坦这一次的行动虽然还是没有结果，并且受到了贬官外放的不公正处理，但他疾恶如仇、无私无畏的铮铮铁骨更加为人们所敬重。

周坦的品格操行，最终也赢得了宋理宗的认可。他曾在一份钦赐周坦的嘉奖令中如此评价这位忠心耿耿的臣子："伟哉典型，冰清玉洁；嘉熙翼步，盛名日扬。"这样的评价虽然来得晚了一些，但迟到的公正也是公正。周坦以自己的实际行动证明，他无愧于这样的评价。

有人撰文称，周坦以刑部尚书高位离职退休，但笔者没有查到他担任这一职务的相关记载。六十二岁时，周坦病逝于京城。

南宋的一个著名奸臣贾似道，是周坦的同榜进士同学。有人撰文说，贾似道本是一个地痞流氓加文盲无赖，全赖姐姐贾贵妃的提携关照，才得以登堂入室、位极人臣。这种说法并不确切，贾似道虽然是个奸臣，却是正宗的科班进士出身。

谦恭正直徐俨夫

淳祐元年(1241)辛丑科状元，乃浙江永嘉(今浙江温州)人氏徐俨夫。

据传，徐俨夫是个遗腹子，身世很苦。他的母亲怀着他的时候，有一天他父亲上山砍柴，结果被老虎给咬死了。生活难以为继的徐俨夫母亲，后来只好带着他改嫁他人。在古代，妇女改嫁的情况比较少见。作为人之继子，徐俨夫想必也没少受歧视白眼。

史料关于徐俨夫的生卒年记载不详，因而他多大岁数中状元不得而知。在徐俨夫中状元之后，发生了一件事情。这件事情虽小，却反映出了他谦恭宽厚的良好品行，很是为人所称道。

有个名叫欧阳守道的考生，跟徐俨夫同时参加了本科殿试。这个时候的欧阳守道，已经有了相当高的知名度。考试结束之后，就像如今高考学子们考后通常会对答案一样，徐俨夫跟欧阳守道交流了各自的答题情况。欧阳守道在策论试卷中，重点论述了国势兴衰与人才的关系，以及如何做好选人用人工作的对策建议。欧阳守道的答卷见解深刻、观点独到、论述精辟，使徐俨夫大为叹服。他认为，本科状元必属欧阳守道无疑。

然而，对于一篇文章水平的高低，是因人们的欣赏眼光和喜好口味而异的。评判考生答卷水平高低的决定权，掌握在考官们的手中。本科考试的考官们，认为徐俨夫的答卷水平最佳，就把他推荐为状元得主，提请皇帝定夺。录取结果公布以后，徐俨夫非常严肃地走到欧阳守道面前，握住他的手，以非常谦恭的态度、满含愧疚地对他说："你的水平高出我很多，而我的名次却排在了你的前面，我深感心中有愧。"

徐俨夫这不是在作秀，因为他真诚的态度，打动了在场的所有人。在有些人看来，徐俨夫此举也许是多余的。因为决定考生的成绩和名次，是皇帝大人和考官们的事情，又不是他自己去硬争来的。不以物喜，不以己悲，是一种境界。多数人在遇到徐俨夫这种情况的时候，只怕是在安然受之的同时，还会有些沾沾自喜。徐俨夫的这种胸怀，真是非一般人可比。

中状元后，徐俨夫先后担任过校书郎、秘书郎、著作佐郎等职务，并兼任过皇家子弟家庭教师（靖惠王府教授）。此时，正值奸臣丁大全当政。他与皇帝宠信的太监董宋臣、阎贵妃、权臣马天骥等人狼狈为奸，把个朝政搞得乌烟瘴气。当时有民谣称："阎马丁当，国势将亡。"所谓"阎马丁当"，指的就是阎贵妃、马天骥、丁大全、董宋臣四人。为人正直、不肯趋炎附势的徐俨夫，很难同这些人搞到一起去，自然也不会为他们所容。

因为不愿与丁大全之流同流合污，徐俨夫愤而辞官回家。比较巧合的是，与徐俨夫关系甚洽的欧阳守道，只做了几年官，也因为不堪官场腐败而辞职不干了。辞职后，欧阳守道去白鹭洲书院做了校长，一心一意地培养人才去了。欧阳守道最为杰出的学生，就是民族英雄文天祥。而文天祥后来中状元不久，就上书建议皇帝诛杀董宋臣。但他的建议未被理睬，深感失望的文天祥，毅然辞官回归故里。文天祥和徐俨夫辞职的时间，前后相差没几年。什么叫志趣相投，请看徐俨夫、欧阳守道、文天祥。

徐俨夫出身草根，为官后家底也不殷实。辞职后没有了工资收入的徐俨夫，日子过得很拮据，经常吃了上顿没下顿。有人见他生计艰难，就劝他去向丁大全服个软，重新谋个一官半职。徐俨夫听了这样的话，只是微微一笑，然后撰写了一副对联贴在门口，以明心志："一任证龟成白鳖，哪能拜狗为乌龙。""证龟成鳖"是一句民间谚语，意思是人云亦云可以颠倒黑白、指鹿为马。而"乌龙"之说，则出自一个典故。晋代人张然有条狗，叫做"乌龙"。张然的老婆和仆人私通，密谋暗害张然。危急关头，聪明忠诚的"乌龙"挺身而出，咬伤仆人，救了主人张然性命。徐俨夫的意思很清楚，丁大全只是一条恶狗，而不是"乌龙"那种忠诚神奇的名狗。

后来，丁大全因为刻意隐瞒军情，触怒了皇帝，从而彻底倒台。丁大全完蛋了，皇帝这才想起徐俨夫的忠诚正直。于是，指示干部管理部门重新起用徐俨夫。在家闲待了几年的徐俨夫，接到了上级任命他为抚州知州的通知书。不久，又奉调进京，出任中央政府部门高官（礼部侍郎）。他此后的作为和业绩，就基本无据可查了。

徐俨夫洁身自好，志趣高雅。在工作之余，他博览群书，学识渊博。徐俨夫的诗词文章，在当时颇负盛名。比如下面这首《西江月》，就颇能说明他的艺术风格和水准：“曲折迷春院宇，参差近水楼台。吹箫人去燕日来，空有落梅香在。花底三更雨过，酒阑一枕惊雷。明朝飞梦隔天涯，肠断流莺声碎。”

遗臭万年留梦炎

淳祐四年(1244)甲辰科状元，乃浙江衢州(今浙江衢州市)人氏留梦炎。

史料关于留梦炎的出生年月记载不详，因此他多大岁数中状元也是个未知数。因为可耻的背叛行为，留梦炎以汉奸卖国贼的臭名留名于史册。因为留梦炎的名声实在是太坏，所以众多史料众口一词地说，他是个阴险狡诈、见风使舵的人。

像留梦炎这种性格的人，一般都比较会投机取巧，在官场上混不会太吃亏。因而，史料中鲜有他遭到排挤打击、贬官外放等方面的记载。换句话说，留梦炎的仕途之路比较顺畅，不像很多宋代状元那样坎坷。参加工作三十年后，留梦炎官至副宰相高位(参知政事兼知枢密院事)。虽然官位显赫，但留梦炎没有什么值得一提的政绩流传。留梦炎留在历史上的事迹，主要是投降做叛徒。

留梦炎出任要职时，南宋小朝廷在蒙古大军的进逼之下，已经危在旦夕。为了挽狂澜于既倒，南宋皇室认为，以留梦炎的能力才干也许可以承担稳住局势的重任。于是，便委任留梦炎为右丞相兼枢密使，总督全国各路兵马。精明的留梦炎，已经看出大事不妙。他很清楚，南宋垮台是早晚的事情。所以就想给自己留条后路，躲在家里装病不出。

走投无路的南宋皇室，无奈之下只好由太后出面，屈尊到他家好一通哀求。什么叫病急乱投医，这就是。实在难以推脱的留梦炎，只得硬着头皮走马上任。对留梦炎这种墙头草的德行，文天祥曾赋诗一首予以讽刺："悠悠成败百年中，笑看柯山局未终。金马胜游成旧雨，铜驼遗恨付西风。黑头尔自夸江总，冷齿人能说褚公。龙首黄扉真一梦，梦回何面见江东。"诗中不仅嘲讽了留梦炎畏首畏尾、不敢担当的行为，还巧妙地把他的名字隐含在了诗句之中。

南宋皇室实在是看错了人。被他们视作救星的留梦炎，上任之后不仅没有做什么事情，使南宋免于灭顶之灾，反而在蒙古军队大兵压境的紧要关头，脱岗逃跑了。之后很快又举白旗向蒙古人投降，成了一个可耻的叛徒汉奸。并且留梦炎投降不是他一个人的事情，而是带了一大帮人集体投降。投降之后，也许是为向新主子表忠心，也许是想多拉几个垫背的分担骂名，留梦炎多方奔走，四处劝说南宋旧臣归顺大元。这期间留梦炎的表现，可谓丑态百出。

比方说，文天祥兵败被俘后，留梦炎恬不知耻地前去劝降，被文天祥骂了个狗血喷头。留梦炎还曾给大臣谢枋得写信，劝他归顺大元，被谢枋得断然拒绝。谢枋得落入蒙古人手中之后，被押赴元大都（今北京）关押。坚贞不屈的谢枋得，以绝食方式以求一死。诡计多端的留梦炎，在谢枋得生病后，让医生把稀粥掺在药汤里喂他喝。谢枋得发现后，把汤碗摔了个粉碎，并叱骂留梦炎道："我一心求死，你却使出这样下三烂的手段！你以为我会像你一样贪生怕死、苟且偷生吗？"

元世祖忽必烈比较看重文天祥的才干人品，很想将其招降以为己用。反复劝说不成之后，失去耐心的忽必烈就下令对文天祥动了重刑。尽管被酷刑折磨得死去活来，但文天祥依然不屈不挠，绝不低头。南宋一些投降元朝的旧臣，既同情文天祥的遭遇，又敬佩他的为人，就联名给忽必烈写信，恳请释放文天祥，说是哪怕让他去做和尚道士也好。就在忽必烈有所心动的关口，留梦炎又出来使坏了。他说："如果放了文天祥，以他的影响力，肯定能发动无数江南人士奋起抗元。那样的话，我们这些归顺大元的人，又算怎么回事？"留梦炎这种有才的坏人，给人使坏确实能坏到点子上。他这样一说，使忽必烈坚定了杀害文天祥的念头。文天祥、留梦炎虽然同为南宋状元得主，但是做人的差距实在是太大了。

投降大元后，留梦炎做过元朝的礼部尚书、丞相等高官。在蒙古人的统治下，苟活了接近二十年。但是作为一个叛徒，留梦炎不仅不可能被新主子真正信任，相反还会被他们从骨子里瞧不起。比方说，忽必烈曾让著名书画家赵孟頫作诗讽刺留梦炎（《讥留梦炎》）："状元曾受宋家恩，国困臣强不尽言。往事已非哪可说，且将忠直报皇元。"以此来看，留梦炎做叛徒的日子过得也不会太舒心。

在浙江，历史上有这样一种说法："两浙有留梦炎，两浙之羞也。"让两浙蒙羞的留梦炎，还给留姓子孙惹了不少麻烦。比方说，明代科举有个不成文的规定，凡是姓留的考生报名参加考试，均需出具书面承诺书，声明自己不是留梦炎的后代，才有资格参加考试。明代政府的这种做法，虽然有姓氏歧视之嫌，并不可取，但也说明留梦炎的名声实在是太臭。时下有不少人热衷于翻历史旧案，但还没发现有谁试图为留梦炎翻案。

留梦炎的名声，看来还要继续臭下去。

高龄状元张渊微

淳祐七年(1247)丁未科状元,乃建昌军新城(今江西黎川)人氏张渊微。

在张渊微的家乡,有个挺神的传说。说是在张渊微出生之前,有两个游方道士路过他家。张渊微家背靠大山,坐南朝北,三面篱笆墙连着房屋围成一个院子。奇怪的是,在院子北面的篱笆墙中间,竟然开着两处篱笆门。一个道士看到张渊微的家之后,不由大为惊叹:"这个村子三面环山,北面平坦开阔,风水太好了!而这户人家又处在村子正中间,占据了风水的上佳之处。尤其是他家的这两个门,虽然是篱笆做的,但是太有讲究了,他们家日后必出两个状元!"而另一个道士不同意这种看法,他说:"门开两处主双贵不假,但双贵有先有后。在出了一贵之后,他们家必定会大兴土木,重新翻修旧宅以示庆祝。到那时,他们家肯定要改换门庭,将双门合二为一,自破富贵双脉。这样,本来后边要出现的另一贵,也就被堵死路出不来了。"此后事情的发展,果然如第二位道士所说,看来还是他更懂得人性一些。想想看,谁家有人中了状元,富贵发达之后,还会住在篱笆墙围着的土屋子里啊?

在古代,大凡比较出名的人,身上都会有一些神神道道的故事流传,张渊微也不例外。其实,张渊微是个官二代,他的父亲也是进士出身,是个有一定身份地位的官员。有这样一个老爸,张渊微的家,即使是祖宅,大约也不会是那个样子的。姑妄言之姑听之。段子就是段子,各位看了权当取个乐子,不必当真。

张渊微是个典型的高龄状元,金榜题名时五十有五。还一种说法称,他中状元时已经年过花甲。综合各种情况分析,还是第一种说法更为可信。张渊微不是不聪明,也不是不好学。比方说,他年轻时每天都要背诵一千多句的诗词。但是他读书太多太杂,尤其偏爱《周易》《左氏春秋》等书籍。从应对考试的角度看,张渊微所读的那些书,大多应该归为闲书一类,对于提高科举考试成绩帮助不大。因而,致使他的科举之路很不顺畅。

后来,张渊微调整了自己的学习思路和备考方法,在科举考试常用的典籍上狠下功夫,方才得以高中状元。张渊微的经历再次证明,适应考试能力的高低、方法是否恰当,对于取得好的考试成绩具有何等重要的作用。当一个人无法改变环境的时候,就应该想办法去适应环境,而不能一味地怨天尤人。既厌恶与考试科目有关的书籍,又想取得好的考试成绩,只能是一种不切实际的投机想法。一个人如果不想改变自己去适应考试,老想按照自己的兴趣爱好行事,那还是干脆放弃考试好了。

张渊微的策论答卷,是他科举经历中的一大看点。在殿试答卷中,张渊微以如何光复大宋盛世伟业为题,深刻分析时局形势,精辟论述治国理政之道,洋洋洒洒,竟然写了一万多字。在科举考试中,像张渊微这样的"万言卷"十分罕见。一般人能写个几千字,就很不容易了。宋理宗看到他的卷子以后,不仅没有生出"懒婆娘的裹脚布又臭又长"的厌恶感,反而深为其文采观点所吸引,读来爱不释手。就这样,张渊微一举拔得头筹。这说明,只要言之有物,文章写得长些不是毛病。

张渊微中状元这一年,南宋大部地区发生了比较严重的旱灾。在政府准备按照惯例举办"琼林宴",为新科进士庆贺之时,富有人文情怀的张渊微,发动串联一些新科进士,联名向政府写出申请,要求取消这次"琼林宴",将节省下来的经费救济灾区。张渊微这种关注百姓疾苦、厉行节约的自觉精神，令宋理宗十分感动。他不仅愉快地采纳了张渊微的建议，还动员朝廷百官踊跃捐款捐物，赈济受灾民众。他还宣布，要较大幅度地裁减自己的日常用度开支，以为大家做出榜样。张渊微主动申请取消“琼林宴”这件事，是被写进了史书的。

从政之后，张渊微的仕途之路还是比较畅达的。他先是被任命为昭庆军节度判官，此后被逐级提升，为官十来年之后，就官居副部级高位（吏部侍郎）。但是张渊微是个很正直的官员，这样的人不容于奸臣，也是很正常的事情。比方说，奸臣贾似道把持朝政之时，不肯趋炎附势的张渊微就跟他格格不入，经常有所触犯。有的时候，张渊微还敢拍着桌子跟贾似道对骂。在这种情况下，贾似道找机会给他穿小鞋，是自然而然的事情。张渊微当上副部级干部不久，贾似道就找茬让他受到了断崖式降级处理，一下子被贬成了个处级干部（集英殿修撰，六品）。

过了一段时间，皇帝想重新启用张渊微，便任命他为饶州知州。但还没来得及赴任，张渊微就因病去世了。史料关于张渊微的去世年份记载不详，因而他活了多大岁数不得而知。

残疾人状元再现人间

淳祐十年（1250）庚戌科状元，乃严州淳安（今浙江淳安）人氏方逢辰。

据有关史料记载，方逢辰“右足跛、左目眇”。也就是说，他一条腿瘸、一只眼睛失明，是个残疾人。有一说法称，在整个中国科举史上，总共产生了三位残疾人状元，而宋代就占了两位，北宋南宋各一位。大宋王朝在保障残疾人权益方面，做得很到位。

方逢辰原名方梦魁。据传，方逢辰的老妈在生下他的前一天晚上，梦见了魁星下凡，于是就给他取了这样一个名字。梦魁梦魁，志在夺魁嘛。跟北宋时期的残疾人状元王世则一样，方逢辰也是个身残志坚之人。方逢辰的父亲，是他的启蒙老师，从小对他要求十分严格。在老爸的点化管教下，方逢辰学习异常刻苦，几乎到了手不释卷的程度。

方逢辰曾在家乡的石峡书院求学。他的一个同学黄蜕，比他早三年中进士，并获得了第二（榜眼）的好名次。方逢辰前去向黄蜕表示祝贺的时候，赠送了他这样一副对联"状元留后举，榜眼探先锋"，含蓄地表达了自己不甘人后的决心。黄蜕也很有意思，回赠以"吾与状元留地位，先将榜眼破天荒"对联，既充分肯定了自己已经打破本地考生记录的不俗成绩，又对方逢辰的远大志向给予必要鼓励。

方逢辰中状元的时候，年方二十九岁。他的弟弟方逢振，跟他同时金榜题名。兄弟二人同榜进士及第，在其家乡引起了很大轰动，石峡书院也因此而名声大噪。十几年后，在石峡书院的学生中，又出了一位探花得主（何梦桂）。宋度宗在得知一所学校培养出了这么多优秀学生之后，不由大为赞赏，钦赐石峡书院对联一副："一门登两第，百里足三元。"

方逢辰参加本科考试之时，还是宋理宗在台上执政。大约是觉得你方梦魁既然已经梦想成真，也就没必要在"梦魁"了，宋理宗便钦赐他方逢辰之名。之所以给他改成这样一个名字，可能也有你之所以能梦想成真，是因为赶上了一个好时候，因而要好好工作、知恩图报的意思在其中。

中状元之后，方逢辰先是被任命为平江节度判官。随后，进京担任了秘书省正字、校书郎等职务。方逢辰性格耿直，有着强烈的忧国忧民意识。这一点，自然也会体现在工作中。进京任职一年多之后，方逢辰因为在给皇帝的意见书中言辞激烈、观点尖锐，引起了宋理宗的不满。在这种情况下，方逢辰感到理想抱负难以施展，就以身体有病为由，辞职不干了。

辞职几年后，在有关大臣的举荐下，方逢辰被重新起用。但由于不容于奸臣贾似道，方逢辰不久被再度罢官。此后数次起起落落，方逢辰每次出来做官，都干不长时间就又丢了官帽，被折腾得够呛。直到宋度宗接班上台，方逢辰才得以连续做了十来年的安稳官。他先后担任过秘书少监、起居舍人、江西转运副使、吏部侍郎等职务，直至官居正部级大员（户部尚书）。

方逢辰对于教育治学有着浓厚的兴趣，是南宋时期比较有名的理学家、教育家。因而，他对于官场钻营升迁并不是很感冒。数次被辞官罢官，方逢辰也并不在意。他以奖掖后学、教书育人为己任，不做官了，就去做学问，就去办学做老师。江浙一带的和靖书堂、婺州书堂、东阳义学，江西一带的鄱江书堂、东湖书院、宗濂书院等教育机构，都留下了方逢辰的足迹。

在母亲去世之后，方逢辰按规定回家守孝服丧。服丧期满，政府先后作出了任命方逢辰为礼部尚书、吏部尚书的决定。多事之秋，南宋小朝廷也想多方延揽人才，以挽救危局。但对官场仕途已经心灰意冷尤其是对腐朽的南宋小朝廷彻底失望的方逢辰，都以身体精力不济为由予以婉拒了。从此，方逢辰在家潜心研究学问，辅导青少年学习传承中华优秀传统文化，再也不过问官场之事。

南宋灭亡之后，元朝统治者曾慕名邀请方逢辰出来做官。有骨气的方逢辰不想做汉奸被人戳脊梁骨，对这一邀请，他毫不犹豫地说了不。在中国古代的知识分子中，很多人都持有方逢辰这样的价值观。比如大明灭亡之后，很多知识分子就坚决不做大清的辫子官，也不参加大清组织的科举考试，其中不乏名人。

在大元的统治下，方逢辰又存活了接近三十年。七十岁时，方逢辰病逝于家。也就是说，方逢辰在拒绝元朝做官邀请之时，还是个四十来岁的壮年人。在此后这么久的日子里，方逢辰能够耐得住寂寞，专心治学著述，定力让人敬佩。

方逢辰一生笔耕不辍，著述颇丰，有《孝经解》《易外传》《尚书释传》《学庸注释》《格物入门》等书行世。

“雪坡”幸存姚状元

宝祐元年（1253）癸丑科状元，乃瑞州新昌（今江西宜丰）人氏姚勉。

姚勉的身世比较苦。他的母亲是他父亲的小妾，由于出身低微，颇遭正房夫人歧视虐待。正是由于这个原因，姚勉一出生，他老爸就在正房夫人的挑唆下，将他遗弃在了一处满是积雪的野坡上。也该当姚勉命大，一天之后，路人听到襁褓中的他还在啼哭不止，就告诉了他的老爸。尚念骨肉之情的姚勉老爸，就跑去把他抱了回家。为了不忘这段悲惨经历，姚勉自号“雪坡”。

有了自己的孩子，尤其是第三代之后，我有这样一种感觉：世上最为让人心疼的事情，莫过于幼儿伤心无助地啼哭。那些能对如此柔弱可爱的小生命痛下狠手的人，还能算是人类吗？对于这样的行为，除了人性灭绝之外，我想不出其他的词语予以形容。

“老吾老以及人之老,幼吾幼以及人之幼。”如果大家都能遵循认同这样的做人准则,我们这个社会又何愁不能和谐安定?

大难不死,必有后福,比如姚勉。因为身世坎坷,姚勉自幼便立下远大志向,决心以自强不息的奋斗精神为自己闯出一片天地,换来一个灿烂多彩的明天。比方说,史料称姚勉“居常作文有魁天下之志”。命运没有跟姚勉开玩笑,经过不懈努力拼搏,在他三十七岁那年,终于成为了一位万众瞩目的状元郎。

据有人研究考证,在本科殿试结束之后,考官们原本把姚勉定为第四名的建议人选。但宋理宗看了姚勉的策论试卷后,深为其见解观点所吸引。于是,亲自拍板把他确定为状元得主。宋理宗在接见新科状元进士,座谈国政大事的时候,姚勉的表现也高出众人一筹。“言朝政纲领,唯在用人、听言,兼及守帅数易之弊,群小闻者侧目”,有关史料如此记载这次座谈情况。

中状元后,姚勉被任命为平江府节度判官。三年之后,进京担任秘书省正字一职。此时,正值奸臣丁大全把持朝政。刚直不阿、一身正气的姚勉,对丁大全之流的胡作非为深恶痛绝。刚刚步入仕途、官职低微的姚勉,置个人前途、安危于不顾,毅然挺身而出,上书弹劾丁大全的不法行为,指控他“朋奸罔上”,建议政府依法予以查处严办。此时的丁大全,有皇帝罩着,小小的姚勉自然难以奈何得了他。所以,姚勉这次弹劾的结果,是丁大全高官照做,而姚勉却被免官赶回了家。但姚勉的所作所为,却令朝野为之震动,赢得了无数人的敬重。

丁大全倒台之后,吴潜出任丞相一职。作为比姚勉高几届的状元学兄,吴潜很看重姚勉的学识人品,先后两次举荐姚勉出来做官,但姚勉均婉拒不就。惺惺相惜的吴潜,也很有股三顾茅庐的耐心,他不仅没有生姚勉的气,反而两次被拒三次再请。却之不恭的姚勉,总算给了丞相大人兼学兄一个面子,官复秘书省正字原职,并兼任皇家子弟辅导教师(沂靖惠王府教授)。

以姚勉这样的性格,只要有奸臣出现,他就必然会与之进行坚决斗争。在姚勉被提拔为校书郎兼太子舍人职务后,又轮到奸臣贾似道呼风唤雨了。姚勉在贾似道主政早期,虽然写过一些正面评价他的文章,但在认识了他的真面目之后,姚勉改变了最初的态度。借给太子辅导授课之机,姚勉多次痛责贾似道的一些擅权行为。这样的言论,岂能为贾似道所容。于是,姚勉被再次撤职赶回了家。

姚勉两斗奸臣、两度被罢官的无畏行为,使他名声大噪,同时代人和后人都给了他很高的评价。姚勉的状元学兄方逢辰称他"磊落有奇节",诗人文及翁评价他"愤世嫉邪,排奸指佞,磊磊落落""生而存,不随死而止"。在姚勉的家乡,人们把他与汉代的梅福、晋代的陶渊明并称为"宜丰三大先贤",并为之修建祠堂供奉纪念。《四库全书总目》这样介绍姚勉的文章人品:"观其所上封事、奏札以及廷对诸篇,论时政之谬、辨宰相之奸,皆侃侃不阿。"

吴潜遭受迫害被放逐之后,姚勉彻底断绝了重返仕途之念,从此在家闭门读书著述,为世间留下了一份珍贵的文化遗产——《雪坡文集》。遗憾的是,姚勉以四十六岁之壮年早逝而亡。不然的话,以他的勤奋和才华,定会创作出更多的优秀作品传世。

姚勉的诗词文章气度典雅、风格古朴、文辞犀利、逻辑严密,具有很高的艺术价值。方逢辰曾称赞他的文章:"如长江大河,一泻千里。"同时代人将姚勉、胡仲云、刘元高、黄梦元并称为"锦江四俊"。有人经过研究提出,姚勉作品的艺术成就和地位,有被学界低估的现象,应当予以再评价、再认识。

"雪坡"幸存儿姚勉,真是不一般。

永垂不朽文天祥

在中国历史上，曾经涌现出了无数的民族英雄。但达到家喻户晓、妇孺皆知程度的，为数就不是太多了。而在南宋时期，就出现了两位这样的民族英雄，一位是岳飞，另一位是文天祥。比较巧合的是，他们二位分别留下了一首豪气干云、被人们传诵千古的诗词名篇——岳飞的《满江红》和文天祥的《过零丁洋》。

文天祥，乃吉州庐陵（今江西吉安）人氏，宝祐四年（1256）丙辰科状元获得者。

文天祥虽然出身草根，他父亲却是个爱书如命的文化人。文家老爸在博览群书的同时，很重视对子女的教育。自小受到知识渊博、痴迷中华优秀传统文化的父亲的教化点拨，对于文天祥养成良好的学习习惯、形成正确的人生观和价值观，起到了非常重要的作用。这说明，学校的教育和社会的教育，并不能取代家庭的教育。培育人才，使其健康成长，家家有责。家庭，是培养人才的第一学校。

文天祥成名很早，中状元的时候只有二十岁。虽然年轻，但他的政治观点十分成熟深刻。跟张渊微一样，文天祥的策论答卷也是洋洋万言，而且见解独到、论述精辟，深受主考官王应麟的喜欢。但是文天祥在答卷中对皇帝提的一些意见，言辞过于尖锐犀利，王应麟怕让皇帝不高兴，就把文天祥定为了第七名的建议人选。谁知宋理宗看了文天祥的卷子以后，不仅没有生气，反而十分喜欢，便亲自把他拔到了第一的位次上。心中暗喜的王应麟赶紧顺杆爬，恭维宋理宗说："这个考生的答卷借古喻今，忧国忧民，可以看出是个铁骨铮铮、忠肝义胆之人。皇帝能得到这样的优秀人才，真是一件可喜可贺的事情。"王应麟没有看走眼，文天祥确实当得起他的这番评价。

文天祥中状元后不久，他的父亲就去世了。按照有关规定，文天祥回家为父亲守丧三年。服丧期满后，文天祥被任命为宁海军节度判官。此时，蒙古军队大举入侵，举朝上下人心惶惶。被吓破了胆的太监董宋臣，建议皇帝迁都逃跑。文天祥知道此事后，上书建议皇帝杀掉这个扰乱朝纲、为非作歹的家伙，以收拾人心、挽救危局。初出茅庐的文天祥，能有如此胆识和勇气，令很多人佩服不已。

董宋臣不仅没有受到处理，反而继续兴风作浪，这让文天祥十分失望，因而主动提出了辞职回家的申请。此后，复出任职的文天祥，因为刚直不阿，屡屡触怒权贵，又主动申请提前退休。急于用人的南宋小朝廷，在文天祥回家待了几年后，又把他请回来做了官，出任荆湖南路提点刑狱一职。到任后，文天祥拜访了在当地闲居、曾经担任过宰相的江万里。对文天祥早有耳闻的江万里，经过一番深谈后对文天祥说："我这么大年纪了，经历过的人和事很多。我感觉，将来能够承担起挽救国家危亡重任的人，也就是阁下你了。希望你好好努力，忠心为国，不负重托。"

在文天祥升任赣州知州后，蒙古军队再度大举南侵，长江防线告急。在危急关头，皇帝诏令全国，要求各地出兵勤王。文天祥积极行动起来，动员辖区民众踊跃从军，报效国家。在他的感召下，很快组织起了一支超过万人的部队。在文天祥率部进京拱卫朝廷之前，一个朋友对他说："蒙古军队训练有素，如狼似虎。而你的部下，基本就是一群乌合之众。你带着他们去跟蒙古军队打仗，简直就像领着一群羊去和狮子、老虎拼命一样，无疑是去送死。"文天祥正色答道:"你以为我不明白这个道理吗?我大宋立朝已经三百多年,在生死存亡的紧急关头,皇帝下诏令各地发兵勤王,大家却都畏敌如虎,迟迟不肯有所行动。对此,我深感痛心。我此行虽说有些不自量力,但我已经做好了以身殉国的思想准备。我想以我的行动,唤醒更多的人,使大家都能行动起来,共赴国难。这样,我大宋就有救了。"文天祥的这番话,令人不由联想起荆轲刺秦之前悲壮的咏叹:"风萧萧兮易水寒,壮士一去兮不复返。"

在平时,为人豪爽的文天祥生活不够节俭,花钱有些大手大脚,比较喜欢讲排场。出征前,他把所有家产全部变卖,以充作军费。他当众涕泪俱下地痛责自己以往的铺张浪费行为,决心洗心革面、痛改前非。他说:"我吃的是国家和人民的,穿的是国家和人民的,也应该为了国家的事业和民众的安危,奉献出自己的一切,并为之万死不辞。"这说明文天祥具有知错就改、勇于自责的优良品质。

起兵后,文天祥被一再提拔,最后官至右丞相。他不辱使命,苦撑危局,在东南一带与蒙古侵略者艰苦奋战了三年多。由于实力对比过于悬殊,文天祥后来兵败被俘。为了让文天祥投降归顺,忽必烈软硬兼施,先是许以高官厚禄,后来甚至动用了酷刑。但是一身铁骨、满腔忠诚的文天祥,坚贞不屈、绝不低头,在被关押三年多后英勇就义,时年四十七岁。在走向刑场的之前,文天祥镇定自若,向南方故土跪拜之后,从容赴死。文天祥的忠诚和气节,连他的敌人们都为之折服感佩。

有的人死了,他还活着。有的人活着,他已经死了。文天祥以自己大义凛然的行为,把自己的名字深深地镌刻在了史册和无数国人的心中。行文至此,不妨让我们再来重温一下文天祥的那首千古名篇《过零丁洋》:"辛苦遭逢起一经,干戈寥落四周星。山河破碎风飘絮，身世浮沉雨打萍。惶恐滩头说惶恐，零丁洋里叹零丁。人生自古谁无死，留取丹心照汗青。”

周震炎差点做驸马

开庆元年(1259)己未科状元，乃太平当涂(今安徽当涂)人氏周震炎。

有的资料这样介绍，本科状元“原取林公一，但周震炎因为系权贵丁大全的亲信而抡元”。其实这种说法有点冤枉周震炎，他并不是什么丁大全的亲信。周震炎之所以能中状元，其实另有原因。

皇帝宋理宗有个公主，已经到了待嫁的年龄。于是，他就想从本科进士之中，为自己的宝贝女儿挑选一位才貌双全者做驸马，当然最好是状元。戏文里经常见到的中了状元做驸马的桥段，在现实中终于有了一次无限接近成为事实的机会。善于逢迎拍马的丁大全，知道了皇帝的这份心思后，立即跑前跑后地忙活开了。

按照当时大家的一致看法，本科状元非当时的著名才子林公一莫属。殿试结束之后，社会上便有“今年廷对多私选，唯有林公一个公”的民谣流传。意思是本科录取的进士们，多数都是权贵们的关系户，被录取有徇私舞弊之嫌。只有榜眼林公一，是靠真本事拼出来的，称得上“公平”二字。但此时的林公一，已经是个四十二岁的壮年人了。以这样的年龄去做驸马，显然是不合适的。

在丁大全的运作下，三十出头且身材高大、仪表堂堂的周震炎就被考官们推荐成了状元人选，而林公一只能屈居第二。据有关资料介绍，为了确保周震炎能中状元，丁大全还严重违反考试纪律，从主考官口中套出了试题,透露给了周震炎。在这种情况下,周震炎想不当状元都难了。科举考试常受人为因素的干扰,此为一例。

当丁大全屁颠屁颠地把周震炎的个人资料报送到公主那儿审查的时候,却碰了一鼻子灰——公主认为周震炎的年龄还是太大了些。也许她以为,以这样的年龄而言,早已娶妻成家不说,孩子怕是都会打酱油了。自己贵为公主,嫁给这样一个人算怎么回事,难不成做他的二奶?因而,她对周震炎这个人选说了不。就这样,丁大全马屁拍在了马蹄子上,把个严肃隆重的选驸马工作搞成了贻笑大方的半拉子工程。而行百里半九十、无限接近实现驸马梦想的周震炎,也只能是空欢喜一场。中了状元选驸马,一个多么美丽的肥皂泡啊,就这样破碎了,周震炎想必会十分地郁闷不堪。

周震炎中状元只有四年多的时间,作恶多端的丁大全就因为惹恼了皇帝而倒台了。丁大全这个人实在是太坏了,经常陷害打击别人不说,还做过一件丧失人伦的丑事。他的儿子曾与一个姑娘定有婚约,因为垂涎那女子的美貌,丁大全竟然强行将其娶为自己的小老婆。丁大全与儿子争抢女人的丑行,一时成为众人之笑谈。由于口碑人缘太差,在众多大臣的一再建议下,丁大全被痛打落水狗,一贬再贬。最后,皇帝决定将他发配到一个小小的海岛上反思改造。

丁大全的死法,也很有些别具一格。负责押运他前往海岛的,是一个名叫毕迁的军官。这个毕迁很有性格,他极端痛恨丁大全的为人,就决定借押送之机,为民除害,伸张正义。在乘船前往海岛途中,毕迁假装不小心,把丁大全给挤落到了水中。丁大全落水之后,在水中拼命挣扎扑腾。而毕迁却做出一副手忙脚乱的样子,故意拖延时间不去施救。就这样,把丁大全活活给淹死了。毕迁这一招真高,既除掉了恶贯满盈的奸臣,自己还不用承担杀人的法律责任,他完全可以把丁大全的死因说成是意外落水溺亡。

前有车，后有辙。后来负责押送另一个奸臣贾似道的军官郑虎臣，也学着毕迁的样子，自己动手解决了贾似道的性命。但郑虎臣没有毕迁这么多的心眼，他采取了一种更为简单省事的方式——在押送途中，直接把贾似道一刀给砍了。至于郑虎臣有没有因为擅自杀掉贾似道而受到法律追究，不得而知。

出来混，总是要还的。对于周震炎来说，真可谓成也丁大全，败也丁大全。既然是丁大全操作出来的状元，他自然要被视为丁大全的死党和亲信。因而，周震炎被划归丁大全的党羽之列，是在其中状元之后而非之前。主子既然已经倒台，其党羽喽啰自然也要被清算。就这样，周震炎跟南宋另一位状元毛自知一样，也被剥夺了状元称号，降为本科进士最后一名。

不仅如此，周震炎还被撤销了原任职务，发配边远地区劳动改造。周震炎可真是冤，不仅驸马梦想没能成为现实，连状元头衔也没能保住，还要到偏僻蛮荒之地吃苦受罪。他因此而极度失落郁闷，乃至趋于崩溃，也是可以想见的事情。在这样一种心态之下，身体是很容易出问题的。还没等走到发配地，周震炎就生病死了。

史料没有关于周震炎生卒年的确切记载，为官经历也语焉不详。所以，不知道他去世时的确切年龄，又做过一些什么事情。根据相关情况推算，他死的时候，也就是三十四五岁的样子。

清廉简约方山京

景定三年(1262)壬戌科状元，乃庆元府慈溪(今浙江慈溪)人氏方山京。方山京祖籍原系慈溪，后来迁居绍兴府余姚(今浙江余姚)。在这两个地方,如今还有人为方山京的籍贯归属而争论不休。双方各执一词,互不相让。唉,又是名人效应惹的祸。

方山京原本是个官二代,他的老爸也是进士出身,担任过中低级政府官员。但在方山京幼年时,他的老爸便不幸因病去世。这样一来,他们家中一下子断了经济来源。衣食无着的方山京母子俩,日子过得极为艰难,并且曾经较长时间地寄居在舅舅家。在这样的生活环境下,方山京养成了刻苦勤奋、简朴谨慎的良好习惯。

正因为有这样的习惯,方山京写文章从来都是言简意赅,不喜欢长篇大论。即使在策论答卷时,也是这样。状元试卷,是朝廷重要文档资料,需要长期保存。本科考试结束后,有关工作人员认为方山京的试卷过于简约,觉得日后翻出来不好看,就建议他补充一些语句。方山京正色道:“我以为写文章只要把问题讲明白、道理说清楚就行了,何必非要啰里啰唆、注水拉长?况且我平生所学,最看重的是诚实守信,从不弄虚作假。如今我的卷子都已经被皇帝阅示过,我再私自进行修改,那不是欺上瞒下、自欺欺人吗?”

中状元后,方山京被任命为平江府节度判官。在按惯例回乡省亲期间,方山京还为乡亲们办了一件好事。他们家乡有一条河,两岸乡亲来往十分不便。为了方便大家出行,方山京多方募集资金,在河上修建了一座桥。交通出行大为便利的乡亲们,为了感念方山京的好处,就把这座桥命名为“方桥”。因为这座桥的修建,河两岸的商贸活动也逐渐繁荣热络起来,促进了当地经济发展。

做官两年后,方山京被委派主持州郡一级的科举考试。当时,正值贾似道把持朝政。朝野对他大力推行的“公田法”颇有非议,甚至到了怨声载道的地步。贾似道的所谓“公田法”,简单地说,就是政府按一定比例从私人手中回购土地,然后再出租给农民耕种，出租收入用作军粮或弥补财政亏空。这个贾似道，还是很有些经济头脑的。他推行这一做法的目的，是为了增加国库收入、缓解财政危机。应该说，“公田法”的实施，在解决上述问题方面确实起到了一定作用。比方说，“公田法”实施半年后，相关部门就发布报告称“中外支用粗足”。

但在“公田法”的具体操作过程中，存在很多严重弊端。比如名为回购，实为强夺；官吏舞弊、价格不公；收取高息、克扣百姓；滥发纸钞、通货膨胀等，从而加重了中小地主和农民的负担，激化了社会各阶层的矛盾。随便说一下，政府回购土地所需经费，主要是靠发行纸币“会子”解决。而在民间，“会子”形同废纸，基本不能流通。也就是说，政府回购土地，类似于空手套白狼，在实践中已经异化成了一项坑农害农的恶政。

熟悉基层情况、关注民生的方山京，也是贾似道“公田法”的坚决反对者。而在他主持科举考试的这一年，天空出现了彗星。在古代，人们把这种天文现象视为一种妖人作乱的凶兆。于是，方山京借题发挥，在试题中讽刺影射贾似道推行“公田法”所造成的种种危害。而有些投机分子，马上就向贾似道打了小报告。心胸狭隘的贾似道，立马就着手实施报复行动，指使爪牙多次弹劾方山京。不甘受辱的方山京，一怒之下拂袖而去，辞官归隐田园了。

不仅写文章崇尚简约风格，方山京在生活中也是这样。为官廉洁、两袖清风的他，回乡之后竟然“无以为家”。亲朋好友看不过眼，就帮着他盖了几间简陋的房子。此后，方山京日子过得极为简朴，几乎到了家徒四壁的程度。堂堂状元郎，生活如此清苦，观者无不为之感叹。方山京却不以为意，他在家中著书立说、教书育人，为发展家乡的教育事业做出了积极的贡献。

宋度宗赵禥上台后，下诏重新起用方山京，任命他为秘书省正字兼皇家子弟教师（沂靖惠王府教授）。正直敢言的方山京，复职不长时间，就因为一些言行而得罪了权贵。宋度宗也是个比较昏庸的皇帝，没啥主见，喜欢听信谗言。因而，被权贵们所不容的方山京，再次遭到排挤打击，被降职做了一个收入极低、无人理睬的“提举宫观”闲职。在郁郁不得志的境况下，方山京忧愤成疾，抑郁而终。

由于史料关于方山京生卒年的记载不详，他以多大岁数与世长辞，不得而知。

“京漂”状元阮登炳

咸淳元年（1265）乙丑科状元，乃福建宁德人氏阮登炳。关于阮登炳的籍贯，还有平江府长洲（今江苏苏州）一说。

阮登炳出身于一个书香世家。在家庭的教育熏陶下，阮登炳自幼勤奋好学，博览群书。青少年时期的他，就写得一手好诗词文章，在家乡一带享有很高的知名度。为了全方位提高自己的学识水平和能力素质，也为了寻求更大的发展空间，二十七岁那年，阮登炳背井离乡，来到京城临安，成了一名“京漂”。

在宋代，科举实行州郡试、省试、殿试三级考试制度。这跟明清时期的院试（县试）、乡试、会试三级考试制度还是有一定区别的。相比而言，明清的三级考试制度更为规范一些。因为殿试只排定名次，不涉及身份变更，不能算做严格意义上的一级考试。宋代的州郡试，也称“解试”“发解试”。只有通过了州郡试的考生，才有资格进京参加省试（礼部试）。

跟如今高考按省确定录取计划、划定录取分数线的办法相似，宋代也是根据各州郡的人口、教育等情况，确定其科举考试录取名额。也就是说，各州郡的录取比例有高低之分。而作为北宋和南宋首都的开封、临安，分到的录取指标大大超过其他州郡，录取比例自然要高出各州郡很多。在这种情况下，催生了大宋时期的“高考移民”现象，大家挖空心思想跑到京城去参加考试。比方说，在北宋时期，发生过这样一个笑话：一个名叫王济的外地考生，为了能在开封府参加考试，竟然把他哥哥登记成了自己的老爸。因为他哥哥在开封府购买了一定数额的房地产，子孙获得了在当地参加科举考试的资格。更为搞笑的是，另一个名叫王宇的外地考生，也冒用了王济哥哥的户籍，并把王济的祖上三代，都登记成了自己的祖先。这桩非法“高考移民”案穿帮后，在开封府被民众传为笑谈。

阮登炳到临安去做“京漂”，是不是有“高考移民”的动机，不得而知。不过京城集中了全国最优质的教育资源，名校名师众多，有助于提高科举考试成绩，是显而易见的事情。大家都想去那里寻求发展提升，也很正常。阮登炳在临安待了接近二十年，直到考上状元为止。阮登炳做“京漂”的时间真是够长。洛阳米贵，居大不易。其间他想必也尝到了很多不为人知的辛酸苦辣，所以笔者才称其为“京漂状元”。

在临安，阮登炳主要以舞文弄墨糊口。他给别人做过私人文字秘书、家庭教师等，空余时间也与文人墨客交流诗词文章。他的作品，深受著名诗人、南宋大臣刘克庄的推崇。这说明，阮登炳在自己的“京漂”生涯中，很是结识了一些大腕名流。这对于他取得好的科举考试成绩，自然很有帮助。经过将近二十年的打拼，阮登炳终于一举成名天下知，拔得状元头筹。此时，他已经四十六岁了。

中状元后，阮登炳先是被任命为绍兴府判官，后改任秘书省正字。此时，贾似道滥发纸币、强推“公田法”的恶果已经显现出来，以至于“浙中大扰”“破家失业者甚众”。阮登炳是个有责任感的人，刚刚踏入仕途的他，冒着得罪权臣的风险，上书建议皇帝立即停止坑农害农的“公田法”。此举果然让贾似道大为震怒，阮登炳就遭到了贬官降级的处理。阮登炳一气之下，直接辞职不干了。归隐田园后，他效仿陶渊明，自号“菊存居士”，以示不与权贵同流合污之心志。

贾似道倒台后，阮登炳被重新起用，历任校书郎、秘书监等职务。但重出江湖的他，没有了施展才干、创造出一番业绩的时间和空间。因为此后不久，蒙古军队就攻破了南宋首都临安。阮登炳和众多大臣一起，做了大元的俘虏，被押送到了元大都（今北京）。史学界普遍认为，南宋王朝结束于陆秀夫背着小皇帝赵昺跳海自尽（1279）。但笔者认为，严格地讲，从临安被攻破之时起，南宋政权便已宣告灭亡。文天祥、陆秀夫等人虽然又拥立着一个小皇帝，为之苦苦支撑了三年多，但从法理意义上说，那已经不能算是真正的南宋政权了。正统的南宋皇帝，早在临安城破之际就举手投降了。

有些史料称，蒙古军队占领临安之后，是宋恭帝赵㬎率领众臣子投降了大元。其实这种说法很不客观。当时的宋恭帝只是个五岁的孩子，啥事儿都不懂，又怎么能率领大臣们去投降。南宋小朝廷之所以举白旗，都是那些贪生怕死的大臣们忽悠裹挟的结果。到头来，却把责任推给一个不懂事的小屁孩儿。

南宋政权投降的时候，阮登炳还是个级别不高的官员，不应该为这件事情负什么责任。虽然做了俘虏的阮登炳，没有像文天祥那样从容赴死、慷慨就义，但他也称得上是个有气节的人，始终不肯屈膝做大元的官员。后来因为身体有病，阮登炳得以被释放回家。

后来，阮登炳以八十一岁的高龄终老于家。

“海神”陈文龙

咸淳四年(1268)戊辰科状元,乃兴化莆田(今福建莆田)人氏陈文龙。

陈文龙出身于名门望族,他的祖先陈俊卿,是南宋名臣,在宋孝宗时期担任过宰相。陈氏家族人才辈出,很多人担任过朝廷要职,曾现“一门两丞相,九代八太师”之盛况,门第那叫一个显赫。

出身显贵的陈文龙,身上没有丝毫纨绔子弟的不良习气。自幼聪颖过人的他,在深厚家学传统的熏陶下,好学上进,苦读不辍,年纪轻轻便满腹经纶。虽为一介书生,陈文龙却十分崇敬抗金名将岳飞,决心以他为榜样,驰骋沙场,为国效忠。因而,在努力学习文化知识的同时,他还十分重视钻研军事谋略。这样的志趣爱好和价值取向,对于陈文龙日后人生之路的走向产生了非常重要的影响。

陈文龙原名陈子龙,被录取为状元之后,宋度宗钦赐其改名为陈文龙。步入政坛后的陈文龙,历任镇东军节度判官、秘书省校书郎、监察御史等职务。当时把持朝政的贾似道十分看重陈文龙的家世背景和文章才学,一心想将其收为己用。但一身正气、忠心为国的陈文龙,不领他这个情。南宋边防重镇襄阳失守后,陈文龙上书痛责贾似道用人不当、指挥调度失误,并建议对失守襄阳负有主要责任的黄五石、范文虎、赵潜等人进行追责,依法严办,以谢天下。

对于陈文龙的行为,贾似道大为震怒。将陈文龙贬官降级后,意犹未尽的贾似道又指使爪牙对他进行弹劾构陷，不堪其辱的陈文龙愤而辞官回家。后来，范文虎成了可耻的叛徒，赵溍又临阵脱逃，贾似道则率军在鲁港吃了大败仗。在这种情况下，陈文龙被重新起用。在做了一段时间的左司谏、监察御史之后，陈文龙官拜副宰相高位（参知政事），飙官速度够快。但多事之秋，兵荒马乱，此时南宋王朝的官职，已经不那么值钱了。

陈文龙出任参知政事的时候，朝中弥漫着浓厚的悲观失望情绪。满朝文武官员，惶惶不可终日，一片怯战议和之声。坚决主张抗战的陈文龙，自然与此格格不入。势单力孤、难以施展抱负的陈文龙，再次提出了退休申请并获批准。赵昰在福州称帝后，陈文龙受邀再度出任参知政事一职。上任不久，就出手平定了漳浦、兴化叛乱。

广州失陷后，各地守将纷纷向元军投降。不甘做亡国奴的陈文龙，散尽家财募集了一支队伍，打出了“生为宋臣，死为宋鬼”的旗号，坚守兴化城，誓死抗战到底。元军曾两次派人进城劝降，但都被视死如归的陈文龙断然拒绝，并以焚烧招降书、斩杀来使表明决不投降的坚定决心。由于兵力对比过于悬殊，再加上林华、陈渊、曹澄孙等几个手下将领叛变投敌，陈文龙在自刎不成的情况下，力尽被俘。被俘后，元军将领董文柄曾劝陈文龙投降，陈文龙指着自己的腹部毅然决然地说：“我这里装着的，都是忠孝节义的文章。任你怎么威逼利诱，我也绝不会做叛徒！”

在被押送北上的途中，坚贞不屈的陈文龙开始绝食，决心以死殉国。路过福州时，陈文龙赋诗一首以明志：“斗垒孤危势不支，书生守志定难移。自经沟渎非吾事，臣死封疆是此时。须信缧臣堪衅鼓，未闻烈士竖降旗。一门百指沦胥尽，惟有丹衷天地知。”在途经岳庙谒拜过仰慕已久的心中偶像岳飞之后，陈文龙气绝身亡，时年四十五岁。都说燕赵多慷慨悲歌之士，相形之下，南方一点也不逊色。

令人叹为观止的是，陈文龙也有一位岳母那样大义凛然的伟大母亲。陈文龙被俘后，他的老母亲也被元军俘获，并关押在福州的一座尼姑庵中。在得知儿子为国尽忠后，陈家妈妈含笑对看押她的人说："我跟我的好儿子一起以死报国，死而无憾了。"随即亦绝食身亡。这样一位深明大义的老妈妈，无法不让人肃然起敬。

陈家堪称满门忠烈，族人中，奋不顾身抗击蒙古侵略者的义士不计其数。比方说，他的女儿陈淑祯和女婿许汉清、侄子陈瓒，就是这样的英雄豪杰。陈瓒还曾率军收复兴化城池，擒杀了导致陈文龙被俘的叛将林华，为叔叔报了仇。特别是在许汉清、陈瓒英勇就义后，作为一介女流的陈淑祯，继承父亲和丈夫遗志，率领义军继续在闽粤一带奋勇转战，多次重创元军，战功赫赫，威名远扬，史称"许夫人"，更是被当地民众尊称为"许夫人妈"。

陈文龙的英雄事迹和气节，跟文天祥一样，可谓惊天地、泣鬼神。惺惺相惜，清代民族英雄林则徐赞颂文天祥、陈文龙"隆名并峙"，同为"一代忠贞"。虽然没有文天祥那么高的历史知名度，但在台湾海峡两岸民间，陈文龙却享有极高的声誉，民众将其尊奉为"镇海王"，与妈祖并称为"双海神"。在福建和台湾，建有三十多座以陈文龙为主神的"尚书庙"。

末代状元张镇孙

咸淳七年(1271)辛未科，诞生了南宋王朝的最后一位状元张镇孙。五年之后，蒙古军队攻破南宋首都临安，南宋政权宣告灭亡。在此期间，风雨飘摇、内忧外患交集的南宋小朝廷，再也没有心思没有精力去组织什么科举考试了。

张镇孙，乃广南东路南海（今广东顺德）人氏。据传，张镇孙的母亲在怀着他的时候，曾经梦见一轮红日扑入怀中。于是，邻里之间纷纷相传，张家必定要出一个大贵人。张镇孙出生后，果然天赋异禀，不同于常人。他博闻强记，学习刻苦，被人们称为“小神童”。十五岁时，张镇孙报名参加童子试，一举获得第一名的好成绩。

此后，张镇孙的科举之路变得坎坷起来。他屡次赶考不第，曾被人讥为“江郎才尽”。但心理素质很好、永不言弃的张镇孙，对人们的讥笑非议充耳不闻，依然埋头复习备考。有付出必定会有回报。夺得童子试第一的二十年后，张镇孙通过解试，获得举人身份。三十六岁那年，张镇孙终于一鸣惊人，高中状元。

中状元后，张镇孙被任命为秘书省正字，随后升为秘书省校书郎。对于有才的张镇孙，贾似道也曾试图拉拢到自己的门下，但正直的张镇孙不为所动。恼羞成怒的贾似道，就利用职权将张镇孙排挤出京城，打发他到婺州出任通判。有些任性的张镇孙，可能对这种安排有些看法，就以思念双亲为名，擅自离职回家了。此时，蒙古军队已经进逼临安，有些言官认为张镇孙是胆小怕死，便弹劾他擅离职守，临阵逃脱。于是，张镇孙受到了撤职的追责处理。事实证明，这些人真是看错了张镇孙。

赵昰在福州称帝后，张镇孙应招出山，官拜广东制置使兼经略安抚使。临危受命的张镇孙，不畏强敌，毅然决然地走上了抗击侵略者的第一线，率军同敌人展开了激战。作为读书人出身的张镇孙，在军事上也很有一套。他运筹帷幄，指挥有方，连战连捷，出师不久就一举收复了广州城。这一重大军事胜利的取得，使得朝野上下深受鼓舞，军心民心为之大振。

广州光复半年后，元军集结重兵再度进犯广州。张镇孙率军主动出击，在珠江江面与元军展开激战。由于敌我力量对比过于悬殊，独力难支的张镇孙力战不胜，只好率部退守广州城。在广州城中，张镇孙指挥部下，与城中民众同仇敌忾，奋力抗战，打退了元军的多次猛烈进攻。在敌众我寡、极为艰难的形势下，张镇孙苦苦坚守了一个多月的时间。

在外无援兵、内断粮草的情况下，张镇孙自料广州难以保全，最后无奈接受了元军提出的劝降条件。对于张镇孙的这种选择，有些史学家认为他是做了叛徒，因而对他多有微词。其实，相对于自己的状元学兄文天祥、陈文龙而言，张镇孙做出这样一种选择，更为艰难，也更为痛苦一些。为了保全广州全城民众的性命，张镇孙只能置自己的名节于不顾了。张镇孙不是一个贪生怕死的人，比如他日后就以自己的行动证明了这一点。对于他来说，选择战斗到底，至死方休，是更容易、更简单的一件事情。但张镇孙知道，如果那样做，元军破城之后，很可能会对广州民众施以屠城之暴行，就像他们在潮州等地做的那样。张镇孙牺牲了自己的名节，换得了广州全城百姓的生命安全。这样的胸怀、这样的精神，同样可歌可泣。一个不具有人间大爱情怀的人，很难做出张镇孙这样的抉择。

被元军俘虏之后，张镇孙被押解北上。行至大庾岭时，自感已经完成使命、无所牵挂的张镇孙，趁押解人员不备之机，自尽于繁盛灿烂的红梅花丛中，时年四十三岁。张镇孙的一片赤诚之心，直如这梅花一般血红。一个满腹诗书的忠义文人，牺牲的方式也这般与众不同、这般富有诗意，让人为之无限感佩赞叹。行文至此，笔者不由想起了一句古文名言："其气浩然，长存天地之间。"雄伟的大庾岭作证，烂漫的梅花作证，张镇孙无愧于民族英雄的称号。

张镇孙为国尽忠之后，文天祥曾专门为之赋诗，表达了深切的哀悼纪念之情。这也说明,张镇孙是被文天祥视作自己的同类人,而非那种贪生怕死、变节投敌之徒。南宋末代状元张镇孙的辞世,不仅为南宋王朝唱响了挽歌,也为南宋科举乃至整个大宋科举唱响了挽歌。

不得不承认,大宋朝存在这样那样的一些问题,比如军力羸弱、党争不断、腐败盛行等。作家二月河就曾说过,宋朝是一个最腐败的朝代。但是笔者以为,相比其他的封建王朝,宋代经济繁荣,科技、文化和教育等事业兴盛发达,况且没有迫害知识分子的文字狱、没有杀人如麻的大清洗,人民的生存环境还是比较宽松和谐的。至于腐败现象,哪个封建王朝又能避免呢?尽管朱元璋曾经不遗余力地肃贪倡廉,但明代的腐败程度一点也不比宋代逊色,清代也是这样。

别了,大宋科举!别了,大宋的状元们!

后 记

从拙作《大清状元》完稿到如今，又过去了接近两年的时间。在这段时间里，在读者和齐鲁书社领导、编辑们的鼓励下，我颇费了一番周折，总算完成了本书的写作。

既然有了《大明状元》《大清状元》两书的前车之鉴，我自然想把本书写得更扎实、更完善，也更有趣、更好看一些。在这方面，我自感还是有所努力的。至于是否做到了这一点，还要请尊敬的读者们予以评判。

关于宋代状元的专门史料著作，当属明代学者朱希召的《宋历科状元录》比较完整、详细一些。但朱希召写的这本书，只是简要记载了宋代各科状元姓名、籍贯、金榜题名科次、官职等情况，有点像流水账。因此，我在本书写作过程中，只能是以《宋历科状元录》为索引，然后再去查阅相关史料，包括正史、野史、地方志等材料，以使每篇所介绍的人物能够更有内容、更有故事一些。

据《宋历科状元录》记载，有宋一代共开科举 118 科，其中北宋 69 科、南宋 49 科。大宋科举产生的这 118 位状元，《宋历科状元录》的记载均有名有姓有籍贯。但在写作过程中，其中 17 位状元的生平事迹我费尽周折也无法查到有关文献记载。即便在野史之中，也没有发现什么关于他们的轶闻传说。对于这些人，只能在相关篇目中做存目式介绍。因而，本书共撰写了 101 篇宋代状元的故事。阅读完这些人的故事，相信可以使读者们约略了解大宋科举的全貌。

本书写作的体例，沿袭了《大明状元》《大清状元》的写法。即按照时间先后顺序，逐个介绍宋代每科状元的生平事迹，同时兼顾一些比较著名进士的简要介绍。这样做,是为了使我的这个状元系列读起来前后比较协调、整体比较统一一些。

既然所写人物大都是一些历史名人,那么,他们的所作所为自然与一些重大历史事件、历史问题有着千丝万缕的联系。因而,在涉及这些事件和问题时,我难免会对其进行一番评价,发表一些自己粗浅的观点和看法。对有些历史人物、历史事件,仁者见仁智者见智,也是很正常的事情。我的这些观点和看法,如有错讹谬误之处,还请各位行家不吝指教。

衷心感谢各位读者对我的支持鼓励,衷心感谢为本书出版付出大量心血的齐鲁书社的领导和编辑老师们。

作者 2016 年 8 月于泉城

图书在版编目（CIP）数据

大宋状元/王离京著. —济南:齐鲁书社,2017.3
ISBN 978-7-5333-3739-1

Ⅰ.①大… Ⅱ.①王… Ⅲ.①状元—生平事迹—中国—宋代 Ⅳ.①K820.44

中国版本图书馆 CIP 数据核字(2017)第 028187 号

大宋状元

王离京 著

主管单位	山东出版传媒股份有限公司
出版发行	齊魯書社
社　　址	济南市英雄山路 189 号
邮　　编	250002
网　　址	www.qlss.com.cn
电子邮箱	qilupress@126.com
营销中心	(0531)82098521　82098519
印　　刷	山东德州新华印务有限责任公司
开　　本	690mm×1000mm　1/16
印　　张	18.75
插　　页	2
字　　数	226 千
版　　次	2017 年 3 月第 1 版
印　　次	2017 年 3 月第 1 次印刷
印　　数	1—3000
标准书号	ISBN 978-7-5333-3739-1
定　　价	**38.00** 元